藍博洲——著

目錄

序

隱沒在戰雲中的星團／林書揚 006
美國帝國主義和台灣反共撲殺運動／陳映真 013
凡記下的就存在／侯孝賢 020
救贖的歷史，歷史的救贖／趙剛 023

幌馬車之歌

幌馬車之歌 033
序　曲：伴著腳鍊聲的大合唱 034
第一樂章：故鄉 038
第二樂章：戰雲下的戀歌 054
第三樂章：原鄉人的血 091
第四樂章：戰歌 119
第五樂章：歸鄉 147
第六樂章：二二八 175
第七樂章：白與紅 201
第八樂章：風暴 230

第九樂章：槍決 281
尾　聲：和鳴！你在那裡？ 325

—大事年表— 353

—誰的幌馬車之歌— 413
誰的〈幌馬車之歌〉 414
一條前行的路 424
讓歷史不再有禁忌，讓人民不再有悲情 427

—附錄— 457
未完的悲哀／詹宏志 458
重找一個閱讀《幌馬車之歌》的角度／須文蔚 461
《幌馬車之歌》對大陸文學的啓示／陳建功 465

—後記（二〇〇四年版）— 470
—後記（二〇一五年版）— 473

序

隱沒在戰雲中的星團

林書揚

台灣的組織性左翼運動發端於日本殖民地時代的一九二〇年代初期。當時的大環境是：全球性的資本主義戰後危機，民族自決的風潮，和十月革命成功後出現的世界性左翼運動的大匯聚——第三國際的成立。一般的時代思潮中，被稱爲馬列主義的科學社會主義，和巴枯寧、克魯泡特金等人的無政府主義，同時佔有重要位置。這些新思潮不僅在先進資本主義國家內，更在資本帝國主義支配圈內的殖民地、半殖民地社會中迅速佔取了陣地。當年在殖民地的有形無形限制下，一般的台灣人子弟在島內的教育機會不多，稍有經濟條件的家庭便不得不讓子弟留學海外。而留學的目的地則大致有兩個。一爲殖民本國日本，另一爲民族的母體：中國大陸。而這兩地的社會情況，包括經濟政治和思想方面，則激烈的階級鬥爭正席捲著全社會的庶民生活。在日本，號稱大正民主的政黨制代議制甫上軌道，左翼人民陣線的運動也急速膨脹。中國則處在半殖民地半封建的困境中，民族民主革命的推動和社會革命的預警也已經形成了時代的主流。來自民族壓迫和階級剝削雙重負荷下的殖民地台灣的青年們，很快便接受了社會主義和民族主義的兩大思想武器，由學習啓蒙到組織性的實踐，由海外而島內，終於有了第一期的人民左翼運動。運動的週期約十年。農民、工人、學生及文化界的團體成員四萬餘，曾經主導過台灣的反帝殖民地鬥爭。

然而，在內外危機的逼迫下日本結束了尚未成熟的議會制度，於三〇年代走進了軍閥政府備戰體制的時期。本國的民間政治團體特別是左翼團體全面受到了取締。殖民地的反抗運動和團體更遭到了徹底的彈壓。陣線瓦解、運動人士或被捕入獄或亡命出走，台灣左翼運動的第一期於此告終。

帝國主義戰爭一直持續到一九四五年。因爲戰災嚴重戰力枯竭，日本終於無條件投降。而嚐盡了多重壓榨的殖民地台灣，也終於獲得了復歸祖國，擺脫異族統治的機會。

當時的中國，名義上是新建制的聯合國安全理事會的五個常任理事國之一，取代戰前日本在國際聯盟中所佔的位置，成爲東方世界中唯一擁有舉足輕重的國際影響力的強權。但實際上長期的混亂落後，國內矛盾正繼續惡化中。執政的國民黨早已喪失了「國民革命」的動力，民心多離反、大眾生活疾苦。構成民族抗戰體制的基礎的國共合作在理論上尚未破裂，但兩黨之間在政治上組織上思想上，甚至軍事部署上的明爭暗鬥正孕育著爆發性的危機。

在這樣的情況背景下，那批由亡命地趕回故鄉，或由監獄被釋放出來，或在群眾間潛身一段時期的第一期運動的鬥士們，對於當年遭致取締而已經瓦解了的組織架構，在新的政治處境下可否加以重建並重振運動，一般說來都抱著審慎的態度。因爲這些屬於第一期的運動人士的政治警覺度比較高。雖然日帝已經退出台灣，台灣已經復歸於戰勝國的中國，但左翼理念中的社會觀和歷史觀，使他們對一個半殖民地半封建社會所內含的階級對抗的嚴重性不敢輕忽。更因爲他們都是已經身分暴露、登記有案的政治異端分子，在日據時代如此，在國民黨政權統治下亦將如此。因而光復初期雖然有過少數舊農組、舊台共系統人士的試探性的重建活動，但因爲不久爆發出二二八事件，一些雛型組織和初步建立的人脈聯繫一舉而被打散。在國民黨方面，則經過這一次嚴重的民變後，對於日據時代潛留下來的台灣左翼的傳統（雖然當局也清楚了解事件本身並非左翼人士的計畫性發動）十分警覺，事件後，針對第一期運動人士的追蹤調查建檔工作也相當深入。這份警覺心隨著大陸上國共兩黨武力對抗情勢的日益尖銳，台灣當局的恐左意識也就愈形嚴重。在這樣的政治情況下，第二期左翼運動所面臨的困難甚至超過第一期的反日帝鬥爭。運動始終停留在非公開的宣傳教育和組織的階段。

自一九四九年國民黨政權全面潰敗退出大陸後，台北國府的重建完全以政治安全爲第一。把大陸時期的特務系統加以一元化的集中加強，準備以恐怖手段來推行軍法統治。到了韓戰爆發，美國對華政策的全面改觀，使台北國府轉危爲安。於是發動籌措已久全島規模的軍法大肅清。

採錄在本書裡面的幾位台灣青年，便是無數犧牲者中間的一小部分。他們大都因年齡關係和第一期運動沒有直接的關聯。但在社會主義和民族主義的思想脈絡上，毫無疑問是台灣左翼傳統的承襲者。不過他們在客觀環境和主觀條件上都有異於前期的運動者。第一期和第二期相比，在大環境方面反而比較有利。有世界性的反資反帝潮流和殖民本國的一定的議會民主的體制和運作。雖然殖民地在有關的政治禁令方面比本國還嚴厲得多，但比起內戰頻繁的中國，還是有一定的正常的公開活動空間。戰後第二期的台灣左翼卻處在日益熾烈化的內戰環境下始終沒有公開化的機會。在半殖民地半封建的社會體制下，政權的暴虐性和脆弱性註定產生特務政治。國府在新收復地的台灣建立起一套違背民意不顧大眾利益的收奪機構，令復歸祖國的台灣民眾嚐到了期待破滅的精神痛苦，和現實生活中的困苦。這一代的青年們大致受到比較完整的日式教育。但他們的成長期大都已進入軍國主義教育時代，在思想素養上本來比較單純。不過處此激烈的歷史轉換期，青年們的自動學習蔚成風氣。他們以有限的國文閱讀能力如飢如渴地涉獵中文書籍，特別是有關的思想經典和中國現代史。在不間斷的動亂已經成爲時代的主要特性的社會中，並在相當特殊的歷史條件下，青年們大致還能正確地反映出戰後帝國主義宰制下的東方社會的具體情況——政治混亂、經濟衰竭和精神的頹廢。他們曾經是殖民地教育制度下的菁英，卻也備嚐過二等國民的恥辱和抑鬱。他們在戰後的身分變換過程中，體驗出那不過是純殖民地與半殖民地之間的一次轉換，是由二等國民的身分轉到二等國家的國民。此外諸如帝國主義霸權下的民族壓迫和階級壓迫的連貫性，歷史科學上的民族形式與階級制內容的相關關係；資本主義經濟的發展原理在帝國主義時代的失效，國家暴力的異化，資產階級民主的虛假性等，也都是此一時期的台灣左翼青年所必須面對的意識型態問題。他們大都具有悲愴的本土情操，但更有歷史唯物論的理智的世界觀。對於被凌辱的中國現代史的展視，以多項症候群──已經無分大陸與台灣──爲註腳，也使台灣青年們深深認識到所有的解放努力只有一個戰場，那是跨越海峽的。據此他們對於民族利益的階段性肯定，和階級解放在反帝民族運動中的終極目標化等，都有了一應的思想處理。台灣社會的歷史特殊性，包括政經人文現象方面，也都在社會主義的發展理論中統一融合於全中國新民主主義的變革觀念裡。向來常常出現在台灣史評論文章中的一句話，台灣青年「因對白色祖國絕望而轉向紅色祖國」云，如果肯定確有這樣的現象，那麼它在思想層面的涵義就如上述。

他們對本土台灣的熱愛原本就非常眞摯。因爲那是處在異族帝國主義的欺凌和汙辱下的本能的自衛和自尊。但他們藉助於歷史唯物論的結構論的反映，和帝國主義論的世界剖析，看出了同時涵蓋大陸與台灣的一條戰略規律──新民主主義變革論。至此，台灣左翼的第二期運動有了運動目標和任務規定。在時間上，大約自光復到一九五〇年代，軍事戒嚴令的全面制壓爲止。

當然，本期運動的出現，也不單是一批知識青年在思想學習中自行達成的結果。他們所信奉的思想體系已經是人類的公產，在客觀的社會現實中經過一定的反映過程而自然變成部分社會成員的主觀意識，這也是社會實踐中的意識化過程的常態。但具體現實中的地緣人脈、社會的共同記憶等，也正是一種思想和行爲模式的傳播途徑。五〇年代台北國府的白色恐怖大整肅，它的政策目標，不僅企圖消滅特定的思想動態，同時也針對具有媒介作用的一切群眾性的有形無形的關係。因爲這樣的目標牽連到大眾生活的範圍甚廣，所以才出以「恐怖政策」，圖以最原始的恐懼效應來補充法令有形規定之不及。

恐怖政策的最大效果是產自恐懼感的自我抑制甚至自我麻醉。使人人非但不敢行，也不敢想，更無處可以窺知事情的眞妄是非。在那一段沉悶恐懼的歲月中，究竟捐軀者有多少人，因何事而受處刑，事件之眞相如何等等，更是無人敢問，敢寫，敢探求。一段歷史的空白中絕，如果其中隱含的眞實和意義和這個社會的未來走向具有密切關係，那麼如何把這一段缺落塡充起來，應該是有良知的研究者、文筆工作者的責任了。本書中所提到的名字，都是曾經在這一段缺落的歷史中活過、死去，而不被一般世人所知，卻也被少數的知人所遺忘的人。但他們的生與死，卻透過各種不同的形跡和那一段湮沒的歷史直接聯繫著。這一點不能不說具有無可替代的史料價值。

前面已經說過，他們的名字長年來沉埋在歷史的黑暗底層，是深沉的政治企圖所致。說來也是中外階級鬥爭的無情的常態。統治者都知道，貫串一世代的濃重的恐懼會把眞實虛無化，把價值無聊化。恐怖政策之恐怖所在，也許就在這裡。

這些人不是一般公式中的英雄聖賢。而是尋常有骨有肉、有血有淚的人。只不過熱愛鄉土和祖國，固執於造福全人類的眞理，相信未來，更相信爲了未來必須有人承擔現在的代價，而自願以生命來承擔這份代價的人。

這時候，我們還不知道有過多少這樣的人。書中的他們只是一小部分比較有端緒可尋的人。最後，做爲書中人物的舊知，本人要感謝作者的用心和努力。

序

美國帝國主義和台灣反共撲殺運動

陳映真

一

孫中山所奠定的國共合作體制與以反對帝國主義和封建主義、扶助中國工農階級，振興中華的政策，在一九二七年由國民黨聯合當時中國的封建勢力、買辦資產階級和大資產階級的軍事恐怖政變中破裂，屠殺、酷刑和囚禁了大量愛國知識份子、學生和共產黨人，並從此展開了長期的內戰。第二次世界大戰爆發，美國的政治、軍事和經濟力量，隨著世界抵抗法西斯軸心的戰爭之發展，迅速伸向中國。抗日戰爭結束，國共內戰轉烈，美國在軍事、警察、反共情報作戰等方面和國民黨進行密切的合作，協助國民黨對中國的政治異議者進行殘酷的逮捕、拷問、監禁和屠殺。四川紅岩監獄，就是由美國與國民黨在特務、警察工作上的巨大合作組織——惡名昭著的「中美合作所」逮捕、拷問、囚禁和屠殺共產黨人、民主人士、愛國份子的大本營。

一九四七年以後，中國大陸的內戰形勢急轉直下。美蘇在全球範圍內的冷戰對峙不斷增強，美國開始全面在它勢力範圍——所謂「自由世界」——創造和支持「次法西斯蒂」（subfascist）右翼、反共、獨裁政權做美國的扈從國家（U. S. client states）。

原來在二次大戰過程中，在亞洲和拉美、非洲等舊殖民地、半殖民地區域，共產黨人和其他反對帝國主義、力爭民族解放和民族獨立的勢力，在反軸心國法西斯侵略的戰爭中，迅速壯大了自己的力量，形成第三世界一股堅強的反帝、反封建，追求民族解放和國家獨立的民族民主革命潮流。二次大戰結束，軸心國資本主義各國固無論矣！即同盟國資本主義/前殖民主義國家如英法，也在大戰的損耗中精疲力竭。因此，二次大戰甫告結束，亞非拉大地上的民族主義和民主主義革命的風潮不斷高漲。這股新的民族民主革命運動，特別在戰後許多社會主義國家紛紛成立之後，使得戰後力圖恢復二次戰前舊殖民體制和利益的一切鎮壓和努力失去效力。因此，以美國為首的西方霸權主義，開始發展一個新的戰略，即新殖民主義的戰略：由前殖民主義國家允許和同意其各殖民地取得形式上的「獨立」，卻以繼續保持舊殖民母國對新「獨立」的前殖民地各國的經濟、軍事、政治、文化和意識形態的支配性影響力作為交換條件。

當然，這些新「獨立」的、做為舊殖民地母國之代理統治的扈從政權，是不得民心的。為了確實地保護美國在各前殖民地的經濟、軍事和戰略利益，美國遂採取創造和支持各前殖民地國家的軍事獨裁政權，對其國民施行殘酷破壞人權的獨裁而腐敗的統治。這些「次法西斯蒂」「美國扈從政權」，以下述的各種犯罪手段，廣泛而嚴重地加害於各族人民：

挑動內戰：以武器和金錢支持舊殖民地非民族（denationalized）勢力，買辦資產階級和封建地主階級，對抗當地一切工農改革勢力，激起長期艱困的民族內戰，分化民族團結，顛覆民族民主革命，企圖使當地政權長期扈從化，維持其帝國主義的各種利益。

干涉內政：阻止當地政府經濟獨立自主政策，以顛覆、政治暗殺手段瓦解當地政府將外國企業在合理條件下收歸國有，壓抑外來資本、培植本地資本的政策。干涉當地匯率、物價；干涉對外採購自由，干涉選舉；干涉一國的對外政策；在一國內部支持親美的政治、經濟、軍事和文化勢力等等。

嚴重破壞人權：美國策動和支持親美軍事政變。政變後，支持對一切反美。民族自主勢力進行廣泛徹底的非法逮捕、拷問、監禁和屠殺。爲了扈從國家的「穩定」以鞏固美國在當地的政治經濟利益，美國歷來廣泛支持各扈從國的恐怖政治，支持反共軍事獨裁政府的一切肅清異己的殘酷屠殺和拷問。

一九八九年十二月二十七日，《波士頓地球報》（Boston Globe）一篇文章中這樣描述拉美許多親美軍事獨裁政權：

> 在沒有任何罪名下，政治異己分子在槍尖下被成批帶走。軍人把無數的平民從他們的家中拉走，卻把糖果塞到被捕者小孩的手中。脆弱的文人政府必須向軍方請教政府的下一步該怎麼走。

如果這像是諾瑞加（Manuel Antonio Noriega）專制統治下的巴拿馬，事實並不然。在中南美洲，上述的軍人全穿著美軍式的制服。這些軍人支配著這些向大國交付了主權的國家。

一九四七年，美國在希臘、土耳其屠殺「共產黨人」多達千餘人。一九四八年，美國協同李承晚屠殺八萬名韓國濟州島起義農民。一九五四年，在瓜地馬拉的美國中央情報局推翻反美的阿爾本茲（Arbenz）政權，建立親美軍事獨裁政權，並對瓜地馬拉土著印地安人進行滅族性屠殺。一九五五年，美國支持的軍人推翻阿根廷裴隆政府，屠殺、監禁無數。一九六〇到六三年，美國抵制加納的傑干反美政權，唆使當地親美右翼反對和抵抗政府。一九六四年，美國用槍打死二十一個企圖在運河區豎立巴拿馬國旗的巴拿馬愛國學生。一九六四年，美國推翻巴西文人政府，並支持成立一個統治巴西二十年的軍事獨裁政權。一九六五年，美軍入侵多明尼加共和國，殺害了兩千八百名以上的多明尼加軍民。一九六五年，美軍出兵敉平反美蜂起。一九六七年，美國領導的軍隊在玻利維亞鎮壓共軍，逮捕並殺害拉美革命英雄蓋瓦拉（Che Guevara）。一九六五到七三年，美國調訓烏拉圭特務和警察，協助政府對異己分子進行廣泛的非法逮捕與拷問，促成一九七三年烏拉圭軍事親美獨裁政權的成立。一九七三年，美國支持的智利軍方推翻了民選的阿顏德（Allende）左翼政府，造成三萬智利人死亡，使皮諾契特軍事獨裁政府在智利維持了十六年統治。一九七四年，美國干涉雅賣加曼萊（Manley）的反美民族主義政權。一九八〇年，美國批准韓國軍隊鎮壓韓國光州學生運動，殘酷虐殺學生和市民數百名。一九八〇年，美國介入尼加拉瓜內戰，造成二萬九千人死亡。一九八三年，美國出兵侵略格瑞納達。一九八六年，美國出兵玻利維亞「消滅古柯鹼製造工廠」。一九八九年，美國軍隊入侵巴拿馬，逮捕巴拿馬總統諾瑞加回美偵訊。

必須從這整個戰後美國霸權主義、擴張主義和新殖民主義罄竹難書的犯罪背景中，才能更爲深刻地了解，美國支持國民黨在一九五〇年韓戰爆發以後以迄一九五四年，在台灣進行持續性、廣泛而殘酷的政治撲殺運動的深刻意義。韓戰爆發以後，中國大陸成了美國頭號假想敵。爲了取得大陸的各項情報，美國中央情報局（ＣＩＡ）在台大肆活動，一方面支持國府在台進行對眞假「匪諜」的廣泛逮捕、拷問、監禁和虐殺，一方面迫使當時極端孤立的國民黨與ＣＩＡ合作，進行大量反中國和反中共的行動。作者藍博洲在這本書中所報告的五〇年到五四年國府的「異端撲殺」運動，便是當時美國改變方針，決定選擇國府爲其反共戰略上的扈從國家，從而在台建立一個蔣氏高度獨裁的「次法西斯蒂・反共國家安全國家」（anti subfascist communist national security state）過程中必然的產物。在這個巨大的恐怖政治中，國民黨在台灣殺害了四千至五千個本省和外省的「共匪」、愛國主義知識份子、文化人、工人和農民，也將同樣數目的人投入十年以上到無期徒刑的牢獄之中，一直到一九八五年，最後一個五十年代的政治終身監禁犯才被釋放出獄。

藍博洲，一個台灣客籍工人的兒子，在一九八六年的尚未「解嚴」的時代，開始了探索、發現和揭露台灣戰後史上這一段長期被暴力湮滅的歷史的工作。其中頭兩部作品，《美好的世紀》和《幌馬車之歌》都曾分別在一九八七年和一九八八年發表在今已休刊的《人間雜誌》上，而震動了讀者。《人間雜誌》的休刊，並沒有使藍博洲停下他的筆。他繼續揭發這沉埋在謊言與陰謀的荒蕪中長達四十年的、悲壯而又悽慘的萬人之塚，把五〇年代國際霸權主義和內部對外扈從、對內進行兇殘的次法西斯蒂鐵腕統治的暴力和恐怖下，對生與死，對意義和虛無做了最艱難而勇敢的選擇，在激烈的壯懷中，爲民族和階級的自由與解放，打碎了自己，向不知以恐怖與暴力爲恥的國內外法西斯主義和帝國主義做出了震撼山谷的怒吼和抗議的一代最耀眼的形象，重新構建和顯現出來。這是一九五〇年大恐怖以來台灣史學界、言論界、文藝界和文化界近於絕無僅有的重大貢獻。

一九五〇年以來，台灣的歷史學界、社會科學界和文藝界，長期受到美國意識形態的洗腦，對於台灣戰後充滿了歪曲、謊言、恐怖和暴力的歷史毫無批判的研究和創作能力，從而在四十年間，爲美國塗脂抹粉，把美帝國主義裝扮成人權、民主和自由的推進者、守護者。今天，當美國叫囂以中共「改善其人權條件」交換使中共取得「最惠國待遇」，以便大陸得以向美輸出廉價勞力密集的輕工產品時，人們早已遺忘，甚至不知道，在國民黨自一九五〇年迄一九六五年間在台灣進行反共反民主逮捕、拷問和虐殺、監禁時，美國持續以十六億美元的經援、四十餘億美元的軍援給予台灣，並且截至八〇年代才停止台灣的「最惠國待遇」的事實。美國對韓國軍事獨裁政府付出了六十五億美元的軍事援助。對六十年代屠殺百萬「共產黨人」的印尼，美國支付了二十餘億美元的軍援。美國對中南美洲軍事獨裁政府烏拉圭、委內瑞拉、智利、尼加拉瓜、多明尼加、巴西、玻利維亞、阿根廷和歐洲親美反共獨裁政權西班牙、希臘、土耳其……從來也沒有因爲它們殘暴至極的人權蹂躪而停止過「援助」和什麼「最惠國待遇」。

藍博洲的這本集記錄和文學於一體的《幌馬車之歌》，是台灣年輕一代作家對美帝國主義及其「次法西斯扈從」者的謊言一記強有力的反駁！

一九八八年，世界冷戰以蘇聯戈巴契夫的對美投降和東歐的解體結束了。國共內戰的形勢也在不以美國扈從者主觀意願爲轉移地趨向於終結。在這「冷戰——內戰」雙重體制的衰亡歷史中，如果沒有台灣內部有意識地在歷史學、社會科學、文藝和文化上對荒廢、黑暗、充滿歪扭、暴力、謊言與恐怖的台灣戰後史進行深刻的反思與清算，則冷戰與內戰的幽靈、美國扈從主義和次法西斯蒂的亡靈，就不會自動消失。在這意義上，藍博洲這本《幌馬車之歌》的出版，便是激烈地刺向冷戰和內戰歷史的惡魂厲鬼的桃花木劍，値得喝彩。

序

凡記下的就存在

侯孝賢

十七、十六年前，我們都在看《人間雜誌》的時候，看到了藍博洲的〈美好的世紀〉和〈幌馬車之歌〉。那兩篇東西真的是先驅。

也是那個時候，我拍了《悲情城市》。就電影技術上的突破而言，是台灣第一部採取「同步錄音」的電影，但某些部分仍得事後補錄或配音。譬如押房難友們唱的〈幌馬車之歌〉，要有空間聲，不能在錄音室錄，所以特別開拔到金瓜石礦區廢置的福利站空屋去唱，四個人，我、謝材俊、天心，和唯一會日文的天心的母親（劉慕沙），日文歌詞用注音符號標示發音，這樣錄成的。

之後，好像辜負了很多人的期待，我岔開去拍阿公李天祿的故事《戲夢人生》（阿公年紀太大不趕快拍會來不及），要到一九九五年《好男好女》，我才以〈幌馬車之歌〉爲題材，把壓縮在《悲情城市》後半結局的時空重新再做處理。並且從預算中撥出資金拍受難人訪談的記錄片《我們爲什麼不歌唱》，由藍博洲和關曉榮負責執行。

《好男好女》開拍時蔣碧玉還在，次年一月十日她病逝，我們大隊人馬在廣東出外景，包括藍博洲（被我拉來飾演偕同鍾浩東、蔣碧玉夫婦投身大陸參加抗日的蕭道應醫生），大家聽到消息似都茫然無甚感慨。廿五日拍完回台灣，廿六日就是蔣碧玉出殯。喪禮上多是「台灣地區政治受難人互助會」的老同學們，我在分鏡筆記本上隨手寫：再過些年一切也淡忘了，一人只得一生，自然法則，生死成毀無可逃處。

這好像很無情。

對照當時我拍此片採取的結構手段，戲中戲，現實，與往事。戲中戲叫做《好男好女》，正在排練和準備開拍中，背景是一九四〇抗日戰爭到五〇年代白色恐怖大逮捕。現實是九〇年代台灣現狀。往事是飾演蔣碧玉的女演員，與男人一段短暫的同居時光，男人遭狙擊後，她拿到和解金存活至今。三條線最後交織成一起，女演員混淆了她與蔣碧玉，而男人的死似乎替代了鍾浩東。女演員已分不清是半世紀前年輕男女爲革命奮鬥的理想世界呢？是半世紀後當下的現實？

看來形式複雜，野心很大，其實可能是一種閃躲。閃躲當時我自己在面對這個題目時候，其實身心各方面皆準備不足的困境。如果今天我來拍，我會直接而樸素的拍。

所以，世人將如何記得這些事呢？有人說：「我們從古至今都一個樣，沒有變得更好，也不會變得更好。歷史上因我們的罪而犧牲的人，簡直是死得輕如鴻毛，我們回報以更多的罪惡。」

那麼「歷史與現場」這套書系有何作用？藍博洲數十年來在這個題目上做的追蹤研究，不是枉然？

當然不是，從來就不是。

歷史就是要有像藍博洲這般一旦咬住就不鬆口的牛頭犬。在追蹤，在記錄，在釘孤隻。凡記下的就存在。

凡記下的，是活口，是證人，不要以爲可以篡改或抹殺，這不就是歷史之眼嗎。我無法想像，沒有這雙眼睛的世界，會是怎麼樣的一個世界！

《幌馬車之歌》出版於一九九一年，今天新版再出，我謹以此文與藍博洲共勉。

二〇〇四年九月

序

救贖的歷史，歷史的救贖

趙剛

藍博洲告訴我，他的《幌馬車之歌》要出第三版了，他說新版內容增加了不少這些年來他就這一主題繼續追蹤的一些重要口述證言與檔案資料。他說他想邀我寫序。我告訴他，這本書的第一版我在二十多年前就讀過了，但我沒告訴他的是，內容是什麼我早已忘卻了；還記得讀過，或許只是因爲這個美麗的書名還在那兒兀自地瑲瑲作響吧！然而，我還是勉強地答應了。「勉強」，是因爲我的確對藍博洲竭半生之力所探索的這段歷史感到陌生，自覺是沒有資格寫序的。那麼爲何還是答應呢？恰恰只爲「勉強」故！——我得勉力克服這個奇怪的、不合理的「勉強」。於是，我就把「序」的差事，當作藍博洲期待於我的一段學習之旅。下面的文字，因此不過是我閱讀這本書的一些學習、反思，以及感觸。

《幌馬車之歌》是一本以報告劇爲形式的報導文學作品，記錄了客家籍青年鍾浩東（一九一五—一九五〇年）及其夫人蔣碧玉（一九二一—一九九五年），以及那個時代無數類似青年的革命事業。青年鍾浩東反抗日本殖民統治，九死一生潛回祖國大陸投身抗日，抗戰勝利後又迅即回到台灣，爲了改革社會的理想，投身教育事業，赴基隆中學任校長。在這期間，他目睹了國民黨政權的腐敗與反動，與內戰中的另一方——中共相比，明暗立判，於是像很多當時的知識青年一樣，思想迅速左傾，而鍾浩東更是加入了地下黨，在一九四九年被捕之前，爲他所熱烈盼望且相信即將到來的「解放」，和國民黨政權進行殊死鬥爭。他最終，求仁得仁，爲理想犧牲，成爲了一九五〇年白色恐怖的著名犧牲者之一……

在我重新閱讀這本書稿之前，我必須誠實說，對於鍾浩東、蔣碧玉，以及那個「基隆中學案」，我是幾乎完全遺忘了。爲什麼我與這段情志高蹈血跡斑斑的當代史之間，是如此陌生離異呢？爲什麼替這樣一本書寫序我會感覺「勉強」呢？我想，這不僅僅是我個人的問題而已，應該也是當代台灣知識圈的一種普遍現象吧。我們的知識結構、我們的歷史意識一定是出了某種共同的問題。因此，不妨把我的「勉強」也當作一樁（包括著我的）當代「知識事件」來解讀。

我的「勉強」是大小兩層「怪圈」之下的產物。外層大怪圈是台灣社會在歷史意識上的全面單薄枯槁。我在大學教書，學生對「歷史」的感覺就是和自身無關的那些爲考試而背誦的事件與年代，對於當代也知之甚少，而且幾近無感，這或許弔詭地說明了他們何以近兩年來會對一些政治象徵作超乎尋常的情感反映，但這是另一個話題了。歷史意識的單薄枯槁至少有兩個重要原因，其一是大眾消費社會所產生的一種「天然的」「歷史終結」感，其二則是歷史意識被狹隘政治化。第一個原因我們在這裡就不說了，關於第二個原因倒是可以稍微談談。一向以來，國民黨政權但爲遮其自身之羞的緣故，把台灣歷史與中國近現當代史不是肆意切斷就是以它的不通童騃講述，別的不說，它就無法說明它何以倉皇辭廟敗退來台；不通的故事必然使人對歷史教育望之卻步。又，一向以來，國民黨因爲半遮面地把自己置放於一個親美友日反共的格局之中，以致它無法眞正面對日本殖民歷程，從而更談不上任何的「去殖民」。而另一方面國民黨的挑戰者民進黨，不管它對國民黨如何齜牙咧嘴，它始終忠實不二地繼承國民黨看待歷史的大架構，在反共、親美、友日的神聖三位一體下，頂多添加上一些反國民黨的、台獨的、反中的因素。當然這些因素，也是經由政治需求重新界定，例如對二二八的敘事凸顯放大其「分離主義」、對一九四五至四九數年間「統一」狀態下兩岸民眾（尤其是知識分子）的思想與實踐的交流合作的不聞不問、相對於二二八的高分貝的對一九五〇年代白色恐怖的奇怪沉默，以及特別是近幾年來對日本殖民的塗粉抹脂……

我當然和絕大多數台灣人一樣，多多少少是在這個長期怪圈之下形成了我的歷史意識，或至少，我的歷史意識一定得受到這個怪圈所影響制約。對於它的支配，不可低估，因爲它並不是以一種易被感知、易被察覺的方式硬梆梆地杵在那兒，而幾乎是以一種不被人們意識得到的方式存在的——而這正是霸權之所以是霸權的所在。經過國民黨與民進黨兄弟接力的歷史編纂工程下，人們或許在這個或那個的用詞上有「藍綠」齟齬，例如表現在教科書爭議上，但對於一種更根本的、超越語言的、簡單化的、圖像化的，從而是更有支配力的歷史感覺，則是不曾有過任何撼動之效的：這些感覺包括：共產革命是暴力的、西方（美國）是自由民主的、文革是全民發瘋、日本殖民是現代的/合理性的、國民黨是一個專制落後無能的政黨、二二八是外來政權對台灣人的壓迫，以及所有殖民時期與戰後反國民黨的仁人志士都是「勇敢的台灣人」……當歷史意識是建立在這樣一種卡通化的黑白善惡美醜皆分明的基礎上時，持這樣歷史觀的人們也同時被去政治化，而成爲了權力的對象。

這個屬於廣義歷史編纂所造成的「無意識」是有巨大宰制力量的，甚至宰制了自以爲是的反對者、異議者、批判者，乃至逃逸者。要說明這個怪現象並不難，可以透過我所謂的第二層的、也就是內層的「小怪圈」來進行；而以我自己的例子來說明也許還更有說服力。是這樣，我和我的一些朋友，在一九八〇年代到美國唸書，習得了那時歐美學術圈的比較批判性的「新左派」理論與政治話語，並在一九八〇年代下半陸續回台，之後，基本上憑藉著這套話語進行所謂的「介入」。我們標榜不統不獨、關切市民社會的民主生機、反抗國家暴力與宰制、反對族群民族主義的偏狹，並支持草根的、由下而上的「社會運動」……。在操作這套話語的同時，我們的自我認同是「左派」，是根植於台灣這個特定空間與發展階段的左派。但如今反省起來，這樣的

「左派」在某種自我標榜的道德正義感與知識優越感的後頭，是有某些不自明的從而是意識型態的前提的。我們的知識或社運的干預的前提是：一、西方知識圈所界定的平等、正義、公共、多元等等是「普世價值」；二、必須是在一個資本主義與民主憲政的現代社會中。於是，儘管我們不喜歡「歷史終結」這個講法，並常作態調侃它，但實際上我們已接受了這個講法，並以它作爲前提——我們是在一個後革命年代中，以社運爲方式，對這個社會作「改良」。而當「戰鬥」、「反抗」或「異議」的我們，在如此想像歷史時，我們其實已經是默認了第一層大怪圈，或至少是不（或無法）挑戰它的。因此，我們就有了一種對待歷史的**實際方式**，而這和我們所批評的當代年輕人的去歷史化並無重大不同，也就是我們的歷史敘事經常是從「一九八七年解嚴」開始，或「一九五〇年代的進口替代」開始，或最多是從「戰後國民黨撤退來台」開始。於是，這樣的「左派」不只是無視於整個近現當代中國的乃至區域的歷史——於是，台灣的歷史，更是無視於左翼自身的歷史；它把日據時期台灣左翼抗日志士的反抗在歷史敘事中勾消了，把一九四五至四九年之間大陸與台灣的左翼的或進步知識分子的連結合作給取消了，把一九五〇年代的白色恐怖給淡化模糊化了，把一九七〇至七一年的保釣運動給邊緣化了，也大致把一九七七至七八年的鄉土文學運動給遺忘了。是建立在這些勾消或遺忘上，一九八〇年代末出現於台灣的「新左」定義他們自身的「左」。但如今看來，這個「左」其實甚至並非「新左」，因爲他們並不曾相對於

「老左」定義他們的「新」，這個「新」是一個無「老」無「舊」作爲指涉對象的一種無意義修辭，所謂新以爲新——於此，甚至並不同於西方的新左。因此，這個左翼事實上僅能是「洋左」。而二〇一四年的太陽花運動又殘酷地展現了它已經成功地收編了這個「洋左」的所有論述能量，從公共化、後殖民到反全球化這些概念或理論，到歷史終結的歷史觀與世界觀，到那在知識方法上劃台灣爲牢的「方法論台獨」。

透過指認出這個雙層怪圈，我得以解解釋我的知識構成圖譜，以及，更具體地，我何以對「鍾浩東們」是如此的隔膜、疏離、無情，以及我何以對日據以來的台灣左翼運動史是如此的無知，雖然相對而言，也許我還蠻熟悉一九六〇年代的美國，我是老早就知道湯姆海頓、勞夫耐德、馬丁路德金恩、艾倫金斯堡，以及麥爾侃·X的。這樣偏枯的、深具殖民風的知識風貌，難道還不曾自我指認出問題之所在嗎？

在黯沉的歷史舞台上，藍博洲以報告劇的形式，打著一道獨白的束光，所演出的這本《幌馬車之歌》，在一個最根本的意義上，就是在進行這樣一種歷史意識與知識政治的艱困挑戰。考察作者的撰述歷程，從《人間》時期開始，藍博洲就孤獨地、不懈怠地在這條路上顛躓前行，以他的方式書寫台灣史，一段被遺忘、扭曲、封閉，或被人作賤收編的台灣史。在藍博洲的著作裡，我們看到台灣的歷史與中國大陸的歷史的緊密關連，「打斷了骨頭連著筋」——於是他挑戰了

「方法論台獨」。我們也看到他把我們對今日的理解上連一九五〇年、戰後統一四年，以及戰前的日本殖民時期——於是他挑戰了我們的去歷史的狹小當下視界。讀這本書，我經常不勝欷噓的是：「鍾浩東們」亡於一九五〇年代，他們是無法繼續生猛地活著、思考著、行動著了，但如果後來的人能在心中記著他們的形象與心地，以他們爲一種參照，那麼台灣之後的歷史將會走出一條什麼樣的路徑？這個問題當然無法回答，但可以肯定的是必定和今日不同，而這也就是說，我們之所以爲今日的我們，並不是歷史的必然，而部分是由於我們對歷史的忘卻，我們遺忘了無數個與我們有關的事件與人們（僅僅因爲他們「失敗了」！）。藍博洲的寫作就是把這些被遺忘在歷史角落與灰燼裡的前行者給救贖出來，於是我們重又看到他們，以及看到他們身後的的無窮前行者身影，於是這將鼓舞我們意識到今天的我們也並非全然孤獨無助的，也必當是歷史長河中綿延不斷影響著未來之世的一個小小因子——於是，藍博洲也挑戰了歷史終結論。

是在這個歷史、知識與倫理的大架構下，我企圖理解藍博洲書寫的客觀意義。當然，這樣說絕對不足以窮盡這本文學創作的其他意義。做爲一部現實主義的作品，作者在史料的、時代背景的、人的社會關係的……精確耙梳與考證下，屢屢綻放出那專屬於文學的人道光輝。他書寫了鍾浩東和鍾理和的兄弟之愛、蔣碧玉與她三個兒子之間的令人心疼心酸的母子之愛、鍾浩東母親至死不知其子已亡的痴痴母愛，鍾浩東與蔣碧玉之間的沒有機會卿我的夫妻之愛——但那又是什麼愛呢？也許只能說那個夫妻之愛或男女之愛已是包覆在更大的同志之愛，以及更廣闊的同胞、國族與人類之愛當中了吧！也許一個時代眞的已經離我們而去了，在那個時代裡，有很多人知道愛是什麼知道生活是什麼知道他人是什麼，從而知道自己是什麼。然而，《幌馬車之歌》能夠出第三版，或許可以是希望不死的某種希望吧！

這本書的書寫在每一章的起始總是安排一段鍾理和（前輩著名作家，鍾浩東同父異母的弟弟）的文字做爲全章的引言，或摘自他的小說創作，或摘自他的日記雜文，而經常，如非總是，能和正文產生一些有趣的互文效果。但讓我感受最強的倒不是這些引言，而是在書的「尾聲」那兒的鍾理和的話。在那兒，我們讀到鍾理和在他一九五八年二月二十三日的日記裡如是說：

那麼，文生（註：文生・梵谷）還有什麼可說呢，他是這樣幸福的！畢竟他還有一個徹底瞭解、同情、和愛他的好兄弟呢！

而我？

啊啊！和鳴，你在那裡呀？

鍾理和誠然失去了一個理解他的兄弟，這或是可悲嘆的吧！但話又說回來，寫過《夾竹桃》等作品的鍾理和，又果眞理解過鍾浩東嗎？但我們似乎不必因此爲鍾浩東悲嘆，甚至我們要爲他高興，因爲多年後，他得到了一個眞正理解他的異姓兄弟，也就是本書作者藍博洲，雖然這個說法若要較眞起來可能不甚恰當，因爲論輩份，鍾浩東是同爲客家人的藍博洲的祖父輩。但我還是堅持藍博洲是鍾浩東某種理解意義下的「兄弟」——雖然異代跨時。正是：相識何必曾相逢，蕭條異代不同時。是以代序。

二〇一五年十一月七日於台中大度山

幌馬車之歌

序曲：伴著腳鍊聲的大合唱

一九五〇年十月十四日。

台北青島東路軍法處看守所。

清晨六點整。

剛吃過早餐，押房的門鎖便喀啦喀啦地響了。鐵門呀然地打開。

鐵門外兩個面孔猶嫌稚嫩的憲兵，端槍、立正，冷然地站立鐵門兩側。整個押房和門外的甬道，立時落入一種死寂的沉靜之中。

「鍾浩東、李蒼降、唐志堂，開庭。」

鍾浩東校長安靜地向同房難友一一握手，然後在憲兵的扣押下，一邊唱著他最喜歡的〈幌馬車之歌〉，一邊從容地走出押房。於是，伴奏著校長行走時的腳鏈拖地聲，押房裡也響起了由輕聲而逐漸宏亮的大合唱……

1990 年的蔣碧玉與 1935 年的鍾和鳴（何經泰攝影）。

蔣蘊瑜：我是鍾浩東的太太蔣碧玉。蘊瑜和浩東，都是抗戰時期，丘念台先生為我們取的名字。這首〈幌馬車之歌〉很好聽，是我們剛認識時，浩東教我唱的。它的歌詞大概是說：

黃昏時候，在樹葉散落的馬路上，目送你的馬車，在馬路上幌來幌去地消失在遙遠的彼方。

在充滿回憶的小山上，遙望他國的天空，憶起在夢中消逝的一年，淚水忍不住流了下來。

馬車的聲音，令人懷念，去年送走你的馬車，竟是永別。

浩東是情感豐富的人，所以很喜歡唱這首歌。他曾經告訴我，說每次唱起這首歌，就會忍不住想起南部家鄉美麗的田園景色。

幌馬車の唄

山田としを 作詞
原野為二 作曲
ミス・コロムビア
桜井健二 唄

一、(女)夕に遠く　木の葉散る
並木の道を　ほろぼろと、
君が幌馬車　見送りし
去年の別離が　とこしえよ

二、(男)想い出多き　丘の上で
遙けき国の　空眺め
夢と煙れる　一と年の
心無き日に　涙湧く

三、(男女)轍の音も　なつかしく
並木の道を　ほろぼろと
馬の嘶き　木魂して
遙か彼方に　消えて行く

第一樂章：故鄉

我少時有三個好友，其中一個是我異母兄弟，我們都有良好的理想。我們四個人中，三個人順利地升學了，一個人名落孫山，這個人就是我。這事給我的刺激很大，它深深地刺傷我的心，我私下抱起決定由別種途徑趕上他們的野心。這是最初的動機，但尚未成形。

有一次，我把改作後的第一篇短文（雨夜花——描寫一個富家女淪落為妓的悲慘故事）拿給我那位兄弟看。他默默看過後忽然對我說，也許我可以寫小說。我不明白他這句話究竟出於無心抑或有感而發，但對我來說，卻是一句極可怕的話。以後他便由台北，後來到日本時便由日本源源寄來世界文學及有關文藝理論的書籍——都是日文——給我。他的話不一定打動我的心，但他這種做法使我繼續不斷和文藝發生關係則是事實。我之從事文藝工作，他的鼓勵有很大的關係。

——鍾理和：〈我學習寫作的過程〉（一九五七年參加《自由談》雜誌徵文的自述）

有一次，我把改作後的第一篇短文拿給我那位兄弟看。他默默地看過後忽然對我說，我也許可以寫小說。我不明白他這句話是出于無心抑有所感而言，但對我來說，卻是一句極可怕的話。以後他便由台北，後來到日本時便由日本源源寄來世界文學及有關文藝理論的書籍——都是日文——給我。他的話不一定打動我的心，但他這種做法使我繼續不斷和文藝發生關係則是事實。我之從事文藝工作，他的鼓勵有大關係。

鍾理和〈我學習寫作的經過〉（鍾鐵民提供）。

你這個子弟十分天才

鍾里義：鍾浩東是我哥哥，本名和鳴。我們鍾家祖籍廣東梅縣。世居屏東，代代業農。我父親原名鍾鎮榮。因爲不滿日本的殖民統治，在報戶口時，憤而改報爲鍾蕃薯；蕃薯的意思當然是指台灣了。父親經常往來海峽兩岸做生意，後來（一九三二年）遷居現在的美濃尖山，經營農場。日據時代，屏東郡守看到父親，都要親自端椅，延請入座。六堆一帶的客家父老，很少有不知道鍾蕃薯的。父親娶了兩個老婆。我跟和鳴是大母親生的。理和則是小母親生的。

蔣蘊瑜：浩東的母親，也就是我婆婆，曾經告訴我，說算命仙曾經勸她，要幫老公娶一個小老婆，不然他們夫婦倆有一個會先死。她相信了，就給公公娶個小老婆。

鍾里義：和鳴與理和差不多同時出世，前後只差廿多天而已。小時候，聽母親說，剛出世時，理和白白胖胖的，因爲屬狗，家裡人就昵稱他爲「小狗鬼」或「阿成」；和鳴卻又瘦又黑，像個小老鼠，家人就昵稱他「阿謝仔」。那時候，父親喜歡抱長得白白胖胖的理和；他眼裡還看不見和鳴。後來，我們幾個兄弟在私塾，跟著從原鄉來的愛吃狗肉的劉公義先生讀漢書。

鍾浩東的父親鍾鎮榮（1894-1943）。

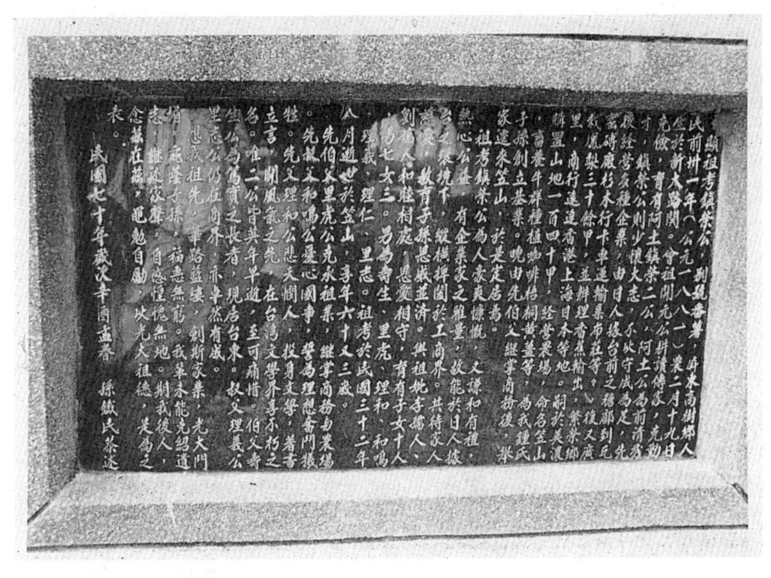

1981年鍾鐵民在家墓立的「鎮榮公」行誼。

鍾理和：他人微胖，紅潤的臉孔，眼睛奕奕有神，右頰有顆大大黑黑的痣，聲音宏亮……只是很多痰，並且隨便亂吐。還有，愛吃狗肉，尤其是乳狗。那時村裡幾乎家家都養狗，要吃狗肉是極隨便的。因此不到兩年，他的身體更胖了，臉色更紅了，但痰更多了。

他在我們村裡教了三年書，後來脖上長了一個大瘡，百方醫治無效，便捲了行李走了。但據說：後來死在船上，屍首被拋進海裡。村人都說他吃狗肉吃得太多了，才生那個瘡的。不過他教學有方，且又認眞，是個好先生，因而村裡人都很以爲惜。

鍾里義：兩年期間，阿謝背書，都可

殖民當局在芝山巖爲被殺的日本學官立碑。

從頭到尾流利背誦，並且不漏一字。有一回，阿謝不小心漏背了一個字。坐在一旁監書的劉先生，立刻以手中的黃藤條，用力抽打阿謝的屁股。怎知，阿謝卻回頭，把拿在手上的書，對準劉先生甩了過去，憤憤地說：「兩年來，我背書從來沒有漏過字，爲什麼現在不小心漏背一字，你就要打我。」阿謝這麼說，劉先生也沒因此再處罰他。當天晚上，劉先生還特地去面會父親，告訴父親說：「鍾先生，你這個子弟十分天才。日後，你即使再困難，也一定要賣光財產，供給他讀書，好好栽培。」從此，父親才開始注意到小時候長得並不起眼的阿謝哥，非常重視他的教育。

汪知亭：一八九五年六月十七日，攻佔台北城的日軍舉行了始政式。九月二十日，日本殖民者的總督府學務部在台北市近郊士林芝山巖設立學堂，先後招收廿一名台胞為日本語練習生。從此展開殖民地台灣的國民教育。

一八九六年元旦，這所全台惟一的學堂被義民搗毀，學校業務停擺。到了四月，總督府公布直轄學校官制，又在全台各重要城市設國語傳習所，支付經費，擴大辦理殖民地台灣的國民教育。起初，由於台灣「人民不忘懷祖國，各地治安不良，芝山巖之變，以及惟恐入學後被徵為士兵」等因素，招生非常困難。

一八九八年七月廿八日，總督府公布公學校令，將各國語傳習所改為公學校，費用改由街庄社負擔。八月，再公布公學校規則，規定：就學年齡為八歲以上，十四歲以下。修學期限六年。教學科目包括：修身、國語（日語）、作文、讀書、寫字、算術、唱歌、體操。

日本帝國從此建立了在殖民地台灣發展國民教育的基礎。

一九一九年一月，總督府公布台灣教育令。一九二二年三月再公布新台灣教育令，確定公學校修業年限為六年，就學年齡提前至六歲，並且增加日本歷史及手工實業等科目。

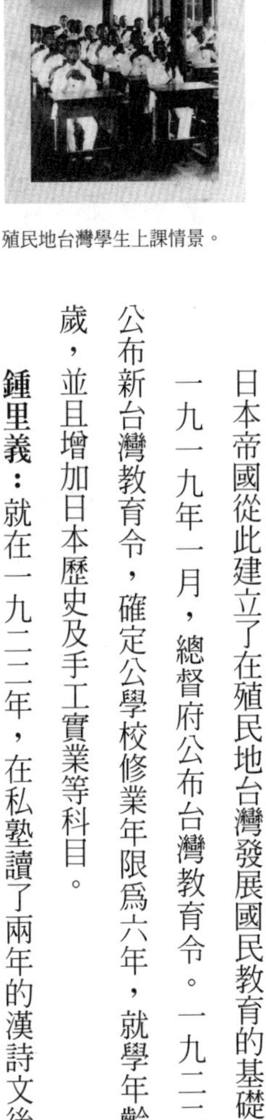
殖民地台灣學生上課情景。

鍾里義：就在一九二二年，在私塾讀了兩年的漢詩文後，和鳴與

教育勅語

朕惟フニ我カ皇祖皇宗國ヲ肇ムルコト宏遠ニ徳ヲ樹ツルコト深厚ナリ我カ臣民克ク忠ニ克ク孝ニ億兆心ヲ一ニシテ世世厥ノ美ヲ濟セルハ此レ我カ國體ノ精華ニシテ教育ノ淵源亦實ニ此ニ存ス爾臣民父母ニ孝ニ兄弟ニ友ニ夫婦相和シ朋友相信シ恭儉己レヲ持シ博愛衆ニ及ホシ學ヲ修メ業ヲ習ヒ以テ智能ヲ啓發シ德器ヲ成就シ進テ公益ヲ廣メ世務ヲ開キ常ニ國憲ヲ重シ國法ニ遵ヒ一旦緩急アレハ義勇公ニ奉シ以テ天壤無窮ノ皇運ヲ扶翼スヘシ是ノ如キハ獨リ朕カ忠良ノ臣民タルノミナラス又以テ爾祖先ノ遺風ヲ顯彰スルニ足ラン

斯ノ道ハ實ニ我カ皇祖皇宗ノ遺訓ニシテ子孫臣民ノ倶ニ遵守スヘキ所之ヲ古今ニ通シテ謬ラス之ヲ中外ニ施シテ悖ラス朕爾臣民ト倶ニ拳拳服膺シテ咸其德ヲ一ニセンコトヲ庶幾フ

明治二十三年十月三十日

御名御璽

明治天皇的教育敕語。

理和一同進入鹽埔公學校，讀日本書。

民族歧視的殖民教育

汪知亭：當時的公學校教育充滿軍國主義色彩。不但在教學方式上採取著眼於整齊和嚴肅的機械注入法，在訓導上採用嚴厲體罰的消極手段，而且通過學唱日本歌，培養兒童勇敢、好勝和鬥狠、蠻幹的體育教學等課程，灌輸台灣學童皇民意識。

鍾理和：到公學校五六年級，開始上地理課；日本老師時常把「支那」的事情說給我們聽。兩年之間，我們的耳朵裝滿了「支那」，「支那人」，「支那兵」

晚年的蔣碧玉在長治公學校高等科舊址。（藍博洲攝影）

各種名詞和故事。這些名詞都有它所代表的意義：支那代表衰老破敗；支那人代表鴉片鬼，卑鄙骯髒的人種；支那兵代表怯懦，不負責等等。

鍾里義：公學校畢業後，和鳴經校方推薦，不必經過考試即可保送長治公學校高等科。但日本人之所以設立二年制的高等科，其實暗含著「歧視教育」的用意。首先，它想利用「高等」的美名來籠絡台灣人民，使其不求上進；其次，高等科完全是簡易的職業教育，與上級學校缺少聯絡，對於有志升學的台灣人子弟設定了極大的限制。因此，和鳴拒絕保送，相偕與童年好友——邱連球、鍾九河及同年的異母兄弟理和，一起參加高雄中學的入學考

鍾理和及弟弟鍾里義（右一）與姑表邱連球（左一）。

試。結果，其他三個人都金榜題名，只有理和兄因體檢不通過而落第。這事很刺傷理和，但也因此使他日後成爲一個作家。

汪知亭：在表面上，殖民地台灣的國民教育似乎比以前有所進步了。實質上，它卻存在著民族歧視下的差別待遇。在台日兒童不能共學的差別教育下，日本學童進的是修業年限八年的小學校，不論是課本程度、師資和學校設備都遠遠超過公學校。因此，小學校畢業生的升學率也大大勝過公學校畢業生。

素樸的祖國情懷

汪知亭：日本帝國在殖民地台灣的男子中學教育始於一八九七年四月設立的國語學校語學部國語（日語）科，修業年限三年，後來改爲四年；還是比日本人進的五年制尋常中學科少了一年。

到了一九一五年，在本省中部仕紳聯名請求下，爲台灣青年單獨設置的台中公立學校（台中一中）才正式成立。但是，它無論在修業年限、入學資格及學習內容上，仍然與日本人所進的中

雄中時期的蕭道應（第一排右一）。

學校有極大的差別待遇。

一九一九年，台灣教育令針對台灣人的中學教育作了三種改變。首先，爲了與日本人的中學校有所區別，台灣人的男子中學校改稱高等普通學校。其次，入學資格從「限十三歲以上，修滿公學校第四年或同等學力者」，提高到「六年公學校卒業或同等學力者」。最後，允許台灣人的男子中學校「得設一年制的師範科，以培養公學校的師資」。

然而，不變的是，修業年限（四年）及教學課程著重日語和實業科目。

一九二二年，新台灣教育令規定中等以上學校實行「內（日）台共學」制。從此以後，在殖民地台灣，表面上，日台學生之間在教育政策上的差別待遇，大致撤除。但是，因爲日台人新生錄取名額的差異，入學考試考題完全取自日人小學使用的教科書，以及主持所謂「錄取會議」日語口試的校長和教員大多數是日本人等等原因，台灣學生能夠進入中等以上學校的機會，還是遠遠不及日本學生。

蕭道應：我是鍾浩東的雄中同學。一九一六年出生於屏東佳冬，一九二二年剛滿六歲便進入佳冬公學校就讀，然後循序由公學校、公學校高等科，而於一九二九年考進高雄州立第一中學校。根據台灣總督府的統計，那年，台灣一共有十所中學校，其中，教員人數共計二百廿三人，台灣人卻只有四名；學生共計四千五百九十七人，台灣人也只有一千八百七十五人。

我認爲，日本帝國主義對台灣人的教育，無非是爲了改變我們的心智，使得我們能夠更爲有效地受它統治。我跟鍾浩東，基本上就是日本帝國主義通過痲醉教育，刻意要培養成爲「皇民意識發揚」的一代人之一。

我出身抗日世家，民族意識強烈，就讀公學校期間也痛恨充滿軍國主義色彩的皇民教育，可年幼的我卻只能在內心咒罵來維持精神的獨立。到了中學時代，我開始自覺地抵抗日本的同化教育了。殖民當局非常注意中學校學生的生活管理與同化工作。我就故意違反學校規定，在入學一個月後，仍然一直穿著傳統的台灣衫上學。因爲這樣的表現，我當然受到了校方嚴厲的處罰。但是，也因爲這樣的抵抗姿態，我結識了同樣具有強烈民族意識的客籍同學鍾和鳴，日後並同赴大陸，投入祖國的抗日戰爭。

鍾理和：年事漸長，我自父親的談話中得知原鄉本叫做「中國」，原鄉人叫做「中國人」；中國有十八省，我們便是由中國廣東省嘉應州遷來的。後來，我又查出嘉應州是清制，如今已叫梅縣了。

父親和二哥自不同的方向影響我。但眞正啓發我對中國發生思想和感情的人，是我二哥（和鳴）。我這位二哥，少時即有一種可說是與生俱來的強烈傾向——傾慕祖國大陸。在高雄中學時，曾爲「思想不穩」——反抗日本老師，及閱讀「不良書籍」——《三民主義》，而受到兩次記過處分，並累及父親被召至學校接受警告。

鍾里義：在雄中時，和鳴依舊喜歡和日籍老師辯論，那些日本人常常被他質問得無力回答。那時候，和鳴已經在偷偷閱讀《三民主義》了。有一回，和鳴在課堂上偷閱大陸作家的作品被老師當場抓到而遭到辱罵。和鳴不甘示弱地替自己辯護道：「作一個中國人，爲什麼不能讀中文書。」日籍老師惱羞成怒，舉鞭抽打和鳴，大罵道：「無禮！清國奴！」和鳴不堪其辱罵，隨手抓起桌上的書，擲向那日籍老師。

事後，校方通知家長到校約談。父親不理會日本人，就由里虎大哥前去。到了學校，里虎大哥直截了當地告訴校方管理人員，說子弟既然送給學校教育了，好、壞都是學校的事，與我家無關。

經過這次事件的刺激，再加上平日閱讀三民主義及五四時代的作品的影響，和鳴因此產生憧憬祖國的情愫。這情愫並且感染了理和，致使理和在後來帶著台妹，私奔中國東北。

中學校二年級時，和鳴即向父親提出欲赴大陸留學的計畫。父親不贊成。因爲做生意的關係，父親每年都會到大陸一趟，對大陸的情況比較瞭解。

鍾理和：父親正在大陸做生意，每年都要去巡視一趟。他的足跡遍及沿海各省，上自青島、膠州灣，下至海南島。他對中國的見聞很廣，這些見聞有得自閱讀，有得自親身經歷。村人們喜歡聽父親敘述中國的事情。原鄉怎樣，怎樣，是他們百聽不厭的話題。父親敘述中國時，那口吻就和一個人在敘述從前顯赫而今沒落的舅舅家，帶了兩分嘲笑，三分尊敬，五分歎息。因而這裡就有不滿，有驕傲，有傷感。他們衷心願見舅舅家強盛，但現實的舅舅家卻令他們傷心，我常常聽見他們歎息：「原鄉！原鄉！」

鍾里義：父親勸阻和鳴，說大陸的教育並不比台灣發達，要他還是在台灣念吧！和鳴不以

梅蘭芳等人。

為然，說父親所看到的是幾年前的大陸，何況，現在國家正需要青年投入，才會進步、發達。父親勸不過和鳴，於是就讓他去了。他從大陸遊歷歸來後同父親說：「的確！你說的一點沒錯。目前，大陸的教育事業是不比台灣發達。」

鍾理和：中學畢業那年，二哥終於請准父親的許可，償了他「看看中國」的心願。他在南京、上海等地暢遊了一個多月，回來時帶了一部留聲機，和許多蘇州、西湖等名勝古跡的照片。那天夜裡，我家來了一庭子人。我把唱機搬上庭心，開給他們聽，讓他們盡情享受「原鄉的」歌曲。唱片有：梅蘭芳的《霸王別姬》、《廉錦楓》、《玉堂春》，和馬連良、荀慧生的一些片子。還有粵曲：《小桃紅》、《昭君怨》；此外不多的流行歌。

粵曲使我著迷；它所有的那低迴激蕩、纏綿悱惻的情調聽得我如醉如癡，不知己身之何在。這些曲子，再加上那賞心悅目的名勝風景，大大的觸發了我的想像，加深了我對海峽對岸的嚮往。

鍾里義：和鳴前往大陸並沒有向學校請假，或辦休學手續。校方原本欲以「行爲不正」的理由，給他退學處分。然而，因爲和鳴的成績一直都維持在一至五名之內，校方覺得像他成績這樣好，卻讓他退學，實在可惜。於是，經過協商後，放棄退學處分，改以那個學期全班最後一名的成績處罰他。

第二樂章：戰雲下的戀歌

知道了浩東的計畫後，我立即對他這項兼具嚴肅的民族主義與浪漫的革命情懷的行動，感到莫名的嚮往。有一天，他終於也來招募我了。

「你和棠華怎麼樣了？」他先是裝作無心地問說。

「什麼怎麼樣？」我回他說：「大家都是好朋友嘛！」

「我是不打算結婚的。」他突兀地說。

「笑話！」聽他這樣說，我忍不住不高興地回他說：「我又沒有說要嫁你！也不是因為這樣我才拒絕他們的。」

浩東沒說什麼，只是靜靜地看著我，然後嚴肅地對我說：

「跟我一起到大陸奮鬥吧！」

——蔣碧玉（一九八八年三月十九日，台北市寧夏路。）

鍾和鳴（左脫帽者）與台北高校同學。

戴白線帽的青年

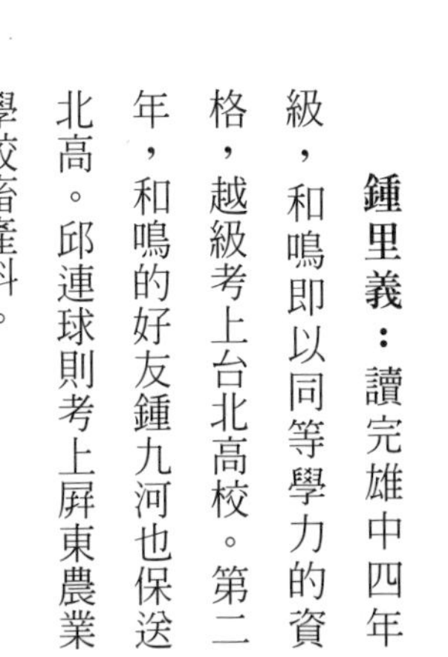

鍾里義：讀完雄中四年級，和鳴即以同等學力的資格，越級考上台北高校。第二年，和鳴的好友鍾九河也保送北高。邱連球則考上屏東農業學校畜產科。

蕭道應：一九三三年，修完高雄中學校四年課程後，我通過競爭激烈的入學考試，進入台北高等學校高等科第九屆理科乙類。浩東因爲到大陸遊覽考察的關係，比我晚了一年才進來。

戴白線帽的鍾和鳴（以燈柱算起右四）與台北高校同學。

楊基銓：一九三四年四月，我以台中一中四年肄業的資格，考入台北高校第十屆文科乙類。同班共有三十名學生，其中日本人學生廿七名；台灣人學生三名，即鍾和鳴、林道生和我，其中我與鍾和鳴較有交情。

汪知亭：當時，日本全國共有卅八所高等學校，其中一所在台灣，叫做台北高等學校。一九二二年四月，它以台灣總督府台北高等學校（簡稱台北高校）之名創設，爲大學預備教育機關，設尋常科，修業年限四年。

一九二五年繼設高等科，分文、理兩科。文科學生的出路是進入大學的文學、法學、經濟學及商學等學部。理科則進入大學的醫學、理學、工學、農學等學部。各科均分甲、乙兩類。甲類以英文爲第一外國語言，德文爲第二外國語言。乙類則以德文爲第一外國語言，英文爲第二外國語言，均是必修課目。修業年限三年（戰時縮短爲兩年）。入學資格爲該校尋常科畢業或中學校修業四年者。考試科目與日本本土的高等學校大致相同。每年只招考應收新生人數（大約一百三十名）的一半，另外一半則由尋常科畢業生四十名和各公立中學校長推薦應屆畢業或四年肄業的優秀學生約十餘名免試入學。

蕭道應：因爲台北高校及各中學的校長都是日本人，所以日本學生進入台北高校的機會自然遠遠超過台灣學生。高等學校又是當時進入日本八所帝國大學的惟一途徑；非高等學校畢業生無法進入其中的任何一校。所以，高等學校是中學校學生最仰慕的學校。

蔣蘊瑜：高校生戴的帽子，有兩條環繞帽徽的白線；戴上那頂帽子是很不容易的，尤其是台灣人。因此，那也是當時少女崇拜的對象。浩東與蕭道應、鍾九河等從南部來的客家青年的租所，就叫白線寮。

台北高校學生。

白衣少女

鍾里義：高校二年級時，和鳴寫信回家，說是患了肺病，住進台北醫院（今台大醫院）。父親非常痛惜這個兒子，深怕他病逝，竭盡心力要把他治好，買了好多高貴的藥材寄給他。幸好，九河回鄉時告訴父親，和鳴並沒有罹患肺病。父親這才放心。九河告訴父親，說和鳴在台北幾乎總是夜讀到深夜一、兩點，早上五、六點又爬起來讀書，因爲用功過度，患了輕微的精神衰弱症，受了涼，咳嗽不止，就疑心自己患了肺病。父親於是要和鳴辦休學，住院，靜養半年才

台北高校學生上課情景。

出院。也就在住院期間，和鳴認識了碧玉嫂。

蔣蘊瑜：我記得，我跟浩東是在戰爭低氣壓籠罩的時期認識的。那年，我才十六歲，在台北醫院看護婦養成所學習兩年後，按規定留院義務服務一年。那時，就讀台北高校的浩東，因爲讀書過於用功，患有精神衰弱症而住院療養。

我還記得，我們認識那天的情景。

我依例到各個病房，探顧病人的狀況。當我巡看浩東的病房時，他突然與我寒暄。

「你也姓鍾嗎？」浩東先是用日文問我。

「是的。」因爲鍾和蔣的日文發音相

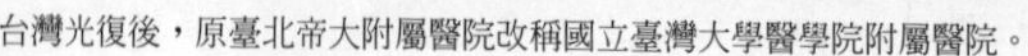

台灣光復後，原臺北帝大附屬醫院改稱國立臺灣大學醫學院附屬醫院。

一八九八年七月完工的「台灣總督府台北醫院」。

同，我於是回答他說：「我姓蔣，蔣介石的蔣。您呢？」

「我姓鍾，不姓蔣。」他笑了笑，改口用閩南話回答我。

「不過，你應該說是蔣渭水的蔣。」

「沒錯！我就是蔣渭水的女兒。」

我略顯驕傲地打斷他。然後向他解釋說，我並不是渭水先生的親生女兒。蔣渭水原本是我舅舅，因爲他的二老婆阿甜（陳精文）喜歡我，就過繼給他作女兒。我聽說，生父戴旺枝是渭水先生非常要好的朋友，家裡很有錢，把自己幾乎所有的財產都拿來支持渭水先生，從事抗日運動。渭水先生也一手促成他和么妹（也就是我母親）的婚姻。

這樣，我和浩東有了初步的認識。

蕭道應：蔣渭水（一八九一—一九三一年）在台灣總督府醫學校就學期間就非常關心祖國的革命運動。一九一六年袁世凱稱帝，他和同學翁俊明與杜聰明就謀赴北平行刺未果。畢業後在台北市太平町二丁目（今延平北路二段）開設大安醫院，以仁術濟

就讀護士學校的蔣碧玉（左）與同學。

蔣碧玉（右一）與殖民地台灣的「南丁格爾」。

世，並參與台灣議會請願運動，奔走四方，籌組台灣反日統一戰線的團體。

一九二一年十月十七日，由台灣知識份子組織啓蒙會改組的新民會，聯合台灣其他進步團體和個人，在靜修女學校正式成立台灣文化協會，推舉林獻堂爲總理，蔣渭水爲專務理事，從此展開台灣抗日民族解放運動的文化鬥爭。

一九二七年一月，台灣文化協會左右分裂；左派取得領導權。蔣渭水與代表地主資產階級利益的林獻堂等人另創台灣民眾黨，主張確立民主政治建設、合理經濟組織、革除社會不良制度。

一九三一年二月民眾黨改組，反對總督統治、宣傳階級鬥爭；隨即遭到台灣總督府禁止結社的處分。同年八月，蔣渭水不幸病逝台北醫院，遺囑交待：「台灣社會運動已進入第三期，無產階級的勝利迫在眉睫。凡我青年同志須極力奮鬥，舊同志要加倍團結，積極援助青年同志，期望爲同胞之解放而努力。」

蔣蘊瑜：台北醫院看護婦養成所規定，我們在義務服務期間，如果交男朋友，被查到，便會遭到退學處罰，還得償還學費。浩東知道我是一九二一年在大安醫院出生的，就說他比我大六歲，兩人日文發音又是同姓，於是認我作妹妹。

在那天的談話中，我還記得，浩東告訴我，先父渭水先生逝世時，他剛好赴大陸瞭解祖國的社會狀況。噩報傳到上海，各界人士殊爲惋惜，各大報館都有發表消息，並介紹他從事解放運動

醫學校時代的蔣渭水。

蔣渭水與陳甜（左一、二）。

橫濱台灣人會歡迎台灣議會設置請願團。

上：蔣渭水與台灣文化協會幹部：蔡培火、蔡式穀、陳逢源、林呈祿、黃呈聰、黃朝琴、蔡惠如。（左起）
下：蔣渭水（坐右二）與台灣民眾黨的同志們。
左上：蔣渭水臨終前與親友同志於台北醫院。
左下：一九二一年年一月十日，蔣碧玉在大安醫院二樓出生。

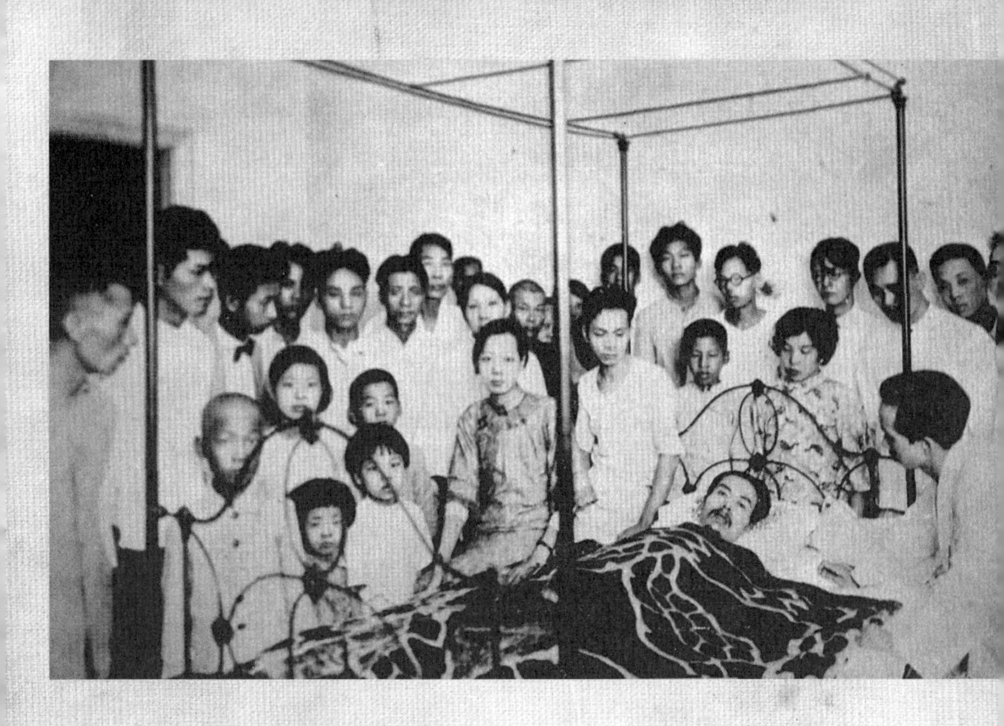

大安醫院
内科

的概要。在台籍前輩石煥長、張月澄、莊希泉等人發起的追悼會，浩東說，他當場痛哭了好久。

基於殖民地青年共有的民族意識，相識以後，我們也就相交更加密切而深刻。浩東出院後，我經常利用下班時間到古亭町白線寮，找浩東與蕭道應、鍾九河等從南部來的客家青年。他們民族意識很強，規定在白線寮不准講日語。我不是客家人，不會聽講客家話，所以例外。因鍾、蕭、蔣的日語發音通通都是「秀」，於是經常聽到有人叫「秀」，就是不知道叫那一個「秀」。

在那裡，我跟著浩東與他那些當時女孩子最爲愛慕的、戴白線帽的高校青年讀書，討論，聽古典音樂。假日，我們則相約去郊遊、爬山。有一次，我們一群人去草山，我與浩東脫隊，結果迷路了。當我們走到山裡的旅館時，天已經暗了。由於沒有路燈，下山危險。他就訂了一個房間，打算休息一晚，明天天一亮就下山。因爲累了，我一躺下來就要睡著了。可浩東躺了一會就爬起來。

「起來。」他一邊搖我一邊說：「不管怎樣，我們今晚一定要下山。不然會出事的……」

我聽不懂浩東話裡的意思，不肯起來。他不管我如何撒賴，非要我起來不可。最後，我只好爬起來，跟著他摸黑走下山。

怎知，那時候對男女情愛猶渾然不解的少女的我，不知什麼時候起，竟不自禁地愛上浩東而不自知。

左上：聆賞古典音樂的白線寮青年。
右上：蔣碧玉與鍾九河（戴白線帽者）等人去郊遊。
下：蔣碧玉與鍾和鳴爬面天山。

病後初癒的青年鍾和鳴。

初識鍾和鳴的少女護士蔣碧玉。

鍾九河的愛與死

蕭道應：一九三七年，殖民地台灣的「皇民化運動」進一步展開。台灣總督府規定：四月一日起，一切學校、商業機關都不准使用漢文，台灣各報章雜誌的漢文版也一律撤廢。七月七日，日本帝國主義發動蘆溝橋事變，全面侵略中國。八月十日起，台北實施燈火管制；十五日，日本帝國台灣軍司令部宣布：全台灣進入戰時體制。

蔣蘊瑜：我後來才知道，浩東因爲決心投入抗戰的行列，早就抱著獨身主義的決心了。因而，他一直暗中撮合我與他的同鄉好友鍾九河之間的愛情。

九河先生是個優秀的台灣青年。他曾經對我說，他在聽貝多芬的《田園交響曲》時，腦海中自然會浮現穿著白衣的我從花園中走出來的畫面，非常漂亮。

也許是我已不自覺地愛上浩東之故吧！我終究不曾對九河有過男女愛戀之意。九河知我對他沒什麼意思，非常難過。因爲這樣，身體不好，患有腎臟病而不能喝酒的他，竟然在高校畢業那天，喝了好多的酒。

鍾潤生：我們家三兄弟，我是老大。九河是老三，從小長得好，唸公學校時，日本人校長還誇他是美男子。他在雄中讀書時喜歡划船。因爲運動過度，腰仔受了內傷。鄉下醫生診斷錯誤，拖延醫治，就變成慢性的腎臟炎了。這種病，沒藥醫，就是要注意忌口，不能吃鹹。和鳴這些人也很照顧他。我記得，九河讀台北高校時，跟和鳴他們住一起。我曾經到台北看過他。他們雖然請了一個歐巴桑煮飯，卻吃得很清淡。客家人的口味一般都比較吃鹹。為了九河的健康，他們的菜都不放鹽；要吃鹹，就另外沾醬油。年輕人重吃，和鳴他們能做到這樣，眞是難得。

蔣蘊瑜：因為大陸的戰事關係，日本帝國台灣總督府發布命令，說要挑選一批派赴廣東戰區的軍伕，這當中，通廣東話的客家青年是優先考慮徵調的對象。尙未完成高校學業的浩東於是離開台

就讀台北高校的鍾九河。

鍾潤生與二弟。（藍博洲攝影）

灣，前往日本，並以同等學力的資格考上明治大學，攻讀政治、經濟。出國前，他看我與九河之間的感情並沒有進展的可能，又撮合我與另外一個好友鍾棠華。當然，棠華也是個優秀有志的台灣青年。

浩東在日本時常常給我寫信，談學問、分析中國的戰局等等。我也一如以往，常到古亭町找棠華、九河等人，讀書、討論，或者郊遊、爬山。可我並沒有想到男女情愛之事。

有一回，棠華邀我到南部老家玩。我因爲沒去過南部，就跟著去了。我記得，鍾家的婦人家還笑我，說這個台北小姐，連大鍋蓋都打不開。我不知道他們這些玩笑話背後有什麼特別的意思。後來，我說給浩東聽。浩東就笑我，說我去給人家看新娘還不知道。

鍾里義：和鳴到日本留學後，九河兄就因腎炎病故了。他留下自己常年戴著的手錶，說要給和鳴作紀念。臨死前，他還特別向里虎哥要求道：「和鳴以後若缺錢用，希望里虎兄一定要給予援助。」我們家的財務向來是里虎哥在管。中學時代，和鳴每月的生活費都必須經過里虎哥之手

鍾九河告別式。

晚年的蔣碧玉與鍾九河的二哥在長治鄉。
（藍博洲攝影）

申請，而里虎哥總是要七折八扣後才給他。九河兄因此經常援助和鳴。我想，九河兄即使不早逝，日後必定也會與和鳴走上同樣的路的。

蔣蘊瑜：後來，九河有點氣浩東。浩東從日本回來，一定都會去找九河。可是他卻從沒告訴九河，我們要去大陸參加抗戰的計畫。浩東那人很會考慮東，考慮西。他怕九河難過，所以沒有告訴他。

鍾潤生：高校畢業後，九河本來要去讀京都帝大法學部，因爲病了，就沒過去。那時，台北帝大農學部第三屆畢業的二弟也剛好生病。九河病逝後，接連的厄運就讓父親相信家裡的地理、風水不好，於是聽從風水師建議，把九河葬在母親的風水裡頭。九河沒有結婚、生子，父親說，這樣，他以後就不會沒人祭拜而變成孤魂野鬼了。

籌組抗戰醫療服務團

楊基銓：鍾（和鳴）君有濃厚的民族意識，為人熱情，意識形態略偏左傾，他對於前一輩的人士所做的民族社會運動，相當有認識。有一次，他問起我當時擔任台灣地方自治聯盟之負責人，而向日本政府爭取地方自治的堂叔楊肇嘉的思想。鍾君關心台灣關懷社會實在難能可貴。

蕭道應：一九三〇年八月，台灣民眾黨內林獻堂、楊肇嘉等一部份地主資產階級利益的代表，因為不同意蔣渭水一派重視勞工運動的傾向，於台中市醉月樓正式成立以「確立台灣地方自治」為目的的台灣地方自治聯盟，並選出顧問林獻堂、常務理事楊肇嘉等主要幹部。楊肇嘉出身清水（舊稱牛罵頭）首屈一指的大地主家庭，前後主持台灣地方自治聯盟六年，曾經兩次攜帶改革台灣地方制度建議書，上東京請願。

一九三五年十一月十二日，殖民地台灣舉行改正地方自治制度第一次選舉，楊肇嘉領導聯盟在各地積極參選；選後並於台中市樂舞台召開選舉報告演講會，頗呈盛況。但自此以後，自治聯盟的存在就似有似無，竟不聞有任何活動消息了。

楊基銓：鍾和鳴於二年級暑假後就突然失蹤，不再來校，我雖感意外，但由他個性來看，我想必有其原因。

一九三五年的台灣地方自治聯盟理事會成員：林獻堂（左四）楊肇嘉（右四）。（台灣民眾文化工作室收藏）

黃素貞：我是汐止人。四、五歲時，隨養父遷居福州。中日戰爭爆發後，日本當局強制台灣人撤出福州。我們一家五口只好於一九三七年八月十九日搭船返台。當時，學北京話竟然成爲台北的風尚。我於是通過一位朋友介紹，成爲幾個台北高等學校和帝國大學醫學部學生的北京話老師。這些學生包括在日本留學回來度暑假的鍾

臺灣地方自治聯盟政談演說會

一、期日　九月廿一日午後七時
一、場所　大稻埕永樂座
司會者　李延旭君

演題並辯士

一、關於台灣地方自治聯盟之創立　楊肇嘉君
一、地方自治與民眾生活　洪元煌君
一、演題未定　莊遂性君
一、自治制度與自治精神　呂靈石君
一、演題未定　吳春霖君
一、地方自治制之運用　賴遠輝君
一、現行地方自治制之批判　吳萬成君
一、台灣地方自治聯盟運動方略　葉榮鐘君
一、立憲政治與地方自治　蔡式穀君

主催　臺灣地方自治聯盟

自治聯盟報告演講會的節目表。（台灣民眾文化工作室收藏）

和鳴，以及鍾九河、蕭道應等客家人；另外，還有不是客家人的許強。他們的民族意識強烈，熱愛祖國。

蕭道應：許強是台南佳里人，先後畢業於台南二中、台北高等學校，然後與我同時進入台北帝大醫學部第一屆。台灣光復後，擔任台大醫學院副教授兼台大醫院第三內科主任。一九五〇年五月被捕，十一月廿八日槍決。

蔣蘊瑜：七七事變後，通過在白線寮認識的許強的分析，我知道了日本帝國主義侵略中國的戰爭眞相。有一次，我們一起參加不得不參加的慶祝「勝利」的提燈遊行，當隊伍走到西門町圓環時，他指著噴水池中四個噴水的

水牛銅像對我說：「你看，我們台灣人民就像那四隻水牛。」我不解地問怎麼說呢？他就說，我們辛勤勞動的收穫，像水一樣，在日本帝國主義的壓榨剝削下，統統都吐出來了。當隊伍經過總督府時，他又故意讓燈燒掉，以示抗議。我也跟著這樣做。

黃素貞：我除了教他們北京話之外，也教他們唱〈總理紀念歌〉，以及抗戰歌曲，例如田漢作詞、聶耳作曲的〈義勇軍進行曲〉，這是電影《風雲兒女》的主題歌，描寫九一八事變後大批革命青年流亡到上海和全國各地，從事

黃素貞（1917-2005）。

許強（1913-1950）。

七七事變後佔領盧溝橋的日軍。

抗日救亡運動。因爲大家年紀差不多，下了課，大家就會討論思想問題，以及中日戰爭的最新局勢。

蕭道應：那時候，我們在認識事物的觀念上都認爲：觀察世上的一切事物與現象要採取「運動」的觀點——因爲今日之我並非明日之我，今日之友並非明日之友；世界上沒有一概不動、一成不變的事物。任何事物都有發生、發展和滅亡的歷史，都要經歷一個運動過程。運動是物質的存在形式和根本屬性，靜止則是物質運動的特殊形態。世界上沒有絕對靜止的東西，任何事物都在變。「變」是絕對的、永恆的、無條件的，而「靜止」則是相對的、暫時的、有條件的。

我們日常所討論的主要思想問題包括：如何通過互相排除「排外的動物本能」，而摒棄閩客之間狹窄的族群意識。

在迷信、命運、家庭和宗教的問題上，「反迷信」和「反宗教」都只是形式，本質是要反對封建意識。

在反對日本殖民統治的課題上，我們一致反對一切以「改良主義」手段或「爭取台灣人權利」爲名的合法鬥爭。

在民族的身分認同上，我們都認爲自己是中國人，是華僑，不是日本人。在台灣的日本人都認爲台灣是他們的，所以自稱「內地人」，台灣人則是「本島人」。對此，我們最消極的態度就是稱他們爲「日本人」，絕不稱呼「內地人」。當我們跟他們對話，不得不提到「日本人」時，都改用「你們」來稱呼；提到「台灣人」時，就用「我們」來稱呼。這些雖然只是生活上無關緊要的小節，可我們卻很認眞地對待。整個問題的重點是，不要忘了「我們是中國人」的事實。

這樣的思想認識，自然就規定了我們以後必走的反帝、反封建的正確道路。

黃素貞：他們認爲，這次的中日戰爭實

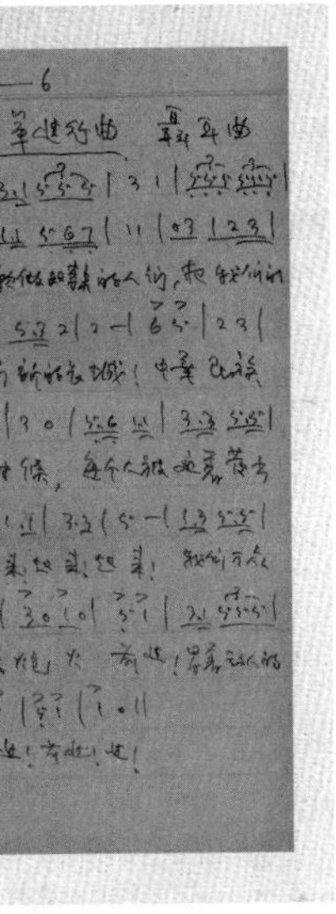

蔣碧玉保存的聶耳作曲的《義勇軍進行曲》手抄本。

籌組抗戰醫療服務團的蕭道應、鍾九河、許燦煌、鍾和鳴與吳文華（左起）。

質就是關係著中華民族生死存亡之戰，與其在台灣這樣活下去，不如回大陸參加抗戰。這也是他們學北京話的目的。後來，大家決議：既然大部分人是學醫的，那麼，就乾脆組個醫療服務團。

鍾理和：父親在大陸的生意失敗後，轉而至屏東經商；二哥也遠赴日本留學去了。第二年，七七事變發生，日本舉國騷亂；未幾，我被編入防衛團……

戰事愈演愈烈，防衛團的活動範圍愈來愈廣；送出征軍人、提燈遊行、防空演習、交通管制。四個月間，北平、天津、太原，相繼淪陷，屏東的日本人歡喜若狂，夜間燈火滿街飛，歡呼之聲通宵不歇。

就在這時候，二哥自日本匆匆回來了。看上去，他昂奮而緊張，眼睛充血，好像不曾好好睡覺。他因何返台，父親不解，他也沒有說明。他每日東奔西走，異常忙碌，幾置寢食於不顧。有一次，他領我到鄉下一家人家，有十幾個年輕人聚在一間屋子裡，好像預先有過約定。屋裡有一張大床鋪，大家隨便坐著；除開表兄（邱連球）一個，全與我面生。

他們用流利的日語彼此辯論著，他們時常提起文化協會、六十三條、中國、民族、殖民地等名詞。這些名詞一直是我不感興趣的，因而，這時聽起來半懂不懂。兩小時後討論會毫無所獲而散。二哥似乎很失望。

蕭道應：所謂六十三條，應該是指日本帝國主義佔領台灣之後，於一八九六年三月卅一日對殖民地台灣施行的特別法令；也就是以法律第六十三號委任立法權於台灣總督之手的所謂「六三法」。法律第六十三號第一條規定：「台灣總督於其管轄區域內，得發佈與法律同等效力之命令」；第三條規定：「台灣總督於臨時緊急必要之時……得即時發布第一條之命令」。這就是說，台灣總督在台灣所發的緊急命令，與日本天皇公布的緊急勅令，有同等效力。

鍾理和：同日晚上，二哥邀父親在我隔壁父親臥室中談話。起初兩人的談話聽起來似乎還和諧融洽，但是越談兩人的聲音越高，後來終於變成爭論。我聽得見二哥激昂而熱情的話聲。然後爭執戛然而止。二哥出來時怏怏不樂；兩隻眼睛彷彿兩把烈火。是夜，我睡了一覺醒來，還看見

鍾理和。

天津日本租界舊名信片。

二哥一個人伏在桌上寫東西。

數日後，二哥便回日本去了。臨行，父親諄諄叮囑：你讀書人只管讀書，不要管國家大事。父親的口氣帶有愧歉和安慰的成份。但二哥情思悄然，對父親的話，充耳不聞。

李南鋒：我是鍾浩東的表弟，她母親是我的大姑媽。一九一九年，我出生於高雄州屏東郡高樹庄大路關。我爸是個漢文老師。公學校畢業後，我就進入村裡的私塾，跟隨我爸和另外請的老師讀四書、五經之類的漢文。在私塾學習漢文的這兩年，我的反日民族意識和熱愛祖國的情懷也被啓發而覺醒了。我和浩東是一起長大的玩伴。他的民族意識比我還強，讀台北高校時，經常跟日本學生打架。後來，他去日本留學，只要放假回來，我們都會聚在一起，東南西北地聊。

鍾理和：二哥再度自日本回來時，人已平靜、安詳，不再像前一次的激動了。這時國民政府已遷至重慶，時局漸成膠著狀態。二哥說日本人已在作久遠的打算；中國也似決意抗戰到底，戰事將拖延下去。他已決定要去大陸。很奇怪的，父親也不再固執己見了，但也不表高興。

李南鋒：那時候，浩東考慮到，日本帝國主義正瘋狂地侵略中國，在台灣已經很難從事反日運動了。所以他有意招募醫療團，到中國內地，爲抗戰服務。後來，這個計畫因爲參加的醫學生太少，無法成行。他就找我、就讀帝大醫學部的蕭道應、黃素貞和蔣碧玉，另外組團，到大陸參加抗戰。

我是不打算結婚的！

鍾理和：我和表兄（邱連球）送二哥到高雄；他已和北部的伙伴約好在台北碰頭。一路上都有新兵的送行行列。新兵肩繫紅巾，頻頻向人們點首微笑。送行的人一齊拉長了脖子在唱陸軍進行曲：

替天討役不義，我三軍忠勇無比……

二哥深深地埋身車座裡，表情嚴肅，緘默不語。我平日欽仰二哥，此時更意識到他的軒昂超越。我告訴他我也要去大陸。二哥微露笑意，靜靜低低地說：好，好，我歡迎你來。

鍾潤生：我因爲跟鍾蕃薯合股做生意的關係，跟和鳴幾個兄弟也算熟。就我所知，鍾里虎開布店所賺的錢都被他小姨控制，不容易拿。所以，和鳴去大陸的錢都找我幫他打理。

「潤生哥，」臨行前，和鳴來向我辭行。「我什麼東西都弄好了。我要走了……可是我有一件事不知怎麼辦？」

「我幫得上忙嗎？」我直接問他。

李南鋒（1919-2012，
何經泰攝影）。

抗戰陪都重慶。

「我不孝。」和鳴自責說。「我不放心母親。如果她已過世，也就算了。可是她還在。我放心不下……」

「你放心走吧！」我立刻向他保證。「我會給你看著的。」

後來，和鳴的母親果然思子成疾，經常失神地在路上走，見了熟人，就問人家知道和鳴去哪嗎？我於是專程去找她談話。我一邊安慰她，說和鳴不會有事，很快就會回來看她；同時一邊勸解她，多去老潭頭（屏東長治鄉潭頭村）大女兒家，或大路關娘家，走走。她就說她曉得聽了。

蔣蘊瑜：寒假期間，浩東回台省親。我跟他談到有關盧溝橋事變的眞相等種種

訓練後就要到戰場當砲灰的台灣人日本兵。

事情。浩東聽了驚訝地問說：「誰告訴你這些事的？」我回答說是許強。浩東於是感慨地說：「他爲什麼現在就讓你知道這些事呢？我還希望能讓你多快樂一兩年呢？」這時候，浩東才向我透露他準備的計畫：暫停學業，積極招募同志，一起奔赴祖國大陸，投入抗日戰爭。

知道了浩東的計畫後，我立即對他這項兼具嚴肅的民族主義與浪漫的革命情懷的行動，感到莫名的嚮往。有一天，他終於也來招募我了。

「你和棠華怎麼樣了？」他先是裝作無心地問說。

「什麼怎麼樣？」我回他說：「大家都是好朋友嘛。」

「我是不打算結婚的。」他突兀地說。

「笑話！」聽他這樣說，我忍不住不高興地回他說：「我又沒有說要嫁你。也不是因爲這樣，我才拒絕他們的。」

浩東沒說什麼，只是靜靜地看著我，然後嚴肅地對我說：

「跟我一起到大陸奮鬥吧！」

當下，我竟毫不考慮就答應他了。然後就回家向生父戴旺枝稟報。

「你知道人家要走的是什麼路嗎？」父親先是以一種過來人的語氣問我，然後才又說：「一個女孩子，沒有訂婚，沒有做餅，怎可就跟著他過大陸？」

我於是把這個意見告知浩東。

「要做餅就做嘛！」浩東笑了笑說。「看要做多少？拿錢去做就是了。」

原本爲了革命志業而抱獨身主義的浩東，爲了我，竟在傳統的壓力下，放棄原則，同我們家下聘。

我還記得，餅做好時，浩東特地委請他的表兄弟邱連球及弟弟理和，代表鍾家，親自送到我的生身父母面前。這樣，我們就算是訂了婚。

當天，戴家父母還特地辦了兩桌酒席，宴請親朋。一方面算是喜酒，一方面則算是給我們餞行。

電影《好男好女》中蔣碧玉向生父稟報要去參加抗戰的劇照。（蔡正泰攝影）

第三樂章：原鄉人的血

我不是愛國主義者，但是原鄉人的血必須流返原鄉，才會停止沸騰！

二哥如此，我亦未能例外。

——鍾理和：《原鄉人》（一九五九年一月）

我不是愛國主義者。
但是原鄉人的血必須流返原鄉，
才會停止沸騰！
二哥如此，我亦未能例外！

在上海

蔣蘊瑜：一九四〇年元月，浩東帶領他的表弟李南鋒和我，三人先行赴上海。我們聽說，一九二七年與渭水先生共組台灣民眾黨，任該黨祕書長兼機關報《台灣民報》主筆的謝春木先生，在一九三一年被台灣殖民當局列爲「要犯」後逃到上海。浩東認爲，找到謝先生，應該就可以找到參加抗戰的路。

鍾理和：二哥走後不久，憲兵和特務時常來家盤查他的消息。他們追究二哥到那裡去及做什麼事。我們一概答以不知。事實上二哥去後杳無音信，我們連他是否到了大陸也不知道。

蔣蘊瑜：到了上海，我們一方面探尋到內陸參加抗日組織的路線，一方面等待蕭道應夫婦。就讀帝大醫學部的老蕭，四月才能畢業。

黃素貞：一九三九年春天，管區警察強要我去報考台灣廣播電台的對華廣播員。老蕭擔心我不自覺地成了日本帝國主義的幫兇，於是建議我以「即將結婚，不方便到外頭工作」的理由推辭。我跟父母商量。他們也覺得老蕭的建議可行。爲了取信管區警察，老蕭和鍾九河便搬入大龍峒我家，跟我們共同租屋生活。一段時間以後，我和老蕭便順理成章由「同居」而結婚了。

蔣蘊瑜：浩東希望老蕭能夠籌組醫療隊來大陸。可是，到了四月，應該前來會合的老蕭夫

上：1990 年蔣碧玉重返上海。
左下：謝春木（1902-1969）。
右下：1940 年的上海外灘。

婦，不知爲什麼竟遲遲未到？

臨行前，爲了籌措經費，我們曾經幾次前往瑞芳九份買黃金。那時候，日本殖民政府不但禁止黃金買賣，而且出境時所能帶的現金，也有嚴苛的限額。黃金買來後，我們聽從老蕭的意見，把黃金燒熔成細條狀，然後讓浩東、南鋒及老蕭三位男同志塞入肛門，先後夾帶出境。然而，我們總不能在上海時就把帶來的黃金所變賣的錢花光。浩東於是想到與日本人做生意，買米來轉賣給日本人開的工廠。他說要賺日本人的錢來維持生活。可他還是有原則的，那就是，絕對不到租界買米，只到虹口淪陷區買；以免造成租界區的米糧短缺。這個生意，一直做到我們離開上海

就讀帝大醫學部的蕭道應與同學。

時才停止。那時，我覺得放棄可惜，就同浩東提議，要他轉交經常往來海峽兩岸做生意的公公接管。浩東不但不採納我的意見，還痛罵我一頓，說我們是爲了生活，不得已才和日本人做這種生意。爸爸和我們不同，怎麼可以讓他來做這種事呢？

黃素貞：因爲種種原因，那個抗戰醫療服務團沒有組成。老蕭台北帝大醫學部畢業後，我們隨即以「畢業後考察」爲名，辦理赴大陸旅行的護照。但是台北北署的刑事警察百般刁難，我們送了半打葡萄酒之後才打通關節。臨行前，南部家鄉卻傳來老蕭的老祖母病危的消息。我們只好延期出發，趕回佳冬探視。

老祖母脫離險境後，我仍留在老家照

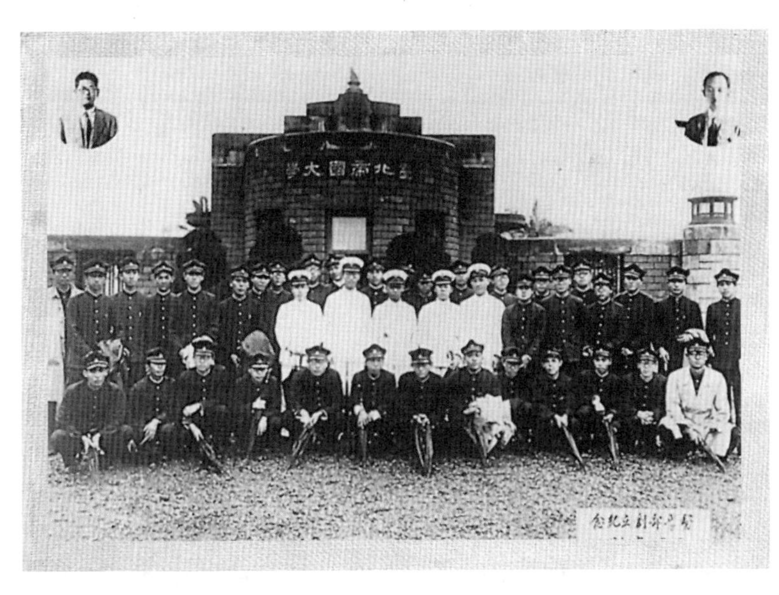

蕭道應於台北帝大醫學部第一屆畢業。

顧她。老蕭回台北，到河石教授主持的第二外科，學習外科醫術，以備戰地之需要。他同時利用每個星期假日，徒步到草山或淡水，積極為即將投入的抗戰，鍛鍊身體。

蔣蘊瑜：五月，我們三人在日本占領區已待不下去了，於是就搬到英租界。同時更積極地找尋和重慶的中央政府聯絡的關係。但是，始終一點門路也沒有。

七月，日本佔領區越來越大了。這時候，欲進入內陸，只有繞道香港，從廣東進去了。然而，老蕭夫婦仍然不見人影。浩東急了，於是決定自己一個人先到香港。他要我與南鋒待在上海，等老蕭夫婦。

「如果一星期之內，老蕭倆人還不來的話，你們兩個就回台灣吧！」臨行前，浩東特別交代我們。「我打算一個人進去內地。」

我知道，浩東是一個堅定的愛國民族主義者，如若不能回到祖國參加抗戰，他是活不下去的。所以，浩東這樣說，我也不敢和他爭論。可我內心卻痛苦地想，事情要眞的演變到這種地步的話，我與浩東就不知何時才能再見面？甚至，就將從此永別了。

還好，浩東走後，兩三天不到，老蕭夫婦終於來了。

黃素貞：七月前後，老蕭收到老鍾的來信。信上說，日本領區越來越大，通往重慶的路，也封鎖得更加嚴密了。他要我們在八月一日前趕到上海。老蕭和我心裡清楚，情勢緊迫，不容再延遲了。這時，老祖母的病情也已穩定下來了。我們於是決心立即前往上海。

我們在基隆上船，航行三天後，平安抵達上海。下了船，我們看到只有碧玉和南鋒前來迎接。

從港九到惠陽

蔣蘊瑜：浩東走後，我就茶飯不思，頻頻想吐。我原先以爲是身體病了，不舒服。一直要到老蕭來了，幫我檢查以後，我才知道是懷孕，害喜。

我們四人然後就化裝成客家華僑，馬上動身，搭船前往香港。爲了表示回國抗日的決心，在船上，我們把身上的日本護照都丟到大海裡頭。

船到香港時，天已經黑了。我們依浩東的約定，住進中華旅館。到了旅館，我們卻找不到浩東的身影。眞是教人焦急萬分。如果眞找不到他，在這人地生疏的地方，我們眞不知如何是好？

我們只好終夜等待。

我徹夜不眠，熬到天亮，憂心忡忡，怔怔盼望著浩東會突然奇蹟般出現。

「鍾先生剛來電話，問上海有沒有信來？」九點多鐘時，旅館的服務生告訴我們。「他說，

鍾和鳴（右一，林強飾）、蔣碧玉（右二，伊能靜飾）、蕭道應（左一，藍博洲飾）等人在九龍會合的電影劇照。（蔡正泰攝影）

鍾和鳴等人走在祖國土地上的電影劇照。（蔡正泰攝影）

他的行李已搬到回上海的船上，準備回去看個究竟。我們告訴他，你們已到香港了。他就說，要你們到九龍，跟他會合。」

眞是謝天謝地。這劫難終究沒鑄成。

當晚，我們就帶著行李，到九龍與浩東會合，準備進入我們日夜思念的祖國大陸。

第二天，我們搭乘廣九鐵路線的火車進入廣東，然後一路北上，一直到沙奐村小站。下了火車，我們開始步行。沿途，觸目所見的景象，盡是被日機轟炸得破破爛爛的鄉村房舍。這才使我眞正體會到戰爭的殘酷。我們走了好幾個鐘頭，趕在天黑前，走到淡水，過夜。

李南鋒：我記得，我們從九龍到淡水，是搭船，不是坐火車。但是，事隔太久了，我不敢說我一定對。我的記性向來不頂好，也許是我的記憶有問題吧。我記得，從香港到大陸內地，浩東所能找到的只是一條走私的路。在不得已的情勢下，我們五人在九龍會合後，於是雇用一艘走私船，經由大鵬灣，到達惠州淡水。當晚就在淡水過夜。我還是搞不懂，這段路，蔣碧玉的記憶爲什麼會跟我的出入那麼大？

蔣蘊瑜：第二天，我們改搭一艘大約可容納兩三百人的木船，沿著舉世聞名的廣東航運主幹珠江的支流——東江，前往惠陽。東江的江面寬廣。一路上，大約二、三十名船伕，以大繩索套在肩膀上，沿著江邊，咿呀咿呀，節奏有致地哼著船歌，拉著木船，一步一步地向前走。船到惠陽。天已經黑了。剛下船，馬上就有士兵前來，要求檢查我們的身分證。我們當然沒有身分證。浩東同他們解釋，說我們爲了參加抗戰，從台灣回來。請他們帶我們到國民黨縣黨部。

黃素貞：我們熱血澎湃，卻不瞭解國內複雜的政治環境。我們僅有的線索是前台灣民眾黨主要幹部謝春木到了重慶。其他，我們只知道：國民黨的蔣介石在領導抗日。在路上，我們又聽說國民黨縣黨部在惠陽，於是天眞地想著：到了惠陽，就可以通過黨部安排，前往重慶。然而，當我們抵達一座大祠堂時，卻因爲沒有良民證，身份不明，而被扣押下來。

蔣蘊瑜：那是駐防廣東的第四戰區

惠陽前線指揮所的電影劇照。（蔡正泰攝影）

十二集團軍所屬惠淡指揮所營部所在。身分檢查過後，其中一人就說，這麼晚了，就在指揮所過夜，明天再帶我們到縣黨部。我們於是很高興地雇了挑伕，把所帶的五個大皮箱及行李挑到指揮所。指揮所黑洞洞的，看起來，是一座大廟或大祠堂。我們叫了飯菜，吃了就睡。在朦朧的睡夢中，我總覺得外面好像有人，背著槍，走來走去。第二天醒來才知道，我們已被扣留，失去自由了。

白薯的悲哀

蔣蘊瑜：我們被扣留了三天，前後有三名軍官審問。無論我們如何表明我們的動機、身份及救國的熱情，他們都沒有接受；一口認定我們是日本派來的間諜、漢奸，硬要把我們槍斃。我情緒激憤地想道，我們五個台灣青年，滿懷熱情，千里迢迢，從台灣到上海，再經香港而進入大陸，拎著五只皮箱及其他行李，在祖國的土地上尋找抗日組織，竟會被當成「日諜」看待！可笑的是，豈有像我們這種裝扮的間諜？

黃素貞：他們審問的內容主要是：哪裡人？爲何回國？有何企圖？有何希望？台灣家人的情

電影《好男好女》的審訊劇照。（蔡正泰攝影）

電影《好男好女》的扣押劇照。（蔡正泰攝影）

形等等。審問的軍官先用廣東話問，然後透過翻譯，用北京話譯給我們聽。我們用北京話回答，再由通譯用廣東話譯給法官聽。這樣一來一往，語言的溝通有一定困難。所以，無論我們如何表白，法官都認爲我們的「口供不一致」，無法採信，最後便一口咬定我們五人是「日諜」、「漢奸」，硬要槍決我們。老蕭聽了不服，當場就大聲抗議說：「愛國有罪嗎？」

蕭道應：後來，通過東區服務隊一些老隊員的告知，以及閱讀了一些相關史料，我才逐漸瞭解當時的歷史背景。

一九三八年十月，日軍侵佔廣州（廿一日）、武漢（廿七日）之後，全國的抗日戰爭進入「戰略相持階段」。中共領導的敵後遊擊的開展和抗日根據地的迅速擴大，嚴重威脅日軍的後方。日軍不得不暫停對國民黨正面戰場的戰略進攻，改以主要力量對付共產黨領導的人民抗日武裝，並且將戰爭初期對國民黨「軍事打擊爲主、政治誘降爲輔」的策略，改變爲「政治誘降爲主、軍事打擊爲輔」的策略，加緊對國民黨誘降。

國民黨於是在日本誘降、英美勸降之下，開始從「國共合作、共同抗日」，走向「消極抗日、積極反共」的道路。

一九三九年一月，國民黨第五屆五中全會制定「溶共、防共、限共、反共」的方針，隨即在各地製造一系列的反共事件，掀起抗日戰爭期間的第一次反共高潮。

反共高潮從北南來，東江地區的形勢也隨著全國形勢的變化而變化著。日軍退出惠陽、博羅以後，東江地區出現了安定的局面。國民黨於是向共產黨人開刀。

就在國共合作破裂的局勢下，我們幾個卻天眞地闖入國共黨爭的戰場。我想，他們是因爲沒有足夠的證據指稱我們「共產黨」，於是就給我們扣上「日諜」的罪名吧。

黃素貞：不久，我們便被扣押到指揮所的牢房。他們還用一條大約有一丈多長的大木頭，中間挖洞，再把他們三個男人的腳鬧到裡頭。我們就這樣莫名其妙地變成待決的死刑犯

1938 年 10 月至 1940 年 3 月的東江政治形勢示意圖。

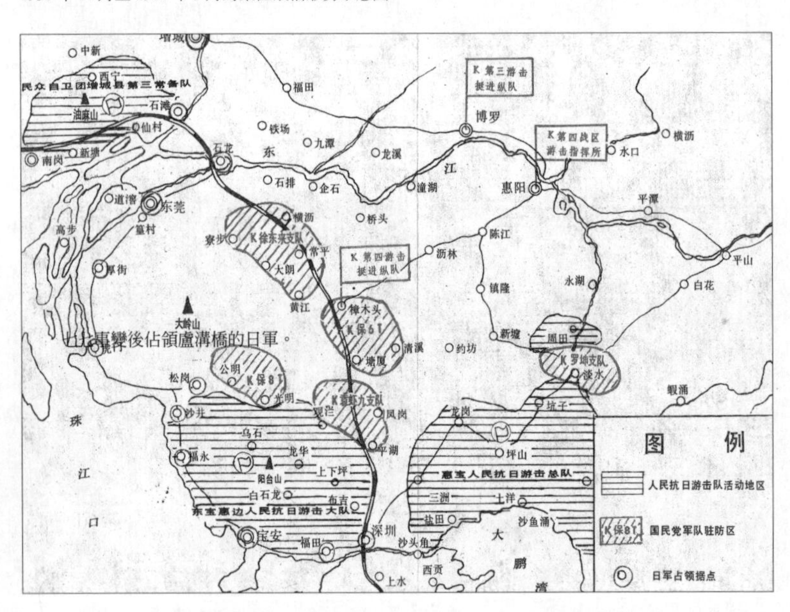

了。

在三天的監禁生活中，我們遇到一批青年男女，其中，好幾位患了瘧疾，發高燒而呻吟著。老蕭是醫生，除了給他們一些建議，還送他們一些我們從台灣帶來的藥品。他們由南洋的新加坡、馬來西亞、菲律賓結隊回國，組成東江華僑回鄉服務團，宣傳抗日。但是，春節前後，他們也因爲入國手續不清楚，而被以「共產黨嫌疑」罪名拘留。這時，我們才知道，中國國情的複雜。原來，中國神聖抗戰中還有兩黨的磨擦鬥爭，許多無辜的人們也爲著黨爭而白白犧牲，不爲人知。

蔣蘊瑜：後來，我才聽說，在前線抓到日本鬼仔或漢奸，可以領取一筆鉅額的賞金。也許，這些軍官就是爲了這筆賞金，而毫不珍惜我們的抗日救國之心吧！我想。

丘念台（1894-1967）。

幸好，指揮所有一位陳姓軍法官，覺得我們五個怎麼看也不像間諜，堅持必須愼重調查，然後才能決定槍決與否。剛巧，丘念台先生走了兩天的路，從前線駐地到惠陽領軍餉。陳軍法官知道丘先生和台灣的關係很深，比較瞭解台灣，就把我們的事告訴丘先生。丘先生於是請求閩贛粵邊區總司令香翰屏，讓他跟我們見面談話。

黃素貞：我們五個人又被叫了出去，並被吩咐去挑回行李。當初，我們雙手反綁，被押到指揮所牢房。可是這次卻沒有，只是要我們跟著走。我們被帶進一間屋子。進門後，我看到桌上擺著一隻手銬。衛兵命令我們在桌旁的椅子坐下，隨後就一個個被帶進另一個房間，單獨受訊。那位審問長身穿褪色的黑褲唐裝，單眼，留著一臉鬍鬚。後來，我們由站守在旁的侍衛口中得知，原來他是少將參議丘念台，在羅浮山區領導東區服務隊。當天，我們先後被審訊兩次。一次是上午，個別審問。一次在下午，集體問話。這兩次，丘先生與我們之間的問答都用北京話。我們總算能好好表達自己的意思了。

蔣蘊瑜：見到丘先生，我們都堅決表示不是替日本工作，並各自述說愛慕祖國的熱誠摯意。丘先生不只認識先父蔣渭水，也認識浩東的父親和老蕭的伯父。於是，他叫我們各寫一份陳情書，呈送上級，並替我們請求暫免執行槍決，解往後方，察看偵審。這樣，丘先生就救了我們五人七命。因爲我和蕭太太都懷孕了。

念台先生離開惠陽前，特別勉勵我們，說我們貿然回國參加抗戰，熱情雖然可嘉，但有幾點要好好考慮：第一、入國手續不清楚。第二、不諳國情，不認識任何人。第三、他雖然認識我們的家長，卻不認識我們，怎麼能替我們擔保？他又說，還好，他雖然不能完全保我們，至少我們已沒有生命的危險了。他強調，他將請求政府給我們表現的機會，我們也必須以行動來證明的確是要來參加抗戰。接著，他又轉口問我們，說中國的抗戰是長期的、艱苦的，你們能吃苦嗎？他不等我們回答，又暗示我們，如果有任何困難，可以寫信給「黃復」，寄第七戰區轉達。他向我們一一握手，說後會有期，然後揮揮手，又回羅浮山區去了。

從惠陽押解到桂林

蔣蘊瑜：丘先生走後，我們在惠陽又關了一個多月，才由軍士解送桂林軍事委員會。一路上，有時坐船，有時坐貨車，但走路的時候較多。晚上，通常在當地監牢過夜。有時候，和普通犯人關在一起。有時候，卻讓我們五人睡一個房間。地上偶爾鋪上稻草，就算是最優待的了。那時的牢獄生活，想來眞是活地獄：對犯人刻薄，吃的又都是拌有很多砂石的糙米飯。對已懷孕的我們來說，這飯實在難以下嚥。

黃素貞：我們從惠陽經河源，連平縣忠信、忠信壩、連平，一站交一站，解送到廣東戰時省會韶關，然後便被關押在一座石板建築的廟。那是國民黨第十二集團軍軍法處的芙蓉山監獄。

十幾天後，我們被叫去聽訓。他們勉勵我們不要灰心，說中央一定會給我們安排工作。然後我們又被移送在鄉下的憲兵隊。那裡背山依水，風景優雅。我們的吃住都不錯，而且可以自由出入，打球運動。我們想，這可能是我們獲得自由的先聲吧。

十二月初，我們又在憲兵隊一名副官的押解下，搭乘火車，經由長沙，最後，終於在薄暮中抵達山水迷濛的桂林。

電影《好男好女》的押解劇照。（蔡正泰攝影）

蔣蘊瑜：我們忍著一站一站的煎熬，終於被押到桂林軍事委員會。在桂林，我們又被看管了一個月。他們派了一個農村出身的勤務兵給我們。我們心裡清楚，他實際上是為了調查我們的思想。可是，我們卻始終裝糊塗，仍然熱心教他讀書識字。後來，他刻意向浩東暗示，說你知不知道，你們身邊有一隻老虎？浩東笑笑，說知道。他就一臉訝異，問說你知道？浩東說就是你，然後笑得更大聲。他的臉立刻紅了起來，不斷地搔頭，不知如何自處。後來，他跟我們的距離又更近一步了。當我們要離開桂林時，他還要求跟我們一起走呢。

黃素貞：在桂林軍事委員會，我們被安排住在兩個大房間，男女分開。每人有一張鋪有軟墊的鐵床可睡，還有一床棉被。在那裡的一個月期間，雖然不能外出，但起居自由，三餐也很豐盛。我們的身體於是因爲充分休息與營養而逐漸復原。每天，我們都在屋裡練字，或讀《三民主義》之類的書。在安靜等待的學習生活中，躲空襲警報，就算是生活中的惟一點綴了。

蔣蘊瑜：監獄可以說是最好的社會大學了。在桂林軍事委員會，我竟然遇到一個姓林的鄰居。他家住我戴家生父的隔壁又隔壁。他是台北中學校（今泰北高中）的太保學生，經常在路上攔我。他還向我弟弟戴傳李說，若娶不到我做老婆，一定自殺。我那時候還小，老是被他嚇哭。戴家生父帶

1990 年 4 月蔣碧玉重回桂林軍事委員會舊址。（藍博洲攝影）

1939年3月日新公學校第十九屆畢業生，蔣碧玉的弟弟戴傳李（第三排左二）與李蒼降的弟弟李蒼土（第四排右一）。（台灣民眾文化工作室收藏）

我去他家，跟他爸爸講；還是一樣。沒想到，在那裡又再碰到他。可他已經轉大人了，起初我並沒有認出他。他告訴我們，他跟一個重慶派去的女人結婚，結果被那個女人出賣，於是被當作「日本間諜」而被抓起來。他向我們說，他是台灣人，但是並沒有承認。他也不跟我明講他是誰，總是「繞」我的話。他問我住在台北哪裡？我說日新公學校附近。他立刻向我表示親近，說他有一個阿伯也住在那一帶，他曾經去住過一段時間。他停頓了一會，然後又像忽然想起似地問說，妳有一個阿姐嫁給有錢人對嗎……跟從前比起來，他的樣子已經變了很多。他不明講，我也不會懷疑他就是以前那個太保學生。

一直要到後來，我才知道他真正的身份。那時，浩東在韶關民運工作隊受訓後分發到電台，對大陸的台灣人廣播。有一天，浩東突然收到一封聽眾來信。信上說，他在桂林軍事委員會跟我們一起關過，浩東還曾經借錢給他；我們離開不久後，他也被釋放了……最後，他強調他是我家隔壁林才的兒子，現在又被捕了；他問浩東能不能幫忙把他弄出去。浩東立刻寫信到南雄陸軍醫院，向我求證。我這才知道，自己竟被那傢伙瞞騙了那麼一段時間。

黃素貞：我們在以餐館、公務員和來往旅客「三多」聞名的繁華的桂林，度過了一九四一年的新年。這是我們離家以後的第一次新年，也是一個冷清寂寞的年。年後不久，快要過舊曆年的時候，我們又被叫去談話；說是我們的問題已經解決了，要我們準備到韶關，有工作在等待我們。當天晚上，我們就抱著一償夙願的興奮心情，坐上開往韶關的夜行火車。

送子

蔣蘊瑜：我們被送回廣東韶關後，浩東與南鋒被分發到民運工作隊受訓。因爲老蕭和我都是念醫科、護校的，所以，我和老蕭夫婦被分發到南雄的陸軍總醫院服務。這時已是農曆年尾了。

黃素貞：南雄陸軍總醫院是用木頭、竹子和茅草等搭建的臨時野戰醫院，包括內科、外科、眼科、皮膚科和爲一般老百姓服務的門診部。此外，也設有一間克難式的手術房。

老蕭是上尉醫官，分配有一間單人房的宿舍。他爲了切磋醫務、討論國事和人生問題的方便，後來就搬去跟一位上海同濟醫學院畢業的張醫師同住。通過張醫師的介紹，我們對祖國有了進一步的認識，尤其是對國共之爭的歷史，也有了更加深刻的理解。

我和碧玉，起初的軍階都是上士護士，不久又一同升爲准尉護士。那些從前線回來的阿兵哥，身上大多長了疥瘡。我們的工作主要就是把他們脫下來的衣服，以及繃帶、紗布等衛生材料，清洗，然後煮過消毒，同時爲他們擦硫磺膏，治療。

我和碧玉一同住在村子裡醫院租借的宿舍。那是一棟木造的二層樓民房，一間住十人。我們住在二樓，一面在衛生材料處工作，一面待產。

蔣蘊瑜：一九四二年，過了農曆新年（一月廿七日），也就是二月初，我的長子繼堅出世。

1990 年 4 月，蔣碧玉由長子和長孫陪同，重訪廣東南雄陸軍總醫院舊地。（何經泰攝影）

時隔半世紀，物逝人非。蔣碧玉終於通過一塊被村民當作墊腳石的某病逝醫官的墓碑確認了醫院舊址。

當年蔣碧玉就住在村子裡醫院租借的宿舍。（何經泰攝影）

那天早上七點多，羊水就破了。待產期間，任性的我，一直吵著要老蕭：「叫哥哥來。」向來脾氣不好的老蕭一反常態，耐心地安慰我，說好啦，已經去叫了。我一直痛到下午兩點多，孩子才生出來。孩子不會哭，護士抓起來打屁股，才哭。

黃素貞：碧玉生了一個男孩。沒多久，好像是二月廿八日吧，我也生了一個男孩。然而，在物資匱乏的戰地，養育小孩，畢竟是件辛苦的事。

蔣蘊瑜：有一個晚上，已經三個月大的孩子，不知爲什麼終夜哭個不停。小孩哭，我也跟著哭，不知如何是好。第二天一早，鄰居的老婦人就來告訴我，說蔣姑娘，你恐怕是奶水不夠，孩子吃不飽，才會這樣哭個不停。她說要煮點米糕給小孩吃，於是就幫我磨起米來，然後把米粉放進鍋裡，再加點糖，煮成米糕。小孩吃了米糕，也就不再哭鬧，安靜入睡了。

在南雄的陸軍醫院，我整天忙著爲那些傷病的軍士們服務，看著孩子一天一天地長大，日子也過得充實而有意義。

九月，院長把念台先生的信轉給我們。丘先生聽到我們五人被釋放，調回曲江縣韶關，立即呈請七戰區，把我們派到他領導的東區服務隊。在信上，他要我們到前線參加工作，並且強調必須五個人整體行動，缺一不可，但小孩不能帶去。

我們五人於是見面討論。

這時，浩東透露說，前些時候，他在報上看到重慶有一位謝南光先生的消息，就寫信問他是否是謝春木先生？同時也向他報告我們五人的事情。謝南光先生回信說，沒錯，他就是謝春木先生；又說，我還很小的時候，他就認識我了。他並且表示歡迎我們去重慶。

討論以後，我們決定去前線的東區服務隊。大家認為，我們回來，原本就是要參加抗戰，如果到後方的話，就沒什麼意思了。但是，要去東區服務隊，我們馬上又得面對一個重大的難題；那就是必須割捨母子親情，把孩子送人撫養。

黃素貞：我因為在台灣時已經墮過一次胎，心裡總是捨不得再扔掉這個孩子，所以一直在猶豫著。我原先想，他們四個人去就好了，我一個人留下來，照顧小孩吧。在那段猶豫期間，老蕭就勸我，說當初我們既然願意放棄家庭，犧牲一切，回到國內參加抗戰，如今怎能為了小孩而前功盡棄呢？他希望我能好好考慮，自己決定。對我來講，這個決定的確非常困難。我實在很捨不得小孩，可我又想到，我們五個人原本就是為了抗戰而一起回到祖國，若是為了我一個人而耽誤大家到前線工作，也是不對的。既然工作上需要，我也只能切斷母子之情，把孩子送人撫養了。想到這裡，我於是決心把孩子送人，然後前往東區服務隊，為抗日戰爭貢獻一份心力。

蔣蘊瑜：我們雖然心中痛苦，卻也不得不如此。在一個偶然的機會，我們認識了四戰區張發奎司令的妹妹張三姑。她聽了我們的遭遇與決心，很受感動，說她一定幫我們找到妥當的人，領

1990年4月，蔣碧玉與長子和長孫在始興街頭。（藍博洲攝影）

養我們的孩子。

我與蕭太太痛哭了兩天三夜，終於下定決心，把孩子送到始興張三姑家。那天下午，送了孩子，我們回到始興的客棧休息。晚上，我和浩東聽到蕭太太又在隔房哭。浩東於是輕聲警告我，說你比較堅強，不可以哭；你要是哭，她會哭得更傷心。

依照當地風俗，人家既然領養了我們的兒子，我們就要和孩子斷絕關係。因此，我只知道領養我兒子的人家姓蕭，至於什麼名字和他家地址，他都不讓我知道。

這次別離，不知何時母子才能見面？

想起來，眞是痛苦。

第四樂章：戰歌

我的心充滿了對二哥的懷念，我不知道他是不是到了重慶，此刻在做什麼。失去二哥，我的生活宛如被抽去內容，一切都顯得空虛而沒有意義。我覺得我是應該跟去的；我好像覺得他一直在什麼地方等候我。

「歡迎你來！歡迎你來」二哥的聲音在我耳畔一直縈繞不絕。

其後不久，我就走了——到大陸去。

——鍾理和：《原鄉人》（一九五九年一月）

在羅浮山區

蔣蘊瑜：孩子送走了，我們便把傷心事拋到一邊，背起包袱，勇敢地踏上征途，前往丘念台的東區服務隊。

九月的天氣很爽朗。我們每天徒步趕個五、六十公里路，還不是什麼難事。天黑時，就找個小旅社過夜。我們一路走得非常辛苦。到後來，鞋子破了，腳也起泡了。路，越來越難走了。還好，到了東江下游，就有船可坐了。這樣，熬過了十二天的水陸行程，終於在天就要黑的黃昏時分，到達位於羅浮山山腳的東區服務隊駐地——博羅縣福田鄉徐福田村。

丘念台：民國廿七年十月初旬，武漢會戰，情勢不利。在這緊急關頭，廣東也發生了戰事。先期集結於台灣的四萬日軍，於十月十二日在南海大亞灣的澳頭附近，用敵艦數十艘及飛機百餘架掩護，強行登陸。淡水、惠陽、博羅、增城、石龍等地先後失陷，廣州成爲日軍的主攻目標。

在廣州棄守的前夕，即十月二十日夜間，駐防廣東的國軍十二集團軍副總司令香翰屏突然約我去總部，商議軍務，轉達余漢謀總司令的意旨，叫我擔任惠（州）、潮（州）、梅（州）所屬廿五縣的民眾組訓工作，即日出發，並發給籌備費毫洋[1]二千元，指定歸廣東民眾自衛團統率委員會指揮。

第二天早晨，廣州已陷於混亂狀態。我立即集合全部工作人員十二位，輕裝到黃沙，雇艇過佛山，再赴四會，向民眾自衛團團長黃任寰請示工作方針。他遵照余總司令的意旨，指定我去惠、潮、梅屬廿五個縣區組訓民眾，參加抗戰工作，並定名爲東區服務隊。工作方面，首先號召各地熱心抗日的知識青年，加以組織訓練，使能積極協助政府動員民眾，進行長期抗日戰爭。

東區服務隊隊部舊址——三星書室。（藍博洲攝影）

丘繼英：我是廣東蕉嶺人。一九三八年初，中山大學教授丘念台從廣東到陝北考察。我和卓揚等幾個在陝北公學學習的客家青年，一道去延安城內中央招待所會見了這位同鄉。他對我們說了很多，最後強調：經過考察以後，他認爲共產黨對日作戰是很堅決的，而且有一套辦法，最根本的是相信群眾和依靠群眾，這是國民黨做不到的，是值得學習的。夏初，他返廣東，向第十二集團軍總司令余漢謀活動，弄到該司令部少將參議的職銜，籌建抗日救亡團體。我和林啓周等人

1 清末，廣東、廣西等省通行的銀本位貨幣，實際使用雙毫（兩角銀幣）和單毫（一角銀幣）；以雙毫五枚和單毫十枚爲毫洋一元。辛亥革命後，廣東以毫洋爲本位幣，廣爲流通。但一九三八年一月一日起改以法幣爲本位幣。

丘念台（立右三）與東區服務隊隊員們。

在陝北公學畢業後，也回到廣東，在他身邊，團結進步青年，發動群眾，進行抗日宣傳的工作。十月下旬，廣州淪陷後，我們撤退到梅縣；東區服務隊正式成立，並取得國民黨承認的公開活動的合法地位。

丘念台：我們把十月廿一日廣州陷敵的那一天，作為東區服務隊立隊的紀念日。我還親自寫詞，做了一首反映工作內容與任務的隊歌：

南海風波惡，
惠、博、增、從落，
白雲山下倭兵著！
步行二千里，東區服務隊，動員民

眾自衛！

團結，嚴厲，自省，奮鬥，犧牲！
嶺外三州作根據，除人民疾苦，善人民生計。
大家齊奮起，老幼男女，
必收復失地。

蔣蘊瑜：羅浮山西距廣州二百餘里，東至惠州約百來里；位於增城縣之東，河源縣之西，博羅縣之北，龍門縣之南，橫跨四個縣境，蜿蜒數百里，聯合羅山與浮山合稱爲羅浮山脈。

當時，東服隊的隊部借駐徐福田當地的徐氏祠堂。所有隊員都打地鋪。每人分發一床軍毯和一條三、四尺見方的包袱巾。這包袱巾用處可大了。睡覺時，把它鋪在地上，可以稍稍擋擋潮氣。一旦行動時，則用它來包衣服、書籍等，疊成長方形，

1995年元月丘繼英於廣東蕉嶺。（藍博洲攝影）

1990年4月，蔣碧玉與老同志重返羅浮山。（何經泰攝影）

然後用繩子紮好，揹到背上，就可行動了。冬天，天氣冷，我們就同老百姓要來稻草，墊在包袱巾下面。另外，只蓋一床軍毯，不夠暖和，我們便把裝米的麻袋洗淨、晾乾，然後把兩個麻袋縫成一條來蓋。除此之外，每人還分到一雙筷子和一個漱口杯。漱口杯當然也是萬能的，既可以用來漱口、洗臉，又可以用來喝開水、吃飯。每人每個月雖然有三元零用錢，卻只能買到一塊肥皂。大體上，東服隊的生活條件，就是這樣。

黎明華：我是廣東梅縣客家人。

一九四二年冬天，我到丘念台領導的東區服務隊應聘教師，認識了鍾浩東、蔣蘊瑜、李南鋒和蕭道應、黃素貞五位台

1995年元月黎明華與老母親在老家。（藍博洲攝影）

灣青年。

東區服務隊同當時所有軍隊一樣，一天吃兩餐：上午九時與下午四時。吃的是帶有許多砂粒，而且差不多都被蟲蛀過的糙米。我剛到的第一天，當眞是不習慣，下午二、三點鐘就覺得餓了。我們這些新到的應聘教師無不替東服隊員感到委屈。但他們倒好像習慣成自然了，說如果一切都如意，還談什麼社會改造。炊事，由隊員輪流擔任，所以每個人都學會煮大鍋飯、炒菜。副食費很少，平日就只是青菜、豆腐、鹹菜和出名的惠州梅菜。一個星期加菜一次，才見得到肉、魚、蛋之類。吃飯並沒有用碗，每人都用自己的漱口盅。

丘念台先生也同大家一樣生活。他大概近五十歲，大家都叫他「老頭子」。其實，他除有長者之風外，精神矍鑠，一點也不顯得老。只是牙齒壞了很多，吃起飯來，慢吞吞的。看來，在這方面，他倒是很辛苦的。

黃素貞：丘念台先生曾往陝北延安特區考察青年組訓、民眾運動及遊擊戰術。因此，東區服務隊的學習生活也採取「自治、自覺、自省、自立」並重的原則。我們每天的作息大致是：早上五點半起床，整理內務，跑步、運動，歌唱練習。七點，開晨課會及檢討會；分配值日伙頭兩人，負責買菜做飯。九點，開飯。飯後，外出工作或拜訪，或者自習。下午五點，晚餐。飯後，自由活動；外出探訪民眾，或辦婦女夜間補習班。晚上八點開會，會議內容包括：工作計畫、工作檢討、生活檢討、時事討論以及學習討論。星期日晚上則開聯歡會。晚上十點，準時就寢。

蔣蘊瑜：東服隊原有的基幹只有十來位。我們加入時已增加到二十多人，其中女隊員有五人。隊員的教育程度參差不齊，正式大學畢業者，只有二、三個。其他都是高中、初中，甚至有小學程度的。但，大家的愛國心都是一樣的，所以很熱誠而團結。

團體的學習生活使我進步很快。在台灣受日本奴化教育，對中文和普通話都不太通的我，通過自覺地辛苦學習，一段時間後，已經能講能寫，也能讀隊部裡數量不少的各種中文藏書了。

我們入隊後的主要工作是協助審問日本俘虜。由於我們通曉日語，兼用溫和態度對待日俘，所以能夠問出許多富有情報價值的話。此外，我們還在羅浮山周遭半淪陷區的三不管地帶，從事街頭宣傳、組織民眾，做敵前敵後的政治工作。

黎明華：我到東區服務隊一個時期以後才看得更清楚，它根本就是因人而設的機構。它由丘念台先生領銜率領，名稱叫做東區服務隊，意思是第七戰區東部地區—即潮州、梅州、惠州—的服務隊。但服務些什麼，卻很籠統。它既不是戰地工作團，也不是政治工作的部隊。它雖高高在上，直屬戰區長官部，卻沒有一定的具體任務。它要做什麼，全由丘念台先生個人自己去想。想的結果，大概就是我們所看到的：在接近戰區的地方，做一些群眾工作，包括排難解紛、辦學、探訪民情，以及做一些宣教工作。這類工作又全靠丘先生個人的威望來進行。因爲東服隊本身毫無權力。它不像戰地工作團或部隊的政治工作隊，具有強制性的權力，可以編組、動員民眾。東服隊不能。

婦女夜校

蔣蘊瑜：東區服務隊後來奉命調離羅浮山徐福田，轉赴惠州以東的横壢鎮。此地距離前線較遠，文化落後，文盲眾多，工作便以安政教民爲目標。東服隊計畫以横壢爲中心，逐漸向周圍發展，每保辦一間戰時小學。半年期間，先後在惠陽、博羅、紫金、河源等四、五個縣區，辦了四十五間小學。我們也都做了無薪給的臨時教師。男隊員分擔各學校的日間教學，女隊員則主持各校的婦女夜校。

我在當地看到的客家社會，基本上是一個非常封建的、男女不平等的社會。在那裡，一般家庭無論生活再怎麼苦，也要培養男孩子讀書，然後到海外發展。他們賺了錢，就回家鄉，蓋大屋。很多客家女人沒看過丈夫，只憑著走私的人把照片帶去，就跟在南洋的客家男人結婚。女人爲了吃飯，就得幫男方家下田，而且做得很辛苦。一般男人則不太下田做事。否則，兩個女人吵架時，就會有人被罵，說連一個丈夫都養不起，還要他幫忙做事。還有，男人吃乾飯。女人吃稀飯，而且不能上桌，只能在廚房吃，經常是邊喂小孩邊吃。女人如果自己沒有生育男孩，一定要幫老公找小老婆。一般有錢人都娶小老婆，但她們都得幫忙做事。有一次，天空突然下雨，我就親眼看到：某家男人出來收晾曬的衣服，但只收男人與小孩的。女人的衣服就讓它繼續淋雨。

我剛認識浩東時曾經問他：爲什麼女人就非得嫁雞隨雞呢？浩東分析給我聽，說這是經濟問題，傳統封建社會的女人因爲沒有獨立的經濟能力，所以就無法跟男人處於平等地位。浩東又說，婦女問題其實是社會構造不平等的一環，只有改造不平等的社會構造，婦女才有可能眞正與男性平等。

我們知道，一時間無法改變當地婦女的地位，只能通過婦女夜校，教她們識字、讀書。我們希望，這樣，能夠讓她們自覺地面對自己的問題。雖然大家都很忙，卻忙得很充實，很有意義。

黎明華：大概是一九四三年六月底，我正式加入東區服務隊。這時，東服隊多數人已到羅浮山了。有一天，我和幾名隊員陪念台先生，從惠州西湖邊的東服隊聯絡站荔晴園出發，前往羅浮山。我們經由博羅城，走了一百二十華里，在晚上九點多，好不容易到了羅浮山山腳的長寧鄉公所。東服隊的李南鋒等人已做好晚飯相候。大家卸下行裝，就先吃個飽，然後累得澡也不洗，各自倒在辦公桌椅上睡了。雖然蚊子多，不得不點上幾支蚊香，薰得很難過，但我們還是像死豬一樣，一覺到天亮。

我們在長寧停留了一天。白天，分頭到接近前線的各個大村莊，尋求當地士紳支持辦學的鍾浩東、蕭道應和古培靈，各自來到長寧，向老先生報告籌設羅浮中學和白鶴補校的工作進度。我沒事，也在一旁聽。念台先生的構想是：在沖虛觀設立羅浮中學，在白鶴觀設立補習學校。因爲博羅、增城、東莞都曾受戰火蹂躪，一所中學也沒有，而羅浮山又是一個最適當的辦校地點。所以念台先生此議一出，即刻獲得博羅縣長等當地許多有力人士的熱烈支持，不少人還當場認捐。念台先生聽過報告後，立即指定由徐森源負責籌備事宜，鍾浩東、蕭道應、古培靈則繼續負責對外聯絡。

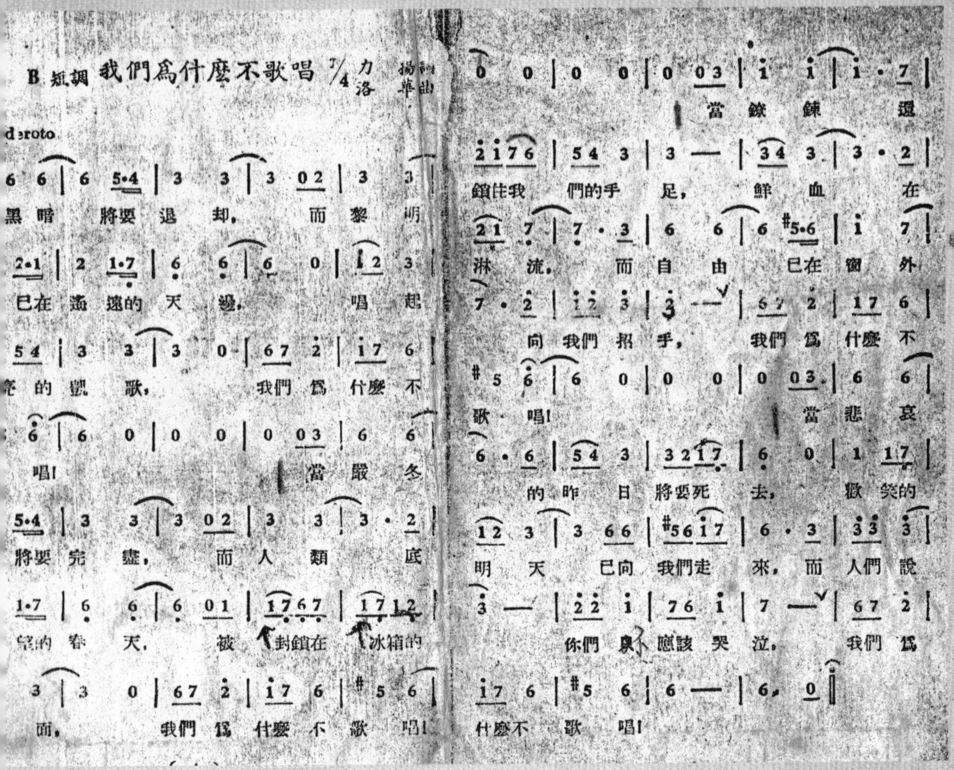

東服隊唱的歌曲之一。（何經泰攝影）

蔣蘊瑜：後來，東服隊又再調回前線，在羅浮山的沖虛觀積極籌辦一所羅浮中學，收容附近小學畢業的學生。因爲政府無能給予經費補助，羅浮中學採取「取之於民，用之於民」的辦校原則，按部就班地工作著，終於在「教育上前線」的口號下順利開辦了。校長自然是丘念台先生。

旅店生子

蔣蘊瑜：在沖虛觀時期，我又意外懷孕了。爲了不影響工作，我想盡辦法要把肚裡的胎兒打掉。可是在醫藥缺乏的戰地，我只能服用一般民間配置的草藥祕方來打胎。那藥很苦，吃下去，就吐出來。有一次，一隻大概餓荒的狗上前舔食地上的穢物，結果，當場斃命。儘管藥性如此強烈，胎兒還是打不掉。

就在此時，丘念台向我們表示，他要結束東區服務隊隊務，投入國民黨的台灣黨務工作。

丘念台：民國三十二年春間，爲適應抗戰新形勢的需要，（中國國民黨）台灣直屬黨部在福建漳州正式成立，翁俊明出任主任委員，我也謬承派充執行委員。但國民黨中央黨部給我的派令，是由四川重慶郵寄江西泰和，轉遞廣東蕉嶺縣，再轉博羅縣的前線防地，至當年冬季我才收到，同時也接到了翁主委給我的信，距台灣黨部成立已經好幾個月了。

我決定獻身台灣黨務工作後，即向七戰區長官部請求結束東區服務隊的隊務，余漢謀長官甚感欣慰。他坦率的對我說：「你的東服隊，重慶方面常說閒話，現在全隊解散專辦黨務好了。你的隊員過去很努力，如果願意的話，本部政治部也可想法安置。」但當政治部主任叫我們的隊員加入各部隊政工隊工作時，他們都不肯去，寧願留在惠州自辦的中學和在各保的國民學校任教，想等候時機，跟我做台灣方面的工作。

卅三年正月，正打算動程去漳州時，忽接到翁俊明主委被人暗殺的消息，使我感到十分驚異！翁主委去世後，國民黨中央指派王泉笙繼任主任委員，他是福建泉州的旅菲華僑領袖。黨部部址奉命自漳州遷往福建臨時省會所在地的永安。

蕭道應：翁俊明是台南市人，就讀台灣總督府台北醫學校時加入同盟會，成爲該會第一位台籍會員。聽說，他與同學杜聰明曾經密謀以細菌倒袁而前往北京，惜未成功。台北醫學校畢業後，他舉家遷居大陸，先後在廈門、上海開設俊明醫院，暗中支持反日運動。一九三八年五月廈門淪陷。他攜眷避居香港，仍以行醫爲名，掩護革命工作。一九四〇年春，中國國民黨中央組織部直屬台灣黨部籌備處正式成立於香港，任命他爲籌備處主任。一九四二年秋，國民黨中央在江西泰和開辦戰地黨務訓練班，對外名爲韶關戰地服務訓練班，對內則是台灣黨務工作人員訓練班，由他兼班主任。一九四三年四月，國民黨台灣黨部改稱中國國民黨直屬台灣執行委員會，正式成立於漳州，翁俊明任主委。十一月十八日，他卻於福建龍溪遭人下毒而亡。

中國國民黨中央執行委員會任用書

任用翁俊明同志

爲直屬台灣黨部執

行委員會主任委員

總裁 蔣中正

中華民國 三月 八日

翁俊明先生任臺灣黨部主任委員任用書

1943 年台南人翁俊明出任中國國民黨台灣直屬黨部主委。

李南鋒：一九四三年十一月廿六日，中、美、英三國領袖在開羅會議後發表聯合宣言，說明盟國對日戰爭的政策，其中並確定台灣在戰後回復祖國地位。我們因此對台灣的未來抱著一片樂觀的期待。第二年二月，丘先生便帶著浩東、老蕭和我三位台籍隊員，由廣東惠州出發，步行二十天，到福建永安述職。

蔣蘊瑜：浩東他們離開隊部以後不久，三月，我的第二胎的預產期也到了。我時時感到即將臨盆的陣痛，但在羅浮山區的隊部卻找不到生產的地方。一名男同志於是陪我走了幾乎整天的路，再坐二、三個鐘頭的船到惠陽。我在惠陽住了幾天，仍然找不到生產的地方。這時候，身體感到更不舒服了。因爲蕭太太還在離橫壢鎮半個鐘頭步程的裏東小學教書，我又走去裏東找她。但，當地鄉下人的習俗是不讓生人在家裡生產的。蕭太太找不到房子給我生產。我只好又回到橫壢住旅舍。剛巧，投宿的客人中有一名助產士，於是就由她接生，在旅舍產下一名男嬰。

產後幾天，橫壢一帶鬧水災。水退後，我身上也剩沒多少錢了，於是又踩著泥淖，走回羅浮山區。回到隊部，我整整一個月都吃麻油煮鴨蛋，勉強算是做月子。然後，我才收到從橫壢旅舍轉來的浩東的信。他信上說，他知道我一定會衝動地回隊部。他要我不要急著回去，先安下心做月子。他馬上會寄錢給我。

二、三個月後，日軍完全佔領惠陽、博羅兩縣。我和另外兩名教員就帶著學生逃到山村，繼續在野外上課。到了年底，由於歉收，東江地區面臨嚴重的糧荒。日軍到處搶糧，實行以戰養戰的政策。有一次，日軍半夜來搶米，村民們紛紛逃躲。在緊張中，我忘了帶厚重的衣服，就只帶了尿布，抱著小孩，逃到野外，在樹下過了兩夜。村民們後來也都拿這事來笑我。這段期間，村民打獵回來，我才有機會吃到肉。

策反台僑

丘念台：在永安，我和黨部主持人商定了幾項關於台灣黨務發展的工作計畫：一、派人深入廈、汕、穗、港，聯繫留駐各地的台胞，尤其要爭取日人所用的台胞來建立工作站。二、在福建東山島也要設立工作站，準備運用遠海漁船的船員，潛入台澎調查內情，溝通消息。我為了準備實行後一計畫，曾特別繞道彰浦、雲霄、詔安回粵，趁便親到東山島去踏實勘察，停駐約一週間，覺得環境十分適合。

關於推進工作的組織，我也和台黨部書記長商定成立兩個機構：一為閩南工作團；一為粵東工作團；俾能分頭工作，運用華南各省淪陷區的台灣僑民滲入台島工作。

1943年11月26日，中、美、英三國領袖開羅會議。

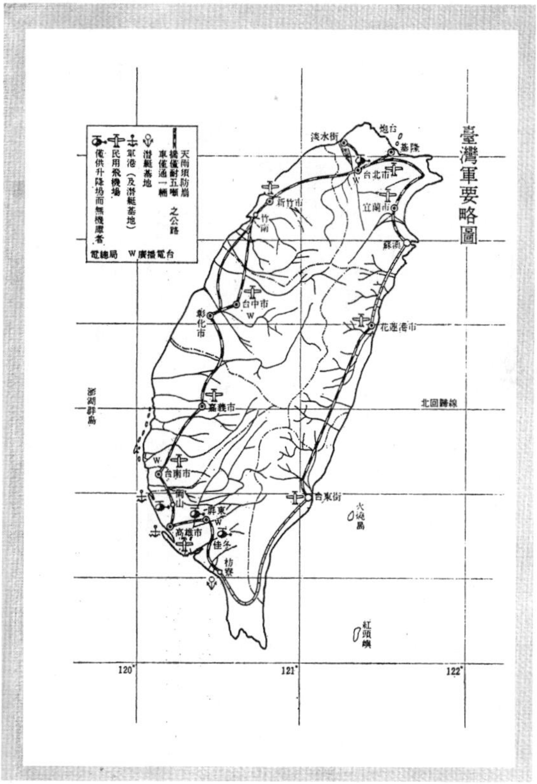

抗戰末期，丘念台提供給國民黨中央的日軍情報之一。

當時，台北人李友邦在龍岩縣雖組有台灣義勇隊，但它屬於三民主義青年團的；嘉義人劉啓光在江西成立的台灣工作團，則屬於三戰區長官部的，而且都只做戰地工作，沒有擔負滲入陷區台僑和台灣本島的任務。所以粵東工作團團長決定由我擔任，因爲我在廣東惠、博兩縣擁有前東服隊的幹部四十餘名，可以擔任廣東沿海敵前和敵後的工作。至於閩南工作團團長的人選，擬請當時駐在漳、龍、永各地的台黨部執委擔任，如無人接辦，則待粵東工作團穩定基礎後，再由我來兼任。

蕭道應：我們跟丘念台到福建永安述職，回來時又到漳州、龍岩，和台灣三民主義青年團的李友邦聯繫，分別取得國民黨台灣黨部粵東工作團和台灣三青團粵東工作隊的招牌。

據我所知，劉啓光就是與簡吉、趙港同爲日據時期台灣農民運動三大領袖之一的侯朝宗，逃回祖國後經常改名易姓，繼續在上海、福州、廈門等地糾集台灣青年，從事反對日本帝國主義及收復台灣的活動。抗戰期間，他進入重慶軍事委員會政治部，主持對敵宣傳工作。後來，他介入接收台灣的工作，建議國民黨中央成立台灣黨部籌備處。再後來，他又奉蔣介石命令，擔任軍事委員會台灣工作團主任，訓練台灣青年，準備配合盟軍登陸。

李友邦（1906-1952）。（嚴秀峰女士提供）

李友邦則是台北蘆洲人，就讀台北師範時，因夜襲日警派出所遭到退學，潛逃大陸，進行革命活動，曾經被捕入獄兩年多。抗戰爆發後，他提出「保衛祖國，收復台灣」兩大口號，號召散居全國各地的台灣同胞，共同參加中華民族抗日戰爭的救亡運動。一九三九年，重慶軍事委員會在浙江金華組成直屬的台灣義勇隊和台灣少年團，以對敵、醫療、生產報國、巡迴宣慰等爲主要工作。他被正式電委爲台灣義勇隊隊長兼台灣少年團團長。一九四二年，台灣義勇隊在金華淪陷前轉進福建龍岩，並於同年夏天，奉上級命，成立三民主義青年團中央直屬台灣義勇隊分團部。三民主義青年團，簡稱三青團，一九三八年七月正式成立於武昌，蔣介石親任團長，陳誠任書記長，是國民黨以抗戰之名和共產黨爭奪青年的團體。

劉啓光（1905-1968）。（台灣民眾文化工作室收藏）

丘念台：我在永安和漳州居留約兩個月，始回廣東惠陽駐地。我覺得抗戰已進入接近勝利的艱苦階段，必須把握時機，積極推展工作。所以立即成立台灣省黨部粵東工作團，把原有在各學校的隊員全部加入黨部工作，仍以羅浮山區的惠陽、博羅各縣爲根據地。在取得當地駐軍及地方主管諒解後，隨即分派團員僞裝商旅，深入香港及廣州各地，用種種方法祕密通信，最常用者，

上：台灣義勇隊。（嚴秀峰女士提供）
下：台灣少年團。（嚴秀峰女士提供）

乃以名片紙書寫密語藏於香腸內，俾便掩護傳遞。

這些滲入工作，進行不到三四個月，就發生很大的效果，各地的台僑都聯絡上了，只待我們加以妥密運用。

李南鋒：那年秋天，國民黨情報人員偵悉：在石龍日軍檢查站，一名年約廿四五歲的男子和日軍悄悄說了幾句話，便放行通過，不必接受檢查。情報人員於是跟監這名男子。這個可疑男子到惠陽後便住進旅社。經過調查，情報人員得悉這人名叫陳明，是台灣人。因爲一時未能取得確鑿的材料，不能立刻逮捕，就以「敵嫌」對待監視。

國民黨方面把這條情報告訴丘念台，並要他幫忙調查此事。丘念台就派浩東、老蕭和我三個台籍隊員去做這項工作。

我們住進陳明下榻的旅社，然後以認同鄉、拉關係的方法，很快和他混熟了，並探悉他奉日軍情報機關派到惠陽，專門偵查英軍服務團情況。我們這才知道，香港淪陷後，有一個英軍服務團撤退到惠陽郊區。

丘念台於是約談陳明，曉以大義，並說服他回廣州，幫忙提供日軍情報和策動台僑起義。他滿口答應了。

丘念台向國民黨當局講明情況後便放陳明回廣州。兩天後，他又派浩東和我，以及另外兩名大陸籍隊員徐森源和鄧慧，以浩東爲組長，前去廣州。

鄧慧：我以丘念台祕書的名義前往。丘念台採取封官爵的方式去攏絡台僑，如任命某某爲起義軍司令，某某爲台灣某市、縣長等等，但名字卻空著，還用他印有官銜的名片寫介紹信去接頭。他把這些文件交給我帶去。

我知道帶這些文件是危險的，想來想去想出一個辦法：從惠陽郵局買來包郵票的薄膜，又到市場買來八斤臘腸和五斤羅浮山菜乾，然後用筷子在臘腸上捅一個洞，將文件扭成一條，用薄膜包好，塞在裡面，並做上記號。

我們頭戴氊帽，扮成做生意的人，從惠城坐船到石龍登岸，約定在一家興寧人開的筆店裡住宿。但登岸後必須經過檢查站，接受日本憲兵和汪僞軍檢查。僞軍隨便檢查一下鍾浩東、李南鋒、徐森源三人便放行了，唯獨把我留住不放。日本憲兵令汪僞軍認眞檢查我，從頭到腳都搜遍了，查不到什麼可疑的東西。日本憲兵又瞪眼對我虎視，看我並不驚恐，然後才把我放了。

鍾浩東、李南鋒、徐森源三人認爲我必被抓去了，正在和筆店店主商量，想通過一個當日軍翻譯的興寧人去打聽並設法營救。正在這時，我突然回到店裡，三人爲之愕然。

「老鄧啊！你知道他們爲什麼特別留難你嗎？」懂日語的鍾浩東慨然地對我說：「你一登岸，日本憲兵就指著你說，你這人既不像鄉下佬，也不像做生意的人，值得懷疑。」我才恍然而悟，原來我化妝得不好所引起的。

第二天早晨，我們又乘日輪去廣州。

在廣州找到陳明後，他把鍾浩東和我安置在惠愛路禺山旅社居住，把徐森源和李南鋒安置在河南一家理髮鋪的樓上居住。第二天晚上，盟機（美機）來炸廣州，實行燈火管制。大約一個鐘頭後，日本憲兵突然出現在我們的房門口臨檢……

第二天，鍾浩東把情況告訴陳明後，他便帶我們到太平南路一家日本人開的大酒店去住。這裡出入很方便，也沒有檢查過。

就在太平南路口一家日本人開的咖啡館的廳房裡，通過陳明找來了約三十位台胞，開了個座談會……把當前形勢說了一遍後，鼓勵他們認清形勢，組織起來起義，如有願意到內地去的，也極歡迎等等。

我們在廣州住了六天，把存下的文件交給陳明就回來了。

到原鄉走了一趟

丘念台：民國三十四年的二月，美國十四航空隊到興寧設立辦事處，打算招募台灣人士做登陸台灣的嚮導。閩贛粵邊區總司令香翰屏，打電報到惠陽橫壢鎮，要我帶領原屬東服隊的台黨部粵工團團員前往興寧；此時適惠州再度失陷，我就率領全團由惠陽移駐梅縣的南口圩。

蔣蘊瑜：浩東的原鄉在梅縣嵩山，離南口圩不算遠。浩東想去看看卻又猶疑，說是怕被丘先生罵。我鼓勵他去。兩人於是偷偷離隊，在嵩山的這裡那裡看看，走走，然後在當地小客棧住了一晚，才回隊部。

丘念台：因爲我率領的台黨部粵東工作團，在穗（廣州）、港（香港）、汕（汕頭）都已和台僑聯絡上了，乃於民國三十四年七月，由廣東梅縣到福建永安，向台黨部報告一年間的工作經過，並打算建立起台黨部的閩南工作團，向廈門和附近濱海地區展開工作。

不料，日本天皇於八月十五日頒下敕令，正式宣布投降，結束其強暴侵略的罪行！

我自永安聞訊後，深感情勢的急變，對於我們的工作隊伍，和廣東沿海各地的幾萬台僑，都不能不作急速的處置。所以即日匆匆離閩趕回梅縣，會同商決自率一部份團員直趨惠州轉赴廣州；另派一部分團員前往汕頭聯絡。

因爲當時我們粵東工作團，在廣州已建立了兩個工作站，兩個遊動站；香港有一個工作站；汕頭、潮州也有一個工作站，兩個遊動站。我們不能不速去收拾和協助展開接收工作；而且數萬台僑和當地軍民早有種種誤解，如果不給予好好安撫，他們固感痛苦，而演變的結果，也必然會影響收復台灣故土的前途。

蔣蘊瑜：浩東奉丘先生之命，率領另一部分團員前往汕頭工作站，協助接收與安撫台胞。

丘念台：九月，張發奎和孫立人部隊（新一軍）已陸續趕赴廣州。我帶了六位工作人員，由梅縣經興寧、五華、紫金而至惠州，轉赴廣州。

蔣蘊瑜：這時候，老蕭夫婦和南鋒已經離開丘先生所屬的工作團，逕赴廣州。丘先生於是也對浩東和我說老蕭和南鋒他們都離開了，我們也走吧。然後拿了一封信給浩東，說這是李友邦給我們的信，我們可以去找他。看了信後，我們才發現，丘先生因爲怕我們過早離開，工作會停頓下來，所以一直扣著李友邦給我們的信。

浩東於是帶我去見李友邦，然後，以台灣三民主義青年團第三分團的名義，在廣州惠愛路（今中山四路）設置辦事處，協助旅居廣州的台胞返鄉。當時，旅居廣州及其近郊的台胞約有兩萬人，其中包括原屬日本部隊正規軍一千六百人。他們都是被日本殖民政府強征到大陸和國軍作戰的。日本戰敗投降後，他們這批人就被移交廣東軍方；其中三百名是女護士。他們對自己所處的地位與未來的前途，都感到非常迷惘。尤其是女護士們，初接收時，有許多人還因爲惶惑不安而自殺。我和其他女性工作人員於是用閩南語或日語，同她們解釋台灣歷史的演變，以及回歸祖國懷抱後所有台胞均恢復爲中國國民的事實。這樣，才漸漸把她們的情緒安定下來。

抗戰勝利後鍾浩東
在廣州中山公園。

對未來感到非常迷惘的女護士。
（台灣民眾文化工作室收藏）

1990 年 4 月蔣碧玉與長子重返廣州中山公園。

第五樂章：歸鄉

發廣播信箱。重慶台灣革命同志（盟）會鍾和鳴。仿佛覺得與另一個世界、一個不但是地理上的隔膜——杳不可即，並且是有著生活感覺的距離的另一世界，通著難於相信的問訊。與人以一種隔世之慨。

——《鍾理和日記》（一九四五年九月廿八日，北平）

歸鄉

蔣蘊瑜：一九四六年四月，浩東向廣東省政府租了一條貨輪——沙班輪，把那些台胞分成三批送回台灣。我帶著在橫壢惠安旅社出生，才兩歲大的老二鍾惠東，與蕭太太及李南鋒等，坐第一批船，先行返台。浩東自己則跟隨第三批返台。這樣，我們結束了在祖國土地上五年來的抗日歲月，準備投入重建台灣的工作行列。

生不得．死不得！

廣東臺胞歸來呼籲無門

沙班號開往廣州！

1946年4月，鍾浩東向廣東省政府租了一條貨輪——沙班輪，把滯留台胞分成三批送回台灣。

鍾里義：浩東的個性，自幼即大方而好交遊。記得他念高校時，有一回，他剛出院不久吧，父親特地北上，去古亭町的宿舍看他。據父親說，當他和浩東聊天時，恰好有朋友來找浩東，同他借點錢用，浩東毫不考慮便說錢放在吊在衣架上的衣袋裡，要多少，自己去拿吧。父親說完，然後既欣慰又自得地說：「哈！人家都說我鍾蕃薯肚量大。可是，我再大，還是輸給我這個兒子太多了。我向他投降。」因爲這樣的性格，浩東是不貪財的。戰爭結束時，他在廣州擔任接收委員，不但沒有爲自己積蓄什麼財產，還打電報回來，要家裡給他匯三千銀元過去，說是要租船，讓在當地的台胞返鄉。等到他回來時，身上卻一點錢也沒有。我以爲，包公的清廉，也不曾強過浩東吧。

李南鋒：我們搭的那艘貨船，是向廣東省政府

蔣碧玉出生地太平町一帶住民慶祝台灣光復的街景。

戰後的台灣「滿目淒涼」。圖爲日據末期被炸毀的台大醫院營養部及鍋爐房。

租的一艘日本人留下來的舊船。船在台南安平登陸。上岸後，觸目所見，只能用「滿目淒涼」四個字來形容。戰爭末期，台灣老百姓生活的困苦，是不難理解的。

鍾理和：我於三十五年春返台。當時台灣在久戰之後，元氣喪盡。加之，連年風雨失調：先有潦患，潦沒田禾；後有旱災，二季不得下蒔。尤以後者災情之重，爲本省過去所罕見。天災人禍，地方不寧，民不聊生，謠言四起。

喪子之痛

蔣蘊瑜：我回到台灣後，在台北廣播電台上班，負責辦理業務。浩東回來後，希望能夠從事教育工作，辦學校。那時候，政府的官員，市長級以上的有小包車代步。校長只能乘坐人力車。有一回，浩東半開玩笑地問我，要坐小包車，還是人力車？我當然理解浩東的志趣啊。

當時，丘念台先生已推薦了三名在東服隊待得更久的隊員，不方便再引薦浩東。可是，丘先生還是寫了封介紹信，要我們去找一位鍾姓長輩。我於是就拿著丘先生的介紹信，登門拜訪這位鍾姓長輩。他看了信，立刻就給我寫了介紹信，並且替我以「蔣渭水的女兒」的名義，安排與教育處長范壽康見面。

范壽康是浙江人，東京帝大畢業。不久，他的回音來了，說是要浩東到法商學院任教。可浩東並不只是志在教書而已，他希望能夠辦學校，於是親自拜見范壽康，表明拒絕任教的意願與眞正想法。范壽康向浩東解釋說，這不是他的意思，是丘先生的意思。他說他問過丘先生的意見，丘先生認爲浩東沒有行政能力，不適合當校長。

浩東不相信丘先生對他會有這種偏見，於是又去拜訪丘先生。後來，丘先生打電話到家裡，說是支持浩東當校長，只是台北已經沒有缺了，要浩東接掌台北郊外的基隆中學。

八月，浩東開始接掌包含高中與初中兩部的基隆中學。他上任那天，在惠陽旅舍出生的老二剛好發燒，身體不舒服。我不敢到電台上班，請假在家，看顧他。因爲我服用打胎草藥的關係，這孩子剛出生時長得很醜，體質也不好，容易生病。在東服隊時，包括我在內，差不多一半以上的人都患有瘧疾。通常，只要在病發時，泡個薑湯喝即可。我想，小孩大概也是一樣吧，於是就泡薑湯給他喝，可他卻一直不見退燒。我慌了，急忙把他送到台大醫院急診，同時託人到基隆中學通知浩東。

因爲是急性瘧疾，服用奎寧也無效。浩東趕到醫院之前，孩子就因爲已經燒到腦部，無法救治而死了。

這個小孩平常很黏浩東。有一回，我在幫他擦屁股，浩東正好回來，他馬上就要給浩東抱。

光復初期基隆中學全景。

光復初期基中運動場旁中央入口的校舍。

浩東一時無法接受小孩已死的事實。他責怪我，說你就是跪下來，也要求醫生，把孩子救活啊。第二天，因爲心情難過，他在床上躺了一天，爬不起來。後來，他就把孩子的骨灰罈擺放在校長室，日據時期校長擺置日本天皇照片的位置。他還把孩子火化後的頭顱擺在辦公桌上，思念時，就拿起來撫摸一番。

這時候，我正懷著第三胎。想著因爲抗戰的關係，老大不得不送給人家撫育；如今，歷盡艱辛才生下來的老二，卻又因自己一時疏忽而早夭。我心中難過，覺得對不起浩東，決心要好好撫育這即將出世的老三，以盡人母之責。

樸實求才的校長

鍾里義：浩東做校長時，有個同鄉的讀書人北上辦事，順道到基隆中學找他。回鄉後，他卻因爲浩東樸實的穿著感到驚訝而告訴地方父老，說這個鍾和鳴，都做校長了，還是那麼老實，連一件像樣的衣服也沒得穿。有些地方父老並不相信，於是也利用北上時，親自到基隆中學拜訪浩東，這才相信的確如此。回鄉後，大家都紛紛議論鍾浩東這個老實得像是老農一樣的校長。這樣，六堆一帶的客家庄，上抵美濃，下達內埔，幾乎無人不知樸實的鍾浩東校長。

陳德潛：我是基隆中學第十六屆的學生，曾在校內擔任班長及全校學生聯盟代表。鍾校長是個非常有人情味的人，對學生很好，十分疼愛。遇有家境貧困的學生，他總是自掏腰包墊付學費；自己和家人卻住在學校後山簡陋的木屋中。鍾校長的思想與教學都很先進，同時多才多藝，曾網羅不少一流教師至基中任教。

李南鋒：歸鄉後，我隨即又上台北，與蔣碧玉一同進入台北廣播電台上班，負責辦理業務。電台台長是林忠先生。在福建的時候，我和浩東就認識他了。那時他是國民黨直屬台灣黨部的書記。九月開學前，我便把電台工作辭掉，到基隆中學辦教育。我的職務是訓導處管理組長。我想，浩東大概是希望我把東服隊的工作經驗拿到台灣來，好好教育年輕的一代吧。

李清增：戰後第二年，也就是一九四六年，二月底，我從日本回到屏東長治的家鄉，在屏東工業學校做教員，同時也與同鄉的邱連球聯手，打擊地方上倚仗日本人勢力作惡的不肖分子。暑假，有一天，我終於在連球家見到鍾浩東。早在日據時代，我已經久仰浩東的大名了。他和鍾九河、蕭道應，一直被公認為六堆一帶客家庄最優秀的青年。我記得，當天，浩東問我想不想到基隆中學一起辦學校？我回答他說我學的是機械，我想，我還是進糖廠做事，比較適合。回想起來，浩東在基隆中學開學之前，一定已經在全省各地奔波，廣招良師了。此後，只要浩東有事回

鍾浩東校長（坐右二）與六堆旅北客家鄉親們。

南部，我們幾個人一定在一起聚會、討論。

李旺輝：一九二二年，我出生於高雄美濃一個貧窮的佃農家庭。一九四一年三月日本宮崎縣宮崎工業學校畢業，之後到東京鹿島組株式會社工作。一年多後，我存了點錢，又考進東京研數專門學校。日本投降後，我於一九四六年三月回到台灣。

光復後，台灣的經濟蕭條，求職不易，當個老師都要送紅包，走後門，才行得通。可鍾浩東校長掌舵的基隆中學，這一套卻行不通。校長的作風是：只要聽到那裡有好老師，一定立即親自登門邀聘。我就是因爲基隆中學欠缺專業的數、理、化老師，而由鍾校長親自邀請，到基隆中學任教。

那年四月，我先進入高雄中學教數學。因爲看不慣學校裡頭的貪汙風氣，到了十月，我就轉往美濃同鄉較多的高雄工業學校任教。可我沒想到，工業學校的風氣也好不到哪裡；甚至可以說貪汙得更厲害。我覺得，整個社會好像都在墮落腐化；對未來也感到苦悶。就在這個時候，寒假期間，鍾浩東校長在他的表兄弟邱連球陪同下來找我。邱連球當時也在基隆中學總務處擔任事務組長之職，他岳父就住在我家附近。可我和他們兩人並不認識。

鍾校長說，他是聽他弟弟鍾里志談起，美濃有個李旺輝，在高雄中學和工業學校教數學，而且教得不錯，因此專程來找我。

我雖然認識鍾里

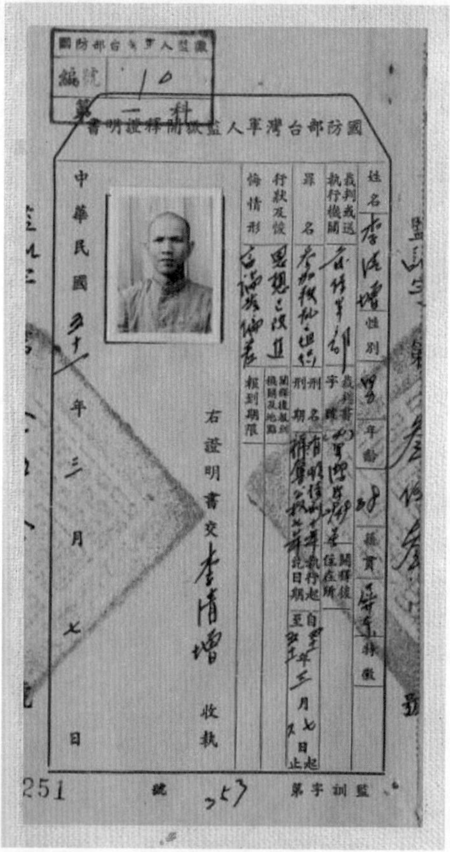
國防部台灣軍人監獄開釋證明書

姓名 李清增 性別 男

右證明書交李清增收執

中華民國 年 三 月 七 日

監訓字第 號

李清增的開釋證。

1955年鍾里志（左一）與鍾理和（右二）等親友。（鍾鐵民提供）

志，並不很熟，可我有一些朋友和他熟。我想，他也許就是從那些朋友打聽到我，然後又把我介紹給鍾校長吧。我因爲對高雄工業學校的風氣早已不滿，再加上對鍾校長的印象很好，當下就答應他到基隆中學教數學。農曆年過後，學校開學，我就北上，前往基隆中學任教。

鍾里志：鍾浩東是我的異母哥哥。我和鍾理和都是小母親生的。浩東到基隆中學當校長後，我也應邀到基中總務處，擔任出納組長。據我所知，住在我隔壁宿舍的藍明谷老師，是我哥鍾理和在北京就已經認識的文藝青年；返台以後，他先在教育會任職，然後通過理和兄介紹，到基隆中學教國文。

鍾鐵民：民國三十六年春，叔叔和鳴在基隆中學任校長，父親在南台灣的屏東內埔任教，叔叔多次招請他去基隆，他就一個人先北去看望兄弟。住在學校宿舍，那是日本人留下來的日式住宅，榻榻米地板，許多紙門隔間。父親睡一間四疊榻榻米的精緻小房間。那時他常常失眠，有時睜著眼到天亮。事情發生時父親說他很清醒。隔壁客廳中的大掛鐘正敲十二點，在鐘聲中，父親覺得兩腳開始麻痹……到最後他發覺除了眼球以外，全身都已僵直。這時他感到身邊有人，用眼球往下瞄，依稀有一白衣女子坐在蚊帳裡，緊緊依在他的腰側，他看不清她的年齡與面貌，感覺中應該是一個少女，長長的頭髮披在肩後。靜靜地坐著一動也不動。父親……因爲一向是無神論者，所以心中一點也不害怕，只是目不轉睛的盯著身側的女子看，一心想要看清她究竟是什麼長相。時間並不很長，忽然他感到僵直的身體又恢復知覺可以動彈了，就在這樣的恍惚之間，身邊的女子已經不見。燈光依然，好像什麼也沒有發生過。

第二天，父親告訴與叔叔一同生活的祖母，祖母嚇得要他立刻換一間房子，因爲祖母知道曾有女學生在那兒服毒自殺。可是父親執意不搬，因爲他絕然不相信鬼。那天晚上祖母就睡在隔房，只隔一扇紙門，要父親一有動靜就呼喚……情形與前一夜完全一樣，十二點的鐘聲一響起來，他又感到身體開始僵直，然後白衣女子一模一樣的坐在身側。他想發問卻無法開口，在片刻

青年鍾理和。

就讀台南師範的藍明谷（一九一九—一九五二年）。

之後，一切就又消失了。

第三天，父親就離開基隆回屏東來。弟弟當校長，自己去當教師，這是一種心理上的結，他不打算到基隆去……但在他從基隆回來後不到一個月就肺疾發作，吐血住院。

戴傳李：鍾浩東是我的姐夫。他去基隆中學當校長時，我正在讀台大政治系一年級。他邀我去教書。我於是以台北高等學校畢業證書當文憑，到基隆中學教高一的英文和數學。當時我剛剛年滿二十歲，只比學生大一兩歲。我的課安排在台大剛好沒課的星期一、三、六，每日六小時，每週一共十八小時。其他時間，我還是在台大當學生。

楊基銓：台灣光復，隨著國民政府官員陸續來台，我台北高校同班的台灣人同學鍾和鳴，在高校二年級暑假失蹤的十二年後，突然出現在我的面前，這時已改名鍾浩東，被派任省立基隆中學校長。我與他見過幾次面，但沒有機會深談。我受他之托，推薦一位東京帝國大學的後輩張國雄，擔任基隆中學的英文教師。

張國雄是台中縣人，他入東大法學部不久，因病休學，並回台療養，直到台灣光復才病癒，惟不再回東大，也不轉入台灣大學繼續念書。此時台北市長黃朝琴需要英文人才，而張君的英文程度相當不錯，乃經市政府招考，以優秀成績錄取，進入台北市政府服務。後因黃市長離開市政府，張君無法發揮才能，遂由我介紹轉至基隆中學教書。

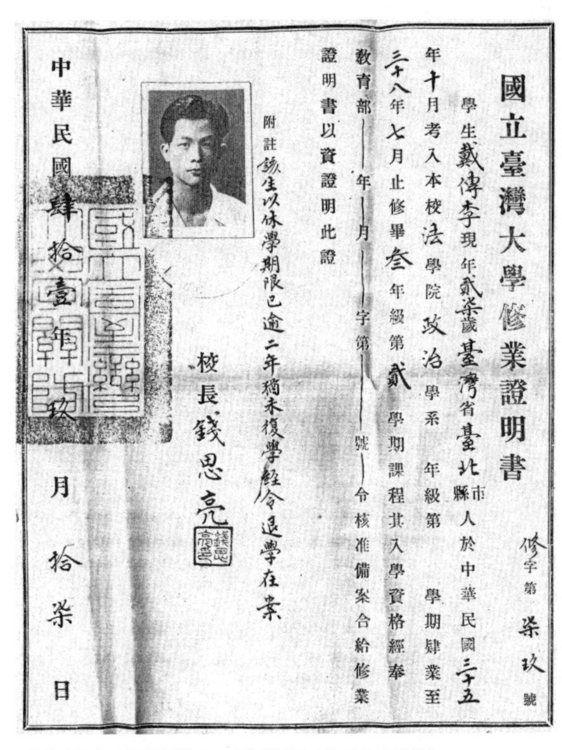

修字第柒玖號

國立臺灣大學修業證明書

學生戴傳李現年貳柒歲臺灣省臺北縣市人於中華民國三十五年十月考入本校法學院政治學系年級第學期肄業至三十八年七月止修畢叁年級第貳學期課程其入學資格經奉教育部——年——月——字第——號令核准備案合給修業證明書以資證明此證

附註 該生以休學期限已逾二年猶未復學經令退學在案

校長 錢思亮

中華民國肆拾壹年玖月拾柒日

戴傳李的台大修業證明書。（台灣民眾文化工作室收藏）

我始終沒有料想到，鍾和鳴與張國雄兩人，竟然都在一九五〇年代初期的白色恐怖時期，以匪諜名義，被治安單位拘捕、槍決。我每想到此事，心中就非常痛苦，尤其對張國雄更有「我不殺伯仁，伯仁卻因我而死」之感。

黎明華：一九四四年初，我轉入東江縱隊。日本投降後，我因部隊主力北撤而歸鄉。後來，我聽說，鍾浩東當了基隆中學校長，東區服務隊的一些大陸籍隊員也跟著他到基隆中學服務。我於是輾轉和

呈

事由：呈為懇請鈞會仰祈查明窮民之長子張國雄之下落由。

呈為呈請鈞會陳訴苦衷，仰祈鑒核，懇請准予查明民之長子之下落事。窮民　現住本市　　緣因民之長子張國雄，現年三十歲，職在延平補習學校英語科，担任教員，平素正直，未嘗為非犯法，此次突於民國三十九年五月十二日下午十二点在自宅休息中，突於外面有人叫門，即起開門，有警員數名進入室內，將民長子押去，在場請問警員何由，言說你們放心，參攷調查云云，至今有參個月餘，其間四處連續查尋，未得下落，不知生死，查民之長子頗知守法與人無忤，且有禮貌，自民夫死後順聽民之教訓，順從母親，為左右鄰所

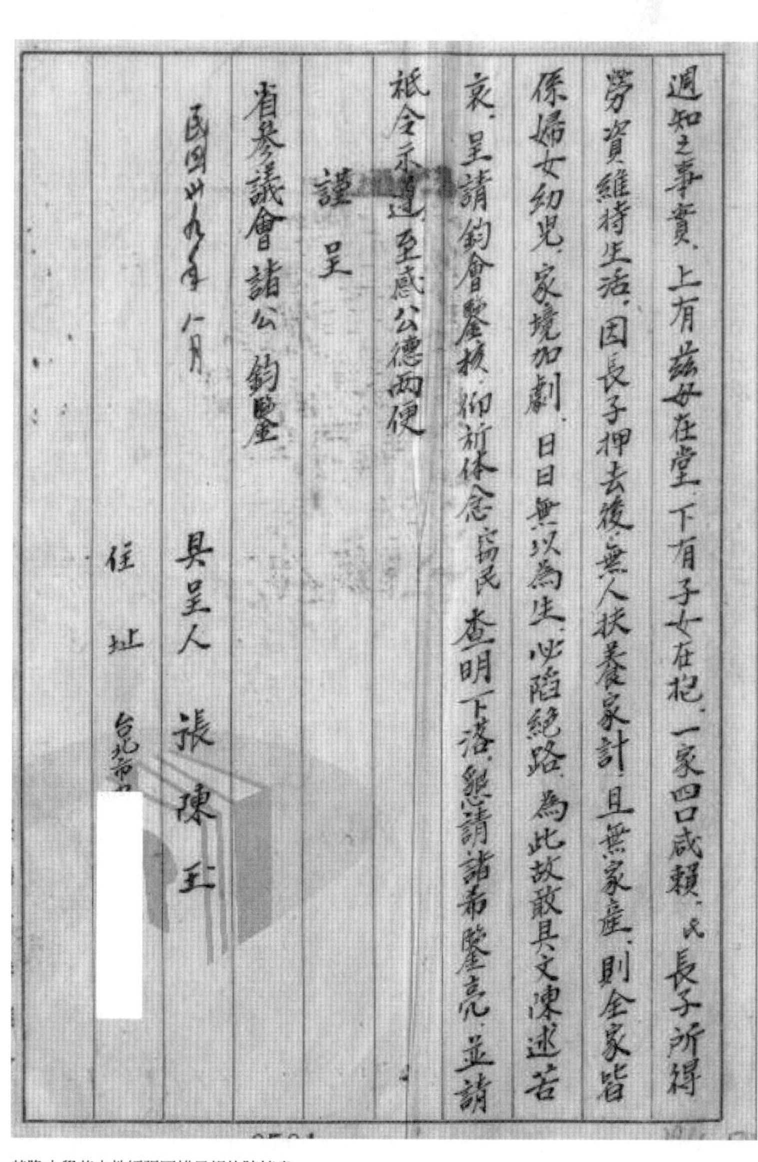

週知之事實，上有慈母在堂，下有子女在抱，一家四口咸賴，氏長子所得勞資維持生活，因長子押去後，無人扶養家計，且無家產，則全家皆係婦女幼兒，家境加劇，日日無以為生，必陷絕路，為此故敢具文陳述苦衷，呈請鈞會鑒核，俯祈体念窮民，查明下落，懇請諸希鑒亮，並請

祇令示遵，至感公德兩便

謹呈

省參議會諸公　鈞鑒

民國卅九年　八月

具呈人　張陳玉

住址　台北市

基隆中學英文教師張國雄母親的陳情書。

在基隆中學擔任訓導主任的徐森源聯絡，並寫信向他表示，我想到台灣找事做。信寄出去後不到十天，我就收到徐森源的回信。他在信上說，歡迎我去台灣，職業問題，到了再說。我於是同母親商量。她不但一口答應，還賣了一塊地，給我做路費。

一九四六年十一月十五日，我在家鄉松口搭渡船到汕頭，然後再經廈門，一個星期以後抵達基隆。上岸以後，我便搭火車到八堵，來到基隆中學，見到了鍾浩東與蔣蘊瑜夫婦、徐森源、李南鋒、鍾國員、黃素貞、鍾國輝夫婦及徐新傑等東區服務隊的老朋友。因爲學校已經開學好久，鍾浩東校長暫時沒法替我安插工作，外頭的工作又不好找，我就暫時住在基隆中學的老師宿舍。

一九四七年，二二八後的三月下旬，我才在鍾浩東校長的安排下，正式擔任基隆中學訓導處幹事。

民主刻苦的校園

李旺輝：基隆中學的校風和我先前待過的兩所學校完全不同。我到基中任教之後的最大感受，首先就是它的民主氣氛很濃厚。雖然校長本人可以全權處理教務主任、訓導主任及老師的聘

方弢與張奕明夫婦。

任，但是，教務主任和訓導主任卻是在校務會議上通過選舉而產生的。這應該是全省獨一的。

記得，我在基中三年期間的教務主任，一直是一名年輕的、會講客家話的外省人方弢。他太太張奕明則是學校職員。兩人育有一個小孩。後來，夫婦倆先後遭到槍決。

學校的老師原本要選我當訓導主任，我因爲國語還不太會講，必須用日文上課而推辭，於是就改選年紀才廿八歲的外省老師陳仲豪當主任。

可以說，整個基隆中學，上自校長下到校工，都是完全以學生設想，不爭權奪利。因爲這樣，教職員之間都和睦

1948 年畢業於基隆中學高中部的王春長。

相處，不分派系。學生的民主風氣也很盛。學生只要通過班會討論，反映給教務處，希望由那個老師教那門課；教務處馬上就會設法排課。

王春長：我是基隆中學第十六屆畢業生，畢業於一九四八年。台灣光復後，基隆中學首任校長是吳劍青先生。一九四六年八月，吳校長去職，由鍾浩東校長接任。那時，他才三十出頭。我們都認爲，他那麼年輕就能當校長，實在優秀。

鍾校長的領導方式十分民主。在我的印象中，在他任內的基隆中學是沒有軍訓課的，但每星期仍得有週會；學生們可以蓄髮，甚至打領帶上學。他自己則除了西裝外，經常穿中山裝。另外，鍾校長很喜歡運動，硬式網球打得很好。因爲這樣，我們學生大多也很喜歡打網球。

王億超：我是基隆中學第十七屆畢業生，畢業於一九四九年。鍾浩東校長在任時，基隆中學的學風較爲自由。例如，一般來說，當時每所中學早晨都要升旗唱國歌，但在我的印象中，鍾校長任內把這個儀式都省略了。

郭進欽：我也是基隆中學第十七屆畢業生。高三那年，我擔任全校風紀隊（即今之糾察隊）總隊長，鍾校長曾經找我去問話。

鍾校長詢問：「爲何你所指定的風紀隊員半數是一些壞學生？」

「校長，」我答道：「我們要抓的不就是這幾位學生而

鍾校長很喜歡運動。因爲這樣，基中的運動風氣很好。

已嗎？如果把他們幾位都任命爲風紀隊員，作模範給全校同學看；這樣，校園的風紀不就立刻可以變好嗎！」

鍾校長想了一下，然後說：「在理論上，你講的似乎很有道理；但在實際執行上，也可能會有很大的問題。」

我請校長給我三個月的時間試試，如果有效便繼續執行；若不行，再請校長處分那幾位壞學生。鍾校長也應允了。

王億超：我們學校位於八堵車站附近，車站對面有一家撞球場。當時，幾乎全班同學都到那裡打撞球，或是在撞球場隔壁的店家吃冰。記得，有一回，教育廳督察來校視察；鍾校長立即騎著腳踏車到撞球場。

「快點，快點，大家趕快回去；」鍾校長叫我們，說：「教育廳督察到學校來視察了。」

鍾校長就是這樣一個容易親近的人，從來不對我們擺校長架子，始終跟我們打成一片。對學校裡的教職員，他也總是把他們當成自己的兄弟手足般看待。

何文章：我也是基隆中學第十七屆畢業生。當時的校長還是鍾浩東。鍾校長從不給予學生壓力，我總覺得在他任內的基中回憶，是一段很舒適悠閒的歲月，日子很好過，老師與學生也總是打成一片。

基中老師全都住在學校後山空間十分擁擠狹小的宿舍。圖爲日據時期位於學校後山的神社。

那時，從大陸來的老師們，物質生活都過得很辛苦；他們在基隆並沒有自己的房子，全都住在校方安排的空間十分擁擠狹小的宿舍。基隆是個多雨的地方，校舍設有放置雨具的衣帽間；有些老師在衣帽間裡隔起一小塊地方，就居住下來。

呂鎮川：我是基隆中學第十八屆畢業生，畢業於一九五〇年。我們看到老師們住在校內的學寮裡，空間確實十分擁擠狹小，只是用布幕隔成一小間，甚至有些老師就在音樂教室或騎樓走廊下隔間，把校園當成住家，一家人就住在裡面。我們每天都可以看到他們的生活，眞的十分刻苦。

何文章：儘管如此，老師們並不以此爲苦，仍然接受學生邀請，熱情參與當地諸如

「迎媽祖」等傳統的節慶活動。在我高二時，每日下課後，我們總是看見擔任我們班導師的方弢主任，前往菜市場買菜。這在我們看來是很稀奇的！因爲在家裡，我們不曾見到自己的父親做過家事，所以，這些由大陸來的老師給我們的感覺是比較民主化。

陳仲豪：方弢是廣東省惠來縣人。北平中國大學國學系畢業。一九三五年由平返粵，歷任普寧、梅縣等幾所小學和中學的校長、教員、教導主任等職。一九四一春赴廣西，歷任桂省幾所中小學的教員。一九四六年八月擔任基隆中學教員。一九四七年春轉任教務主任。

王春長：鍾校長曾在大陸待過一段時間，加上老家在高雄美濃，所以他聘請的老師大部份是廣東或南部的客家人。雖然如此，我們也可以用閩南話跟鍾校長談話。他有時也講客家話，但主持會議時一定講國語。

何文章：當時，老師們上課講的話都是國語。然而，日據時代大家學的都是日語，台灣光復後便聽不懂國語。記得，某次期中考的考題要學生默寫中華民國國歌，有趣的是，竟沒有一位同學能寫得完整。老師們爲加強我們在中文方面的學習，時常推薦我們閱讀課外書籍。《觀察》、《展望》等雜誌都是當時老師們推薦的讀物。

戴傳李：《觀察》和《展望》等雜誌都是老師們經常傳閱的讀物。《觀察》是一九四六年九月在上海創刊的政治時事性週刊。前身爲一九四五年十一月至一九四六年四月在重慶出版的《客觀》雜誌。儲安平主編。主要撰稿人有張東蓀、傅雷、吳晗、費孝通等。它聲稱代表一般自由思想分子，對國內各政黨不偏不袒；強調以民主、自由、進步、理性爲原則；主要欄目有專論、外論選譯、觀察通信、文藝、讀者投書等；對當時的政局、戰局和經濟、文化、社會文化等各方面進行廣泛的評論。它出有華北、台灣航空版，據說最高發行量達十萬份；在國統區的知識份子讀者中有較大影響。但一九四八年十二月下旬卻被查禁。《展望》則是中華職業教育社一九四八年五月在上海創刊出版的週刊；經常揭露國民黨軍事上的失敗和政治上玩弄「和平談判」的陰謀；其中，「軍事一週」專欄每期都有對戰局的精采報導和分析，很受讀者歡迎。據說它的最高發行量達五萬三千多份；曾經多次受到國民黨當局警告，南京方面負責人因此被捕；一九四九年三月也被查封。

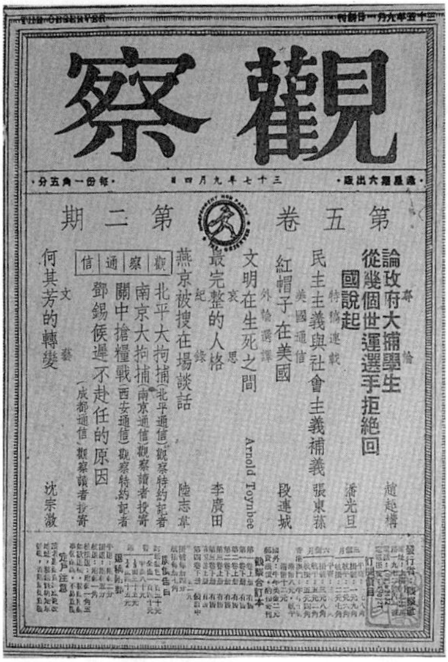
觀察
逢星期六出版
三十七年九月四日
每份一角五分
第五卷 第二期
專論 論政府大捕學生 趙超構
從幾個世運選手拒絕回國說起 潘光旦
特稿連載 民主主義與社會主義補義 張東蓀
美國通信 紅帽子在美國 段連城
外論選譯 文明在生死之間 Arnold Toynbee
哀思 最完整的人格 李廣田
紀錄 燕京被搜在場談話 陸志韋
觀察通信
北平大拘捕（北平通信）觀察特約記者
南京大拘捕（南京通信）觀察讀者投寄
關中搶糧戰（西安通信）觀察特約記者
鄧錫侯遲不赴任的原因（成都通信）觀察讀者投寄
文藝 何其芳的轉變 沈宗激

儲安平主編，出有臺灣航空版的《觀察》週刊。

呂鎭川：藍明谷先生曾教過我們中文。光復初期因爲大家只懂日文，不懂普通話，所以藍明谷先生曾經把魯迅的短篇小說《故鄉》翻譯成日文，以此教導我們閱讀中國小說。

魯迅《故鄉》譯本的封面。

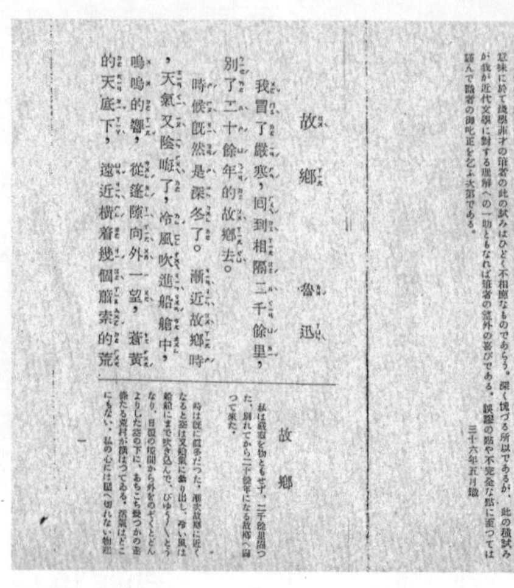

四

となつてゐる。形式的にも以前の客観的な諷刺的な描寫法がこゝでは著しく抒情的な色彩を帶びて來た。

思想的に見ても、本作は魯迅の最大傑作、從つて彼の思想圓熟期に書かれた「阿Q正傳」の完成より約二年前の作品である。それ故本作に現はれた魯迅の思想も明確となり、圓熟の域に略達したものと見られる。事實上、以前の彼の見解は多分に生物學的、進化論的傾向があつたものであるが、本作に於てはそれが更に一段の飛躍を遂げてゐた。本作の結語がよく物語つてゐるものである——然り、希望は空虛でもなければ、妄想で得られるものでもない。大多數の人々に依つて實踐されて始めて實現されるものだ。

× × × ×

名作の理解は作家の人となり、思想及び時代背景を究め盡すことによつて始めて爲され得るものである。斯る意味に於て淺學非才の譯者の此の試みはひどく不相應なものであらう。深く愧づる所以であるが、此の試みが我が近代文學に對する理解への一助ともなれば譯者の望外の喜びである。誤謬の點や不完全な點に至つては謹んで讀者の御叱正を乞ふ次第である。

三十六年五月識

故鄉　魯迅

我冒了嚴寒，回到相隔二千餘里，別了二十餘年的故鄉去。

時候既然是深冬了；漸近故鄉時，天氣又陰晦了，冷風吹進船艙中，嗚嗚的響，從篷隙向外一望，蒼黃的天底下，遠近橫着幾個蕭索的荒

故鄉

私は嚴寒を物ともせず、二千餘里隔つた、別れてから二十餘年になる故鄉へ歸つて來た。

時は既に冬だつた。漸次故鄉に近くなると空は又陰氣に曇り出し、冷い風は船艙にまで吹き込んで、ひゆう／＼となり、日覆の隙間から外をのぞくとどんよりした空の下に、あちこち幾つかの蕭條たる荒村が横はつてゐる。活氣はどこにもない。私の心には堪へ切れない物悲

一

《故鄉》內文首頁。

老師們總是教導我們：「如果國文要進步，就要多看課外書籍。」

我們問老師：「要看什麼課外書籍呢？」

老師們便介紹一些魯迅、巴金、茅盾等人的著作。當時國共正在和談，所以這些左傾書籍在市面上仍買得到。

連世貴：光復後，我在基隆省中讀書才開始學國語。十分諷刺的是，我在學國語時所學的第一首國語歌曲，即是如今中華人民共和國的國歌——《義勇軍進行曲》；它還是學校教官教我們唱的。

「二二八事件」那年，我唸初三，在學校擔任學生自治會的學術股長，負責管理自治會圖書室裡的所有圖書。自治會圖書室裡收藏的絕大多數都是「紅書」。我本來就很喜歡看書，在學校成績也算不錯，但我書看得愈多，思想便愈加左傾。

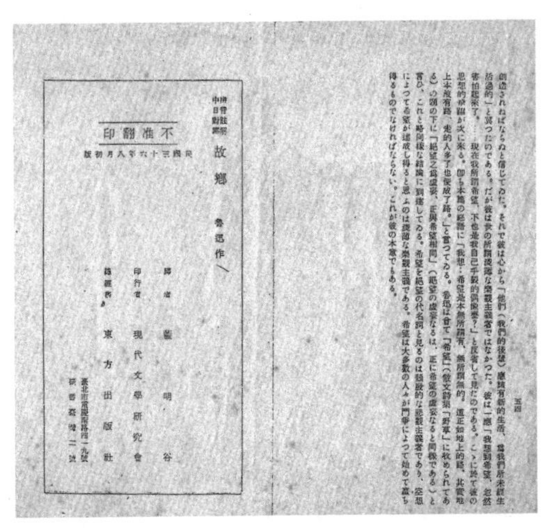

併音註解
中日對照
故鄉　魯迅作

不准翻印

民國三十六年八月初版

譯者　藍明谷
印行者　現代文學研究會
總經售　東方出版社
臺北市重慶南路四一九號
振替基隆一二號

五四

創造されねばならぬと信じてゐた。それで彼は心から「他們（我們的後輩）應該有新的生活、爲我們所未經生活過的」と冀つたのである。だが彼は世の所謂淺薄な樂觀主義者ではなかつた。彼は一應「我想到希望、忽然害怕起來了。……現在我所謂希望、不也是我自己手製的偶像麼？」と反省して見たのである。こゝに於て彼の思想的飛躍が次に來る。即ち本篇の結語に「我想：希望是本無所謂有、無所謂無的。這正如地上的路、其實地上本沒有路、走的人多了也便成了路。」と言つてゐる。魯迅は曾て「希望」（散文詩集「野草」に收められてある）の頭の下に「絕望之爲虛妄、正與希望相同」（絕望の虛妄なるは、正に希望の虛妄なると同樣である）と言ひ、これと略同樣な結論に到達してゐる。希望を絕望の代名詞と見るのは頽廢的な悲觀主義者であり、空想によつて希望が達成し得ると思ふのは淺薄な樂觀主義である。希望は大多數の人々が鬥爭によつて始めて贏ち得るものでなければならない。これが彼の本意でもある。

《故鄉》版權頁。

基中學生自治會圖書室裡收藏的絕大多數都是「紅書」。

第六樂章：二二八

三時吃完牛奶後走出大門口。在放射線的南邊的過道上放著一具剛由五六個學生抬進來的少年死屍。少年可能十五六歲，躺在一隻綠帆布的擔架上。面如臘蒼白，唇紫。一手放在小肚上像在深睡。臉部頰鼻額處略有塵土，黑中山服的上衣，草色褲子。被撩起著的腹部，有幾道很薄的血跡，模糊不清。子彈由左胸乳邊入，右脅出。入口有很深的、看著就像一個黑洞的傷口，出口則拖出一顆小肉團貼在那裡，像一個少女的乳頭。

——《鍾理和日記》（一九四七年二月廿八日，台大醫院）

接上關係

蔣蘊瑜：一九四六年十二月，我們的第三個兒子出世了。因爲上班的關係，校長住在學校宿舍的時候多，我則住在仁愛路的一幢日式房子。孩子滿月那天，浩東還特地從基隆趕回家來，並且邀請了許多抗日前輩來吃滿月酒。之後，來家裡走動的人也就日漸頻繁了。記得，有一位記者，姓詹，本省人，常來家裡找浩東。後來，我才知道他是吳克泰。

吳克泰：我的本名是詹世平，一九二五年出生於宜蘭三星鄉佃農家庭。就讀台北二中（今成功中學）期間，通過低我一級的學弟戴傳李得知，他姐姐蔣碧玉、姐夫鍾和鳴與台北帝大醫學部第一屆畢業生蕭道應等五名台灣青年，自行組團到大陸參加抗戰。我就有了起而效法的念頭。

一九四三年九月廿三日，日本政府公布：自第二年起，把徵兵制度適用於台灣；凡年滿二十歲的台灣青年男子，都同日本青年一樣要去當兵。我恰恰是頭一批被徵調的對象。我想，與其被抓去當日本兵，跟美國拼命；倒不如回祖國，跟日本帝國主義拼命。

一九四四年八月上旬，我取得去大陸當日軍翻譯的資格。九月初，於是放棄只唸了一年多的台北高校學業，出走上海，尋找蔣碧玉與鍾和鳴等人。可是我始終打聽不到他們的行蹤。

一九四六年三月中旬，我從上海回到台灣，然後一面回台大念書，一面在報社當記者。四月

青年吳克泰。

二二八前夕的蔣碧玉懷抱滿月後的三子與兩個妹妹。

下旬，我終於通過張志忠先生和台灣的地下黨聯繫上了，從此在校園和輿論界積極地展開活動。

安全局：共匪中央於卅四年八月，派蔡孝乾為台灣省工作委員會書記，蔡匪於同年九月由延安出發，間道潛行三個月，於同年十二月始抵江蘇淮安，向匪華東局（原稱華中局）書記張鼎承，組織部長曾山，洽調來台幹部。卅五年二月，蔡匪率幹部張志忠等，分批到滬，與匪華東局駐滬人員會商，並學習一個月，同年四月，首批幹部先由張志忠率領由滬搭船潛入基隆、台北開始活動。蔡匪於同年七月，始潛台領導組織。並正

1990 年 4 月，蔣碧玉與吳克泰在北京台盟中央重逢。

式成立「台灣省工作委員會」，由蔡本人任書記……張志忠任委員兼武工部長，領導海山、桃園、新竹等地區工作。

吳克泰：蔡孝乾，日據時期的一九〇八年出生彰化花壇，曾任《台灣大眾時報》社記者、台灣共產黨中央委員兼宣傳部長、江西蘇區紅軍第一軍團政治部《戰士報》編輯、中華蘇維埃臨時中央政府委員與內務部長、中共中央白軍工作部北線工作委員會書記、解放

匪台灣省工作委員會叛亂案

偵破時間：三十八年十月三十一日至三十九年二月十六日

地點：台北、台中、高雄、基隆等地

匪諜及處理情形

姓名	年與籍貫		處刑	姓名	年齡	籍貫	處刑	姓名	年齡	籍貫	處刑
蔡孝乾	四六	台中	自新	陳定中	二六	廣東	自新	林青	二六	廣東	刑十五年
陳澤民	四二	福建	自新	陳克鳴	二七	廣東	自新	張世藩	二九	廣東	刑十五年
洪幼樵	三五	廣東	自新	馬雯鵑	一七	江蘇	自新	李振芳	四七	台北	刑十五年
許敏蘭	二五	安徽	自新	張志忠	四四	嘉義	死刑	楊克村	三八	彰化	刑十五年
蔡寄天	三一	廣東	自新	謝富	四六	台中	死刑	林坤西	四四	台中	刑三年

判決文號及日期：一、國防部四十年三月三十日則副字〇四一九號代電及四十三年三月十二日清澈字七五一號令核定。

死刑執行日期：二、四十年四月三日及四十三年三月十六日分別執行

案情摘要：

共匪中央於三十四年八月，派蔡孝乾為台灣省工作委員會書記，蔡匪於同年九月由延安出發，間道潛行三個月，於同年十二月始抵江蘇淮安，向匪華東局（原稱華中局）書記張鼎丞，組織部長曾山，洽調來台幹部。三十五年二月，蔡匪率幹部張志忠等，分批到滬，與匪華東局駐滬人員會商，幷學習一個月，同年四月，首批幹部先由張志忠率領由滬搭船潛入基隆，台北開始活動。蔡匪於同年七月，始潛台領導組織。幷正式成立，「台灣省工作委員會」，由蔡本人任書記，直接領導「台灣學生工委會」，「基隆市工委會」，「台灣省山地工委會」，「台灣郵電職工工委會」，「蘭陽地區工委會」，「台北市工委會」，「北峯地區工委會」等機構工作（後交由徐懋德統一領導）。先後幷以陳澤民任副書記兼組織部長，領導台南、高雄、屏東等地區工作。洪幼樵任委員兼宣傳部長，領導台中、南投等地區工作。（後交由張伯哲領導）張志忠任委員兼武工部長，領導海山、桃園、新竹等地區工作（後交由陳福星領導）。案經保密局偵悉破獲。

安全局關於台灣省工作委員會的機密檔案。

區野戰軍政治部敵工部長等職。張志忠（一九一〇——一九五四年）原籍嘉義新港，曾在八路軍一二九師冀南軍區敵工部從事對敵宣傳工作。

就在這段期間，改名爲鍾浩東的碧玉姐的先生從香港回來了。此時，他顯得很苦悶。我找他談了幾次話，他的情緒便完全不同了。他談到當初回國參加丘念台領導的東區服務隊的曲折經過。他又說，後來同附近的共產黨東江縱隊聯繫上，快要入黨的時候，日本投降，東江縱隊按照國共兩黨協議北撤。他按照指示，去香港找中共領導的愛國統一戰線報紙《華商報》聯繫，但始終接不上關係，只好先回台灣。

他思考問題比較深刻，經常邊揪頭髮邊想，因此有些禿頂。他回台灣後並不像其他要官、要肥缺的「半山」，而是選擇辦教育。我很快就發展他入黨，經張志忠批准後，由我單線聯繫。他也是我發展的第一個黨員。

安全局：抗戰勝利後，鍾浩東隨政府返台，任台灣省基隆中學校長。卅五年七月間，經共匪潛台份子詹世平介紹，正式參加匪黨。

這些隊員都到哪去了

蔣蘊瑜：浩東年輕時候非常崇拜蔣介石。在他的認識上，蔣介石是孫中山先生的信徒，更是領導全中國人民抗日的英明領袖。我曾經聽他弟弟說，西安事變發生時，浩東還因此痛哭不已。浩東的父親只好把報紙藏起來，以免他過於傷心。

在雄中時代，浩東即因閱讀簡明版的《資本論》而被日籍老師處罰過。此後，他幾乎隨身攜帶一本袖珍本的《資本論》，有空就拿出來翻讀。一直到在惠陽被扣留時，警覺性高的浩東，才把口袋那本《資本論》丟到茅坑裡。

儘管這樣，那時的浩東還只是個素樸的社會主義者吧。我想，是民族情感主要地決定了浩東帶領我們奔赴祖國，參加抗戰吧。一直要到抗戰末期，對國民黨的階級屬性有了更深刻的認識以後，浩東才日漸左傾吧。

在東區服務隊，到過延安學習考察組訓民眾和遊擊戰術的丘念台先生，採取延安的方式，讓隊裡的上下老幼，生活、工作都在一起，通過唱歌、演戲、繪畫、運動、寫作等娛樂活動，接近民眾，深入民眾，把握民眾。此外，丘先生還從延安帶回來很多書。這些活動和書，自然對東服隊的同志，造成一定程度的影響。

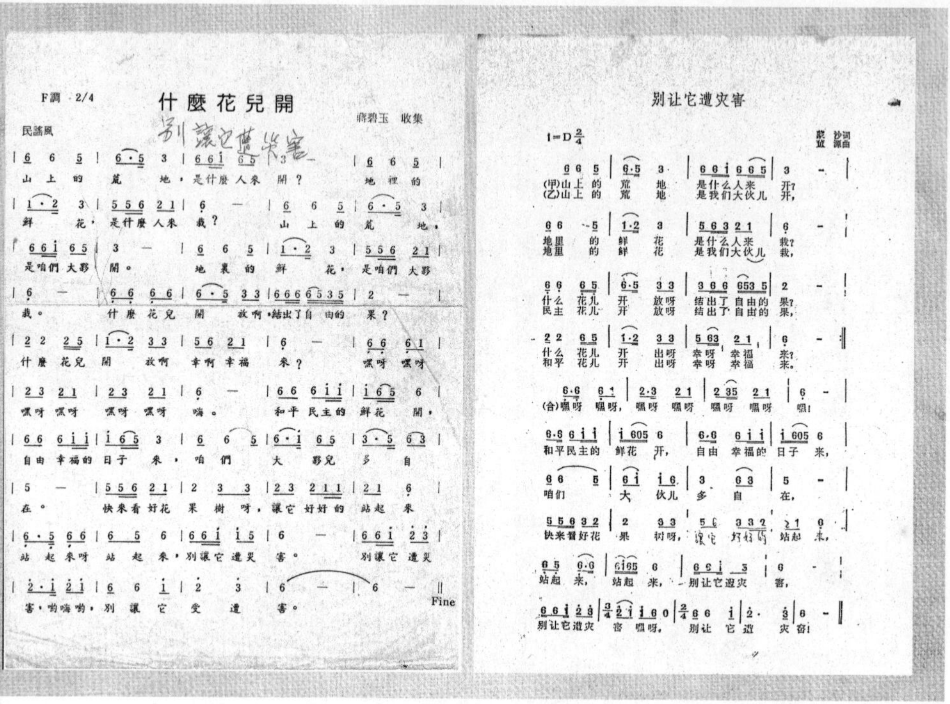

F調　2/4

什麼花兒開

蔣碧玉　收集

民謠風

山上的荒地，是什麼人來開？地裡的鮮花，是什麼人來栽？山上的荒地，是咱們大夥開。地裏的鮮花，是咱們大夥栽。什麼花兒開放啊，結出了自由的果？什麼花兒開放啊，幸啊幸福來？嘿呀嘿呀嘿呀嘿呀嘿呀嘿呀嗨。和平民主的鮮花開，自由幸福的日子來，咱們大夥兒多自在。快來看好花果樹呀，讓它好好的站起來，站起來呀站起來，別讓它遭災害。別讓它遭災害，喲嗨喲，別讓它受遭害。

Fine

别让它遭灾害

1=D 2/4

(甲)山上的荒地是什么人来开？地里的鲜花是什么人来栽？什么花儿开放呀结出了自由的果？什么花儿开出呀幸呀幸福来？

(乙)山上的荒地是我们大伙儿开，地里的鲜花是我们大伙儿栽，民主花儿开放呀结出了自由的果，和平花儿开出呀幸呀幸福来。

(合)嘿呀嘿呀，嘿呀嘿呀嘿呀嘿呀嘿！和平民主的鲜花开，自由幸福的日子来，咱们大伙儿多自在，快来看好花果树呀，让它好好的站起来，站起来，站起来，别让它遭灾害，别让它遭灾害嘿呀，别让它遭灾害！

蔣碧玉在東服隊採集的民歌。

安全局：鍾浩東於日據時代，因不滿異族之專橫統治，遂於民國二十九年元月，邀同李南鋒與其妻蔣蘊瑜等五人赴上海，經香港轉往內地，行至廣東惠陽時，曾因漢奸嫌疑被捕。嗣經丘念台保釋，即服務於我政府機構。

鍾等於到達內地後，因一切未如其理想，乃對政府之信仰降低。而於第七戰區工作時常受共產黨地下工作人員之誘惑並閱讀共產黨之書籍甚多，其思想遂趨反動。

黎明華：東區服務隊有許多書刊，半數以上是左派作品：毛澤東的《論持久戰》、《論新階段》、

《新民主主義論》。陳伯達的《新三民主義》。艾思奇的《大眾哲學》和沈志遠的《新經濟學》。翻譯作品，如《政治經濟學教程》、《辯證法唯物論》、《唯物辯證法》、《歷史唯物論》、《聯共（布）黨史簡明教程》和蕭洛霍夫、高爾基的文學著作。甚至還有重慶《新華日報》的舊報紙。

據我所知，抗戰初起一、二年，許多地方都公開販售共黨左派書刊，部隊政治工作隊也有左派書刊。但皖南新四軍事件後就漸漸消失了。可東服隊卻仍然如故。不單如此，東服隊同志們的言論、觀點幾乎個個都屬當時所謂的「前進」分子。丘念台先生以個人聲望吸引這批年青人，又能容忍他們的思想型態，倒是一件異數。這也許就是當時人們所稱的開明人士的屬性吧。

丘繼英：在梅縣時，東區服務隊中共黨支部很快就在當地黨組織指導下成立，以卓揚爲支部書記，我負責組織，直接由梅縣中心縣委領導。當時，黨員和支部在隊裡是祕密的，學習和組織生活往往是散步到郊野進行。

蔣蘊瑜：抗戰逐漸接近勝利的末期，我們和移駐梅縣的粵東工作團的其他團員，看到後方城市的黨員幹部開始過著奢靡逸樂的生活，講求物質享受，尤其以取得外國用品爲無上榮耀。我們這些在前線過著刻苦生活的人，不但自己的長期勞苦毫無報酬，有時反而被社會所輕視。因爲受到這樣的刺激，我們發現陸陸續續地有人離隊，不知去處。一直要到勝利後，我才知道，原來這

山多田少的梅縣。（藍博洲攝影）

些隊員都加入了曾生領導的東江縱隊。

那時候，東江縱隊的人以為我們是丘念台的心腹，不敢與我們接觸。一般的國民黨員卻認爲，東服隊的作風與共產黨雷同，除了丘念台之外，都是一些左傾分子。我們就處在這樣的尷尬處境下，找不到可以認同的黨。當時，我們已經抱定了主意，不管什麼主義，只要是站在人民立場，眞正爲老百姓做事的黨，我們都可參加。

徐森源：一九四四年，在羅浮山當地地下黨領導下，由我祕密吸收鍾浩東等東服隊隊員，參加了黨的外圍組織——抗日民主同盟，並準備聯繫好地下黨後，轉移到東江縱隊。

抗日民主同盟的前身是中國民主政團同盟。一九四一年三月十九日在重慶祕密成立的中間黨派政治聯盟。主要成員爲民族資產階級、上層小資產階級和知識份子。同年九月，在香港創辦機關報《光明日報》。十月刊登啓事，宣告中國民主政團同盟已在重慶成立，公布「貫徹抗日主張、實踐民主精神、加強國內團結」的成立宣言及綱領。一九四四年九月改組爲中國民主同盟，加強了內部左派力量。

黎明華：一九三八年，日軍佔領南方第一大城廣州時，沿途燒殺姦淫。東莞的王作堯，淡水的曾生，分別糾合一批義憤愛國的熱血青年，成立武裝自衛組織，後來合編爲第四戰區（七戰區前身）第三遊擊縱隊新編大隊（曾生大隊），成爲葉挺新四軍的組成部分。它在作戰指揮系統上則受國民黨四戰區東江遊擊指揮所指揮，於是成爲活動於惠陽的坪山、龍崗、淡水及惠寶沿海一帶的合法抗日部隊。

一九四〇年，國民黨在各地進行反共磨擦，搞皖南事件，撤銷了新四軍番號。四月間，東江遊擊指揮所主任香翰屏嚴令曾生大隊集中惠陽整訓。曾生擔心這是企圖消滅他們的陰謀，斷然拒絕。丘念台居間協調不成。曾生部隊於是撤離坪山駐地。它後來折返進入廣九路沿線的敵後活動，並改名惠東寶人民抗日游擊隊，活動範圍也擴大到東江以北的博羅、增城、番禺、從化地區。一九四三年十二月，根據中共中央指示，改編爲廣東人民抗日遊擊隊東江縱隊，簡稱東江縱

東江星火
曾生
一九八三年四月

曾生手跡。

隊，成爲公開由中共領導的一支武裝部隊。

徐森源：那年年底，丘念台要我和鍾浩東、李南鋒、鄧慧三人深入廣州淪陷區，去策動台灣同胞反對日本人的工作。我們四人到廣州後，完成了任務，又回到惠州。在這期間，鍾浩東對各種抗日工作無不熱情參加，全力以赴，對地下黨要他轉移，前往東江縱隊，去參加抗日武裝鬥爭，更表示衷心贊成。這表明鍾浩東的政治覺悟有了很大的提高。

一九四五年初，丘念台率領粵東工作團，由羅浮山區撤往惠州，再撤往梅縣。我和鍾浩東等準備按原計劃轉往東江縱隊。我們一方面請羅浮山下長寧鄉人的地下黨員劉鄒熾祕密回羅浮山，與設在沖虛觀的東江縱隊司令部聯繫。另方面，又由鍾浩東、李南鋒兩人去福建龍岩李友邦那裡，搞了一個「三民主義青年團直屬台灣第三分團」的名義回來，準備在去東江縱隊時應付沿途國民黨軍警的盤查。

八月，劉鄒熾從羅浮山回來，帶來東江縱隊政治部主任饒璜湘要我們去參加東縱的消息，也帶來了我們去東縱的旅費。九月，我們就用「三青團台灣第三分團」的名義作掩護，去參加東縱。我們到達預定接頭地點石龍鎮後，原來預定接我們去羅浮山的劉鄒標（劉鄒熾的哥哥）告訴我們，由於國民黨新一軍（孫立人部隊）包圍羅浮山，東江縱隊已經離開羅浮山，轉移他處。迫不得已，我們只得暫時放棄參加東縱的計畫，前往光復後的廣州市，另想辦法。我們到廣州後，曾用「三青團台灣第三分團」的名義作掩護，在台灣青年中進行一些革命宣傳活動。

一九四六年初，由東江縱隊疏散出來的鍾國輝（台灣客家人），以及原東區服務隊隊員丘繼英、鍾浩東和我等幾個商量，決定去台灣搞地下工作。當時並決定由鍾浩東、劉鄒熾兩人陪同鍾國輝，去香港和黨組織聯繫。

鍾國輝在香港找到了地下黨領導人饒彰風。他很贊成我們這批人去台灣工作，並答應以後把我們的組織關係轉到台灣。於是，我和丘繼英等人於一九四六年四月先去台灣。接著，鍾浩東、鍾國輝等人也回到久別的故鄉——台灣。

籌建民盟台灣省工作委員會

徐森源：一九四五年十月，中國民主同盟通過《中國民主同盟綱領》等文件，提出要將中國建成一個眞正自由獨立的民主國家。一九四六年初，中國民主同盟與中共合作，促成政治協商會議召開。

廣東民盟：台灣光復後，中國民主同盟的一批盟員先後來到台灣省，和中國共產黨從事地下工作的同志並肩戰鬥，進行革命活動。最早來到台灣的是廣東蕉嶺籍的盟員黃德維同志。一九四六年初，他通過當時接管台灣的國民黨六十二軍軍長黃濤的關係到了台北市工作。同年四月，民盟南方總支部負責人陳柏麟同志派丘繼英（蕉嶺人）、徐森源（蕉嶺人）、鍾浩東、鍾國輝等四位盟員（也是中共黨員）到了台灣。這年夏天，楊奎章同志（梅縣人）也受民盟南總的委派，赴台灣省工作。他們以黃德維同志家爲據點，開展盟的活動，首先是籌建民盟台灣省工作委員會。

徐森源：一九四六年五月，我應邀去基隆八堵基隆中學當事務主任。八月份，鍾浩東由丘念台和李友邦推薦，接任基隆中學校長。我轉任基中訓導主任。鍾國輝任基中事務主任。初期，我們以中共地下黨員爲核心，團結教職員中的積極份子和中國民主同盟的朋友，從事革命活動，主要是在教職員中祕密組織學習小組，閱讀進步書籍，討論時事和中國

基中校園。

二二八事件的街頭現場。（台灣民眾文化工作室收藏）

革命問題等。在這同時，我們也對學生進行了啓蒙教育，並成立學生會，購買進步書報給學生閱讀等。在校外，我們又聯絡台北等地的進步朋友，籌建「中國民主同盟台灣省臨時工作委員會」，以便團結更多的進步分子，參加反對美蔣的鬥爭。

二二八

徐森源：大概是在一九四六年底或一九四七年初，丘念台在台北第一商業職業學校召開民建社社員大會。當天，參加的有幾十人，除一部分原東區服務隊老隊員外，還有不少和丘念台有關係的人。結果丘念台被選為社長，並選丘繼英、黃華、王致遠（丘念台女婿）、鍾浩東和我等五人（除黃華外都是黨員）協助他領導社務。丘念台搞民建社的目的主要是維繫和培養幹部，以便進一步擴展他在台灣的政治勢力。我們則是為了爭取丘念台，利用他的政治地位，取得公開職業，以掩護革命工作。

蔣蘊瑜：二二八發生前，蔡孝乾曾經到家裡來找浩東。對他，我的第一印象就不好，總覺得他油頭粉面，言行舉止都像個生意人，不像是幹革命工作的人。後來，我又聽到外頭傳說他跟小姨子之間的關係曖昧。那時候，我很擔心組織派他來台灣會誤事的。我想，他只是來台灣享受的吧。幾天後，台北市延平路天馬茶房附近查緝私煙的警民衝突點燃了二二八的烽火。

戴傳李：二月廿八日傍晚，台北暴動的消息已傳到基隆。當晚八點以後，基隆也發生暴動了。我在街上看到一隊隊三、四個人一組的群眾，徒手襲擊各處的警察派出所，把派出所的槍繳下了一部分。各處欺壓人民甚久的貪官汙吏的宿舍，也都被民眾搗毀。街頭巷尾的亭仔腳或十字路口，到處都看得到有人在打「阿山」，尤其在高砂戲院及中央戲院看戲的所有「阿山」，幾乎無一倖免。然而，校長整天都不見人影，不知去向。因為他身穿中山裝，又在大陸待過好多年，神態看起來像外省人，大家都擔心他會被當作「阿山」而挨揍。我在街上蹓躂，一面尋找校長，一面觀察暴動的情況。夜深時，火車、汽車已停駛，一切交通都斷絕了。到處都看得到站崗的憲

右上）火燒專賣局總局現場之一。（台灣民眾文化工作室收藏）
右下）火燒專賣局總局現場之二。（台灣民眾文化工作室收藏）
左）火燒專賣局總局現場之三。（台灣民眾文化工作室收藏）

兵與巡邏的武裝警察，一路上都在臨檢。我找不到校長，於是著急地趕回學校宿舍。路上或遠或近的槍聲不絕於耳。一切都在興奮與恐怖之中。

蔣蘊瑜：事變發生時，我人在基隆。廿八日晚上，有一群本省民眾到學校，要求我們打開軍械庫，讓他們把那些教學用的軍訓步槍拿走。校長不在。總務主任鍾國輝因爲罹患肺病，已經回屏東內埔的家鄉養病。另外兩名主任又都是外省人，不能出面。我只好出面處理。因爲我不肯打開軍械庫，這些民眾就罵我，說我也是本省人，爲什麼不開。要槍，你們自己去開。我處境爲難，只好告訴他們，我不能把鑰匙給他們。民眾便破門而入，搬走所有的槍枝。浩東從台北回來，聽我說後，還誇我，說我處理得很好。

戴傳李：三月一日早晨，基隆要塞司令部正式宣布戒嚴。基隆成了死城。街道上只有武裝士兵巡邏。下午，基隆市參議會舉行臨時大會。我和藍明谷老師也冒險前去旁聽。會議由副議長楊元丁主持。參加者有參議員，也有民眾代表。旁聽的人非常擁擠而激昂。每個民眾代表競相上台，痛責陳儀暴政，要求解除戒嚴，並提出多項改革政治經濟的草案。傍晚，我們從基隆欲回八堵，看到軍方卡車在進入隧道時，先朝裡頭開了兩槍，方才駛入。我們不敢冒險走入隧道，於是沿著鐵道，走到瑞芳，在朋友家過了一晚。

鍾理和：三月一日，一樣時陰時晴……靠（台大）醫院（第一內科病房）的磚牆望出外邊。馬路上行人稀少到可說沒有蹤影……二隻斑鳩，從容不迫的在踱著方步。據今日的傳聞，事件似乎北由基隆南至高雄，差不多波及了全省，火車連今天已有二日不走了。人心動搖而惶惶。上午佐富（堂侄）至，他是由學校爲探問阿東的安全而特來台北的。因爲阿東穿的是青色中山服，碧玉難放心……

下午不認識的一少年至。據他自己報名是鍾枝水，潤生兄（鍾九河的大哥）的大兒子。他在數日前聽見阿東叔（鍾浩東）的話才知道我住在病院，今天有暇，所以特來看我……

終日槍聲頻起，像進入戰爭狀態，形勢是越來越緊張了。

戴傳李：三月二日，我們趕回學校，沿途看到幾次民眾跟憲警軍隊的衝突。下午六點，由於市參議會的要求，要塞司令部解除戒嚴。

吳克泰：三月一日起，台北的二二八鬥爭在兩條戰線上進行。一條是處理委員會的議會鬥爭，另一條戰線是中共在台北的領導人廖瑞發領導和組織的武裝鬥爭。當天下午，廖瑞發來通知我說，根據社會各界人士的強烈要求，我們已經組織了全島性的武裝鬥爭委員會。從此，我就白天聯絡、組織群眾，設法尋找武器；晚上收聽廣播，編《廣播快報》，報導各地人民鬥爭消息。

這一期間，我沒有特別布置鍾浩東什麼任務。我知道事變開始不久，他就寫了一篇不太長的大字報，文字簡練很有水平，讓他的妻舅戴傳李等人抄寫了不少份，拿到街上去張貼。

戴傳李：我看過一張署名台灣民主聯盟的〈二二八告同胞書〉寫道：

英勇的同胞們：

三天來我們表現了無比的英勇犧牲，四萬萬五千萬中國人的絕大多數在全國範圍內不分省域，正和反動封建獨裁政府作殊死戰，六百萬同胞所受的痛苦與壓迫，就是少數反動巨頭的貪汙枉法橫暴所造成的。

同胞的血不是白流的，同胞們起來吧，高舉著民主的旗幟，團結犧牲，繼續前進，奮鬥到底，對著我們此次忍不可忍的抵抗，不只六百萬同胞熱烈響應，四萬萬五千萬全中國同胞也一樣寄以熱烈的同情，我們必須認清對像，集中行動，減少無謂犧牲，不分皀白毆打外省來的低中下級公務人員的行動必須迅速停止，不要孤立，不要怕，繼續前進到底。

一、打倒獨裁的長官公署

二、打倒封建官僚資本，撤銷貿易局及專賣局

三、打倒分裂民族歧視台胞的政策

四、即時實施縣市長選舉及用本省人才

二·二八告同胞书

勇的同胞們：

三天來我們表現了無比的英勇犧牲，四萬五千萬中國人的絕大多數在全國範圍內不分域，正和反動封建獨裁政府作殊死戰，六百同胞所受的痛苦與壓迫，就是少數反動巨頭貪污枉法橫暴所造成的·

同胞的血不是白流的，同胞們起來吧，高着民主的旗幟，團結犧牲，繼續前進，奮鬥底，對着我們此次忍不可忍的抵抗，不只六萬同胞熱烈響應，四萬萬五千萬全中國同胞一樣寄以熱烈的同情，我們必須認清對像，中行動，減少無謂犧牲，不分皂白毆打外省的低中下級公務人員的行動必須迅速停止，要孤立，不要怕，繼續前進到底·

一·打倒獨裁的長官公署
二·打倒封建官僚資本，撤銷貿易局及專賣局
三·打倒分裂民族歧視台胞的政策
四·即時實施縣市長選舉及用本省人才
五·停止毆打無辜外省同胞
六·不分本省外省全體人民攜手爲政治民主奮鬥到底
七·民主台灣萬歲　民主中國萬歲

台灣民主聯盟敬啓

《二二八告同胞書》。（台灣民眾文化工作室收藏）

五、停止毆打無辜外省同胞

六、不分本省外省全體人民攜手爲政治民主奮鬥到底

七、民主台灣萬歲　民主中國萬歲

鍾理和：三月二日，夜雨，終日陰沈低壓，亂雲飛舞……晌午前藍（明谷）先生至。他是由基隆搭載貨車來的，但車在路上出了幾回毛病，到了松山，不能走了，他們只好走過來。他說基隆情形嚴重並不減台北。又說他在中途遇見一輛載著滿滿的插著槍刀的一隊兵的貨車，車中還綁著一個高等學校學生。

「火車今天不走，我明天還來看你。」他臨走時說：「但也許能多留幾天。」

「學校呢！」我說，「不回去行嗎？」

「都罷課了，他們！」他說著苦笑起來。「不過這倒好像和這次的事件沒有關聯，而是響應國內的罷課的！」

徐森源：起義開始，我們曾經在基隆中學召開師生大會，號召基中師生同情和支持台灣人民反對美蔣的鬥爭。但是，因爲起義初期帶有排斥外省人的性質，一切活動多由鍾浩東等人出頭。

連世貴：事件發生後，基隆市各校內均組織學生自治會，隨後基隆中學與基隆女中、水產學校、家政學校共同組成學生自治會聯合會，在基隆市區遊行，以示抗議。學生們包圍了基隆市憲

兵隊，憲兵隊架了機槍對著我們，但大家仿佛都不害怕。

廣東民盟：二二八事件發生的時候，盟工委還未成立，但盟員同志都積極參加了這一鬥爭。鍾浩東、黃德維等同志還直接和起義總部取得聯繫，鍾浩東和基隆中學一些盟員，在學生中進行教育和發動工作。後因起義過快被國民黨反動派鎮壓下去，這些工作來不及更好展開。

李南鋒：三月三日，我聽說，一群碼頭工人襲擊第十四號碼頭的軍用倉庫，但被武裝部隊擊退，死傷多人，通通都被投入海中。

第二天，市內秩序稍微恢復了，交通也逐漸開通了。傍晚，校長也回來了。他告誡我們：目前情勢還不明朗，不要盲動。同時要求學生，盡力保護學校外省老師的安全。

徐森源：在二二八起義期間，鍾浩東曾經幾次去台北參加群眾大會。當時，我們在基隆中學的地下黨同志估計：二二八起義可能持久下去，必要時就上山打遊擊。因此決定把家屬疏散到南部鍾浩東家鄉去，以便長期堅持打遊擊。

蔣蘊瑜：浩東考慮到，事態長期發展下去，一定會缺糧，學校的幾名外省同事首先會餓死，於是決定安排他們到南部家鄉。他同時考慮到，火車上會有帶武士刀的台灣人盤查身分，於是就請會講日文、擔任事務課長的連球哥和南鋒護送。然後，他就親自送他們到車站，搭車南下。那天晚上，浩東還沒回到學校，我就聽到風聲，說從大陸來的增援國軍已經上岸了。

建於日據時期的基隆火車站。

李南鋒：事件爆發後的第四天，應該是三月四日吧，我和連球帶領幾名外省同事及其家屬，從基隆搭火車到南部屏東。一路上，我看到的都是台灣青年和民兵在維持各地的治安與秩序。

戴傳李：三月五日，國軍和憲兵將來台灣鎮壓暴動的風聲四處流傳，人心惶惶。

三月七日，市內各處出現各種傳單標語，呼籲市民：「打倒陳儀！」「要求台灣自治！」「同胞們！國軍要來殺我們，大家要準備抗戰，不可使他們登岸！」同時，報告各地暴動情形的日文「速報」也大量流傳。

三月八日，下午三點多，在憲兵第四團的保衛之下，閩台監察使楊亮功到達基隆。要塞司令部與憲兵開始夾攻市民。到處都聽得到槍、炮聲。據說，直到晚上十點多，街上肅清，楊亮功一行才登岸，分乘軍卡車，直駛台北；途中，仍有民眾襲擊。

三月九日，由上海開來的第二十一師抵達，一上岸就是一陣掃蕩。警察也在石延漢市長指揮下到處抓人，然後把每三人或五人為一組，用鐵絲穿過足踝，捆縛一起，投入海中。要塞司令史宏熹也率領部隊，逐日展開大逮捕，並且割去廿名青年學生的耳鼻及生殖器後，再用刺刀戳死。最後，基隆參議會副議長楊元丁也被當成「奸匪」，刺死後投入海中。

楊奎章：到台灣後，我先在基隆要塞司令部軍墾農場工作。二二八事變爆發後，鍾浩東知道我曾在基隆要塞司令部軍墾農場工作過，便和我商量深入司令部做策反工作。我選擇了一位信奉佛教的軍法官為策反對象進行工作。經過我的多次談話，曉以大義，他思想已有觸動，表示如果台灣人民的起義鬥爭能進一步發展下去的話，他將願意領導一些軍官持守中立或投靠人民。由於二二八起義被鎮壓下去，這一策反工作也就中斷了。

事變之後

蔣蘊瑜：事變後，台北延平學校、建中等各校的學生都大量失蹤，而基中的學生卻一個也沒出事。浩東於是故意問我說：「你看，我教的學生好不好？他們都盡力照顧學校的外省老師，一點事也沒有。」這時，我才體會他平時不讓學生亂出風頭的用心。正因爲這樣，事變後，有很多本省籍的中學校長被解聘了，浩東卻能安然無事。有一回，浩東到教育處開會，人家就說，這個鍾校長，穿得是最隨便，可也是最厲害的角色啊！

李旺輝：如同絕大部分的台灣知識青年一般，事變後，我的思想陷於沒有出路的苦悶。台灣往何處去？經歷了這場反抗陳儀接收政權的民眾蜂起後，我的民族主義和民族認同陷入了重大危機，台灣該往何處去呢？我一直苦苦地思索這個問題。就在此時，鍾校長科學地爲我們分析了二二八事變發生的原因。他認爲，在本質上，它只是一場偶發事件，但由於陳儀接收體制的政治、經濟剝削所提供的物質條件，於是迅速擴大蔓延。然而，終究由於台灣人民缺乏政治認識與正確的階級立場，這一場民眾自發的蜂起，就在國軍的武裝鎭壓下，迅速潰滅。

後來，通過鍾校長親自主持的時事討論會的小組學習，我原先對祖國認同的危機，也因爲對於戰後國內時局發展的認識，以及階級立場的確立，自然紓解。

第七樂章：白與紅

國共一邊在重慶開政治協商，一邊在全國各地進行龍虎鬥，這叫做且戰且談。在這中間夾雜著國民的呻吟、呼號，而一般貪官汙吏更站在這上頭，一邊吆喝著一邊盡量把洋錢——國民的血與汗往裡撈。這是勝利後的中國所有的一切。

——《鍾理和日記》（一九四六年一月四日，北平）

一月四日　十二月初二日　星期五　晴

國共一边在重慶開政治協商，一边在全國各地進行龍虎鬥，這叫着且戰且談。在這中間挾雜着國民的呻吟、呼號，而一般貪官汙吏更站在這上頭一边吆喝着一边尽量把洋錢——國民的血與汗往裡撈。這是勝利後的中國所有的一切。

地下組織

李旺輝：一九四七年四月至一九四八年六月，國共內戰進入第二個年頭，並且發生了一個根本的變化。共產黨的人民解放軍在南線和北線都由防禦轉入了進攻，國民黨方面則不得不由進攻轉入防禦。戰爭主要地已在國民黨統治區內進行了。

與此同時，一九四七年九月，共產黨在河北省平山縣西柏坡村召開全國土地會議，制定中國土地法大綱，規定：在消除封建性和半封建性剝削的土地制度，實行耕者有其田的土地制度的原則下，按人口平均分配土地。

廣東民盟：二二八事件之後，台灣社會的各種矛盾空前尖銳。國民黨反動派對二二八事件的血腥鎮壓更加激起台灣人民的強烈反抗。在這種形勢下，南京民盟總部派吳今同志來台灣，不久，民盟台灣省工作委員會便在台北宣告成立。吳今爲主任委員，鍾國輝、何子陵（興寧人）爲組織委員，徐森源、黃德維爲宣傳委員。

1947 年 9 月中共制定中國土地法大綱。

一九四七年六、七月間，民盟總部派黃若天同志到台灣協助開展盟的活動。九月，台灣省盟工委在基隆中學召開會議，討論如何開展工作。何子陵、徐森源、鍾浩東、鍾國輝、丘繼英、黃德維等同志均參加會議。會議還補選黃若天爲副主任委員，並指定黃負責與總部聯繫。

後來，台灣省盟工委的同志在中共台灣地下組織的支援、幫助下，以基隆中學、台南民教館爲據點，進行了一系列的鬥爭，發展了組織，壯大了隊伍。

徐森源：除基隆中學外，通過丘念台的關係，我們先後搞了台北第一女子中學、新竹商校、苗栗區署、國民黨台中縣黨部、國民黨彰化市黨部、台南民眾教育館等做據點。

劉茂常：我是廣東人，是鍾浩東、蔣蘊瑜夫婦東區服務隊的老同志。二二八事件後的五月，我從汕頭搭船來到基隆，通過鍾浩東的安排，先在丘繼英當區長的苗栗區署當職員。七月廿三日，國民黨任命丘念台擔任省黨部主任。可他想爭取教育廳長的工作，堅決不就任。後來，因爲爭取不到，才於八月廿六日就任。這時，東區服務隊老同志黃華（廣東大埔人）擔任省黨部祕書長兼省立台南民眾教育館。我於是轉到台南民教

春天帶來了新的活力
本省黨團統一完成
丘主委强調發揮新的力量

1947年8月26日丘念台就任國民黨台灣省黨部主任。

館任職，月薪一百二十元。我們對社會教育充滿熱情，想通過東區服務隊「寓教於樂」的工作方式，讓一般民眾重新認識中國。

安全局：卅六年九月，基隆中學支部成立，由匪台灣省工委會書記蔡孝乾領導。（鍾浩東）同時受蔡之命，將內地來台之匪黨人員，陸續安置於該校任職。

楊奎章：一九四七年十月，我轉到基隆中學任教。這間中學是當時地下黨和民盟活動的據點。地下黨員、盟員鍾浩東任校長，盟員鍾國輝、徐森源、徐新傑、鍾國員等亦在該校任教。這時，黨盟同志並肩作戰，患難與共，經常一起學習，共同討論革命形勢，研究如何對學生進行愛國主義教育，發展進步勢力與反動勢力作鬥爭。

徐森源：同年十月，國民黨當局宣布中國民主同盟爲非法團體；民盟總部被迫在上海宣布解散。與此同時，鍾國輝和丘繼英告訴我，組織關係已經接上，我的組織關係也很快可以接上。我聽了很高興。過沒有幾天，丘念台叫一名原東服隊隊員到基隆中學來，叫我到台北國民黨台灣省黨部去見他。丘念台要我到他的出生地台中，擔任國民黨台中縣黨部書記長，建立和鞏固那裡的群眾關係。我因爲未取得組織上的同意，不敢貿然答應，只得對丘念台說，讓我考慮一個星期後再決覆。我回基隆中學後，把這情況向鍾國輝作了匯報。組織上研究後，極力贊成我去。我答覆了丘念台，並於十一月到台中「走馬上任」，搞「白皮紅心」的工作。第二年一月，民盟又在香港恢復中央領導機構，明確宣布與中共攜手合作，爲徹底實現中國的民主、和平、獨立和統一而奮鬥。

安全局：卅七年秋季，因匪徒日漸增加，基隆中學支部劃爲校內、校外兩支部，分別活動。卅八年五月，正式成立「基隆市工作委員會」，鍾浩東任書記，李蒼降、藍明谷二匪爲工委。下轄造船廠支部、汐止支部、婦女支部，並領導基隆要塞司令部、基隆市衛生院、水產公

青年節感言

徐森源

今天是黃花崗七十二烈士殉國紀念日，也是第六屆的青年節，正是我們國家遇到一個生死存亡的嚴重時期，我們來紀念這一個光榮的節日實在使人感慨萬千。民國紀元前一年的今天，本黨同志在廣州舉義，不幸事機洩露，滿清政府早有準備，各同志雖奮不顧身、直前衝殺終因衆寡懸殊，未克成功，事後由未死的同志檢收諸先烈遺骸，得七十二具注葬於廣州黃花崗上，這就是轟動古今感振中外的黃花崗七十二烈士。

由於有這驚天動地的一幕播其風烈，三民主義的思潮遂立即傳播了全國各地，激起了一般有志的青年更積極的參加革命，鬪爭奠定了辛亥武昌起義成功的基礎，我們回顧本黨以前的許多次革命如廣州之役陸皓東殉難，史堅如謀炸廣東巡撫未遂、惠州之役梁慕義，洪達明等身殉，劉陽萍鄉之役劉道一等死於非命這些革命史，實都足與日月同光的，迨同盟會成立後，革命思潮更加澎湃，爭先效命的同志旋踵相接，如吳越的刺殺滿清五大臣而身殉徐錫麟擊斃恩銘而死一義，秋瑾在紹興就義，熊成基謀刺戴洵而壯烈，溫生才的刺殺滿清將軍孚琦而致死等，這諸位先烈服膺國父的領導，或則身冒矢石視死如歸，或則被執不屈鼎鑊自甘，其悲壯慘烈慷慨激昂的情景，這直可以驚天地而泣鬼神，我們歷稽本黨的歷史實在是許多先烈的熱血頭顱換來的鬪爭史，有此光榮的不斷累積，才能推翻滿清，締造中華民國。

自民國成立以來，舉凡討袁護法，誓師北伐，許々多々的先烈無不以鮮血頭顱，與封建軍閥作殊死戰，而使支離破碎的國家，重復歸於統一，尤其是自日本帝國主義掘起「七七」事變後，在八年的抗戰中，全國軍民都受國父精神的感召，在蔣總統的領導下，一致團結效命，雖赴湯蹈火在所不計，其間忠勇事蹟，紙不勝書，亦爲世界各國所僅見，有了這種至大至剛不屈不撓的意志，抗戰才能獲得最後的勝利，失了五十多年的臺灣才能獲得光復；自從國父第一次起義以迄於「七七」抗戰，本黨先烈和殉難的軍民殺身成仁的精神，前後是一脈相承，互相輝映我們知道，先烈和殉難軍民犧牲奮鬪的決心，是基於堅強的民族意識，這民族意識一發爲浩然正氣，遂格使他們只知有國家民族，不知有身家性命所以能所向無敵、革命是一條艱難的道路，三民主義是建國的準繩，我們要徹底實行三民主義，更非一朝一夕所能奏厥全功，我們知道：今天國家和民族都已瀕於毀滅邊緣的時期，我們應該對空前歷史的浩劫，抱定絕大的決心，繼承我們先烈一脈長存的浩然正氣，我們要堅定信念，明判是非，不要爲謠言所惑，切實推進民生主義，實現耕者有其田，更須體念國父臨終時，向我們指示的「和平奮鬪救中國」的偉大不滅的眞理，團結一致，促進永久眞正的和平以慰諸先烈在天之靈。

1949年3月29日台中《民聲日報》。

司等部門內之匪個別黨員，與外圍群眾。祕密展開陰謀活動，積極建立基層組織，企圖控制台灣之內外交通，並選派匪徒蒐集情報，及進行「兵運」工作。

鍾里志：二二八事件後，基隆的組織在浩東領導下發展起來了。我和同是岡山人的國文老師藍明谷及基隆省立醫院醫師王荊樹，三個人組成一個小組。組織沒有名稱。藍明谷是我的上級，也是小組負責人。後來，他就叫我發展碼頭工人。

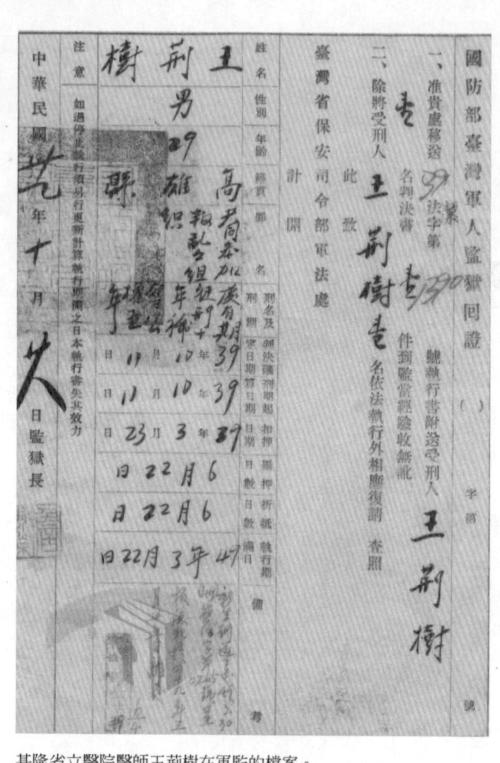
國防部臺灣軍人監獄回證（ ）字第 號

一、准貴處移送 39 法字第 號執行書附送受刑人 王荊樹 名判決書 件到監當經驗收無訛

二、除將受刑人 王荊樹 壹 名依法執行外相應復請 查照

此致

臺灣省保安司令部軍法處

計開

姓名	性別	年齡	籍貫	罪名	刑名及刑期	判決確定日期	刑期起算日期	羈押日數	折抵日數	執行期滿日	備考
王荊樹	男	29	高雄	叛亂組織	有期徒刑十年	39年10月11日	39年10月11日	39年3月23日	6月22日	6月22日	47年3月22日

注意 如遇停止執行或另行更新計算執行期間之日本執行書失其效力

中華民國 39 年 十 月 廿 日 監獄長

基隆省立醫院醫師王荊樹在軍監的檔案。

李旺輝：一九四八年九月，我由鍾里志當介紹人加入了組織。一般而言，加入組織要先寫自傳，交代歷史，經過一段候補期，再通過宣誓儀式，正式入黨。當時，由於時空都不允許，所以沒有宣誓。我個人的情況比較特殊，一進去便成為基隆中學支部三名支部委員之一。另外兩名支委分別是當時的訓導主任陳仲豪，以及人事室主任兼國文老師陳少麟。我們三名支委再互選陳仲

豪爲支部書記。

陳仲豪：我第一次踏足寶島土地，恰巧是二二八前夕的一九四七年二月廿六日。那時，我就讀上海復旦大學。春節回汕頭探親後，我乘「中興號」大輪船返滬，途經基隆港停泊，就隨一批旅客上岸，到台北市區和北投勝地，觀光了一整天。我感覺得到島上瀰漫著一股社會不安，官民對立，民怨深沉的不祥氣氛。剛剛回到上海，我就得悉島上發生暴亂，民眾造反了。歷史驗證了我的預感。我於是寫了一篇〈台灣人民最需要誠與愛〉，發表於《上海青年》雜誌。

到了夏天，我在復旦大學畢業了。就讀北大的女朋友在等著我。在廣東揭揚韓山師範學校與我同窗三載的摯友張伯哲（一九二〇——一九五〇年），也從海峽彼岸來信，要我到島上去，說那裡的工作很需要人。我想起我背誦過的匈牙利革命詩人斐多菲的詩句：「生命誠可貴，愛情價更高；若爲自由故，二者皆可拋。」於是在九月一日乘「中興號」輪船前往台灣。然後由張伯哲、謝漢光兩人找了丘念台的女婿王致遠，把我推薦給鍾浩東校長，在基隆中學任教。

王致遠：我是潮州人。一九四七年三月廿七日，因爲二二八而暫時斷絕的汕頭與基隆的航運交通恢復，我就遵照岳父丘念台的電報指示，陪同岳母，搭乘復航後的第一班輪船，前往台灣，與他會合。

在此之前，我在普寧搞青抗會時認識的潮汕知名人物邱秉經，知道我將要去人地生疏的台灣，便介紹一位在台中林業試驗所任職的朋友謝漢光，讓我有需要時可以找他幫忙。我到台灣以後，由於在丘念台大家庭中生活，沒有什麼困難需要別人幫助，就沒有去找他，只把邱秉經的信加註我的地址後，郵寄出去。

謝漢光接信後，曾與張伯哲到台北來與我晤談。後來，他托我給上海復旦大學畢業，要來台灣的同鄉陳仲豪幫忙找工作。我便把陳仲豪介紹給東區服務隊的老隊友鍾浩東，讓他到基隆中學任教。

陳仲豪：鍾浩東在我到校之前已略知我的經歷和政治信仰，因此一見如故。我在台灣工作兩年，不論是公開的教育工作，或者是祕密的地下革命工作，鍾浩東一直是我的領導人。

初始，鍾浩東是學校黨支部書記，我和藍明谷是支委。基隆市工委會成立，鍾浩東調任工委書記。我接任學校地下黨支部書記，支委是陳少麟和李旺輝。陳少麟早年參加潮汕青抗會，在粵北從事地下工作，後來轉到韓江縱隊，參加武裝鬥爭，抗戰勝利後到基隆中學任教，後由林英傑接上組織關係。

起初，我擔任生物和國文兩門課程的教學。不久，徐森源調到台中工作。我便接替他的職務，擔任訓導主任。我除了按原有課程安排教書之外，還接替回大陸的楊奎章教師，擔任第二屆高中畢業班班主任。

基隆中學第一屆高中部畢業照。（台灣民眾文化工作室收藏）

我經常以班主任身分進行家訪。這樣，既能與台灣民眾接近，也使學校教育與家庭教育更好地結合起來，更使愛國主義教育延伸到社會，並滲透於生活之中。這也是地下黨工作的一個重要內容。許多學生家住瑞芳煤礦地區，是礦工子弟。我曾經和鍾校長多次到那裡家訪，並參觀深一百多公尺的礦坑，瞭解礦工勞動的艱辛。

王春長：我記得，有一次，鍾校長親自帶我們到瑞芳侯硐的瑞三煤礦參觀，深入位於地下一兩百米的礦坑，實際瞭解了礦工勞動的艱苦。

陳仲豪：在生物課，我帶領學生開展課外活動，提倡動腦動手，製作蝴蝶標本。上國文時，我努力引導學生明白中國古典文化的精華，讓他們潛移默化地傳承祖國的優秀文化傳統，並產生歸屬感、認同感，逐漸消除日據時期殖民化教育的思想痕跡。我又利用暑假，帶領學生到日月潭、阿里山等名勝參觀旅行。通過考察，我選擇班上一些進步學生，組織讀書會，指導他們閱讀進步書刊，出版壁報，進而祕密成立「民主青年聯盟」。我還接納少數幾個優秀學生參加地下黨。

連世貴：高一那年，我經同班同學邱文瑞的介紹，加入共產黨。組織裡直接指導我的老師是我當時的導師聶英。

陳仲豪：鍾校長認爲好教師才能教出好學生，所以，一開始便聘請了一些有革命實戰經歷的東區服務隊隊員，又物色一批從香港和廣東興梅客家地區來的，有教學經驗的進步知識分子，到校任職。後來，我與鍾校長談起這事，說這麼多進步教師聚集在一起，恰似《水滸傳》裡的聚義廳，使學校不知不覺成爲北部地區中共地下黨活動的一個重要據點，這樣是不是會惹人注意？

鍾校長回答說，剛剛接手辦學，沒有核心和骨幹力量不行。事實上，這麼多紅色的教職員先後來到基隆中學，流動性很大，不少人任職一兩個學期便走了。

《光明報》

李旺輝：一九四八年秋天，爲了啓蒙一般民眾對祖國的政治認識，堅定站在工農立場的階級意識，校長提議印地下刊物《光明報》，藉此宣傳國共內戰的局勢發展，進行反帝的階級教育。

陳仲豪：據說，二二八事變後，一群熱血的台灣青年自發組織的讀書會，自印了一份研究馬克思主義和研討台灣時勢的刊物《光明報》。一九四八年，台灣省工委重新部署該報，並於一九四九年初轉移到基隆中學，負責傳播內戰的確實消息和中共中央的聲音。

蔣蘊瑜：學校開學後，浩東他們便開始刻鋼板、油印《光明報》。爲籌措印報的經費，浩東把我們的房子賣了，然後，拿這筆錢到屏東，在媽祖廟對面，經營一家名爲南台行的地下錢莊。

邱連和：我是邱連球的堂哥。南台行主要是由浩東、連球、連球的弟弟連奇和我，四人合股開設的地下錢莊。浩東將南台行近三億舊台幣的資金，通過蔣碧玉的大姊夫，移轉台北一家林外科醫院生利息。

安全局：「基隆市工作委員會」將匪在台之地下刊物《光明報》，交由張匪奕明（女）、鍾匪國員（均在基隆中學任職）等，負責印刷出版，及傳遞轉送各地匪徒散發，以擴大反動宣傳。

何文章：我們都認識方主任的太太張奕明。每天下午約四、五點鐘，下課後，總是看到方太太和陳仲豪老師一起在運動場上散步。當時我們年幼無知，只覺得方太太怎麼老是和別的男人一起散步？一直到《光明報》案發後，大家才推測：他們那時可能正在交換情報。我聽說，基隆中學裡最高的組織領導人就是方太太。

陳仲豪：張奕明本名張瑞芝（一九一八——一九四九年），是廣東普寧縣泥溝鄉人，自幼便在家鄉參加革命活動。她是丈夫方弢（本名方澤豪）在泥溝鄉主持群眾學校專修班的學生。在潮汕革命形勢處於低潮的一九四一年，她把出生不久的孩子託付胞兄，隨方弢到廣西百色中學任教。日本投降的那年冬天，他們夫婦一起到了台灣，在基隆中學工作。我是就讀廣西大學時在桂林認識他們的。

一九四八年春節剛過，時值寒假，學校很安靜。張奕明把我叫去他們的宿舍，說是張伯哲帶了一個朋友來，要我過去坐坐。於是我認識了廣東揭西縣人林英傑（一九一三——一九五〇年）。他出生於泰國，是一個帶有泰國血統的潮汕人，稍微凹陷的眼眶裡有一對閃亮的黑眼珠，臉孔削瘦，身材健壯，顯得格外英俊瀟灑。他講的普通話、台灣話和潮汕話都不純正，但語音清亮，易懂。抗戰期間，他們四人都是潮汕青年抗敵同志會的老戰友。這次晤面以後，除了鍾浩東，林英傑就是我從事地下工作的直接領導人。

我在台灣的那兩年，張奕明和我同一黨支部，工作緊密聯繫在一起。她的主要任務，一是聯繫幾個進步教師，通過他們去做學生的工作；另一個就是負責印發《光明報》。她溫柔婉和，待人親切，工作熱情又認眞謹愼。

晚年的邱連和。（藍博洲攝影）

李旺輝：據我所知，《光明報》的編印，首先由字寫得快又清楚的教學組幹事張奕明，通過短波收音機收聽新華社廣播，抄錄重要時事新聞。然後，基隆中學支部三名支部委員之一的陳少麟老師，根據這些消息，編輯報紙內容。最後，交由男職員鍾國員刻鋼版、油印。通常是一張臘紙印三百份。印好以後，基隆中學和基隆市方面，由我們自己派人分發。其餘都送到台北，再由台北方面轉寄全省各地的組織。原則上一個小組一份。

陳仲豪：《光明報》轉移到基隆中學時，省工委成立了一個三人編輯組，讓林英傑領導在台北地區工作的李絜（徐懋德）和我，負責組稿、編輯和印刷的工作。林英傑負責收聽延安發出的電訊，讓李絜把紀錄稿帶到基隆中學，交我審稿、排版，再交給鍾國員和張奕明刻鋼版，然後在後操場山坡上的宿舍或山旁一個洞穴裡油印。有時，我也到那裡，幫忙清點份數，或是燒燬蠟紙底稿，清洗印刷工具等等。

李清增：當鍾校長開始祕密刊行《光明報》的時候，我的領導便把屏東地區的發送工作交給我負責。他希望我在平常的工作中發掘比較有可能性的群眾，然後再通過《光明報》的發送與教育，提高這些群眾的積極性，進而加以組織。因此，每隔一天，我都會到媽祖廟對面的南台行，拿報來發送。

陳德潛：我在基中曾經看過《光明報》。有時是在早上剛進教室時，便可發現抽屜裡已有一、兩份《光明報》。有時則是在家中信箱裡收到。就我所知，《光明報》內容多半講述國民黨在大陸上敗退的情形。記得，剛開始在學校看到時，我曾把報紙拿給鍾校長看。校長看後只靜靜地把報紙燒了，沒說什麼。幾天後，我又看到《光明報》，也曾拿給方弢主任看。他也是靜靜地把報紙燒了。

何文章：我們都曾看過《光明報》。有時早上剛到學校，《光明報》已經放在我們抽屜裡

（通常一班有兩、三份）。因此，我們根本不知道《光明報》是從哪裡來的。我記得曾看過一次《光明報》，內容約略講述大陸上罷工、罷課的情形，以及學潮的發展等。總之，就是大陸上一些戰爭與不安的消息，但未直接倡導共產主義。其實，《觀察》、《展望》等公開發行的雜誌的內容比《光明報》還要露骨、左傾。

形勢逆轉

陳仲豪：一九四八年，共產黨的人民解放軍展開了一次比一次猛烈的風暴式的進攻。當這一年逝去的時候，人民解放軍一連串的勝利已經從基礎上把南京政權挖空了，它的倒坍只是時間問題。

九月十二日，遼瀋戰役展開，歷時五十二天，十一月二日結束。東北全境爲共產黨解放。

十一月六日，國共兩黨以徐州爲中心，進行了一場歷時六十五天、規模最大的淮海戰役。戰役結束之後，長江中下游以北廣大地區也成爲解放區。

十一月廿九日，平津戰役展開。由於中共的統戰成功，經過談判後，國軍華北剿總總司令傅作義率部接受人民解放軍改編。一九四九年一月卅一日，北平和平解放。

經過這三場具有決定意義的戰役以後，內戰形勢發生了另一個根本的變化。共產黨的人民解放軍在數量上由長期的劣勢轉入了優勢。國民黨戰略上的戰線已經全部瓦解，它的作戰部隊組織只剩下一百多萬人，分布在新疆到台灣的廣大地區內和漫長的戰線上。

李旺輝：相應於大陸國共內戰的局勢演變，台灣的地位更加重要了。一九四八年九月，國民黨台灣省黨部改組，把三民主義青年團和中國國民黨合併。丘念台請辭省黨部主委之職。

王致遠：在形勢對國民黨越來越不利的情況下，堅持自己的事業在台灣卻又不能眞正立足的丘念台，於是向國民黨中央提出辭呈。可是國民黨中央卻採取拖的辦法敷衍，既不支持他，也不批准他辭職。丘念台左右爲難，只好掛著台灣省黨部主任委員的頭銜，像迷途的羔羊，在大陸各地奔跑，會見各黨派代表人物，卻又找不到正確的出路。

陳仲豪：十二月廿四日，國民黨華中剿總總司令白崇禧自漢口發出咄咄逼人的電文，發動逼蔣「引退」的態勢。接著，長沙綏靖主任程潛、河南省主席張軫直率提出「總統毅然下野」的要求。蔣介石於是重新布置人事：擴大京滬警備部爲京滬杭總司令部，任命湯恩伯爲總司令，全盤掌握蘇、浙、皖三省以及贛南地區的軍事指揮權。派朱紹良去福州。張群駐重慶。余漢謀長廣州。離京飛杭那天（十二月廿九日），他又公布嫡系將領陳誠爲台灣省主席；在上海負責實施經濟管制的長子蔣經國為台灣省黨部主委。

王致遠：一九四八年冬，台灣省工委通知我，說黨中央正在籌備組織全國新的政治協商會議，給台灣一個名額。省工委認為，丘念台作為台灣代表去參加新政協會議，很合適。叫我去聯絡丘的部屬，討論這個問題，並派出代表去和丘面談，爭取他同意參加，站到人民這方面來。我說：丘的部屬不少，這是機密問題，應同哪些人討論？工委領導同志說，可先找鍾浩東、徐森源、丘繼英三人談談，就到台中徐森源家裡去談。鍾丘二人，可由省工委分頭通知。我們約好利用春節放假時間，分頭到台中徐森源家裡去。

陳仲豪：一九四九年元旦，蔣介石發表文告，宣稱：「倡導和平以來，全國同聲響應，乃時逾兼旬，戰事仍然未止，和平之目的不能達成，人民之塗炭曷其有極，因決定身先引退，以冀弭戰銷兵，解人民倒懸於萬一……」

李旺輝：一九四九年一月，台灣省政府改組。陳誠代魏道明任省府委員兼主席，並兼任省警備部總司令。彭孟緝則擔任副司令。同月十日，蔣介石派蔣經國去上海，命令中央銀行總裁俞鴻鈞，將中央銀行現金移存台灣。

陳仲豪：一月十四日，中共中央毛澤東主席在關於時局的聲明中，提出在八項和平條件的基礎之上，同南京的國民黨政府進行和平談判。

毛澤東所提的八項和平條件是：懲辦戰爭罪犯；廢除僞憲法；廢除僞法統；依據民主原則改編一切反動軍隊；沒收官僚資本；改革土地制度；廢除賣國條約；召開沒有反動分子參加的政治協商會議，成立民主聯合政府，接收南京國民黨反動政府及其所屬各級政府的一切權力。

這項聲明無異於對南京發的最後通牒。內外交攻，蔣介石即使想戀棧，亦時不我與，只剩下退路一條——下野。

兩天後，蔣介石又親自召見俞鴻鈞和中國銀行總裁席德懋，下令中央、中國兩銀行，將外匯化整爲零，存入私人戶頭。

一月廿一日正午，蔣介石約宴五院院長。下午二時，接著約國民黨中央常委敘談，出示和李宗仁的聯名宣言，決定身先「引退」。

然而，他雖然宣布下野，不做總統，卻掛出總裁招牌，主持國民黨中常會，以黨領政。李宗仁只是空頭，毫無控制全局的權力。

李旺輝：二月初，蔣經國奉命轉運中央銀行儲存的黃金、白銀五十萬盎司，前往台灣、廈門。同月中旬，國民黨中央要人紛紛撤台。

王致遠：我們四人對丘念台的情況比較了解，商談的結果認爲：他個性剛強，政治立場不明朗，對黨派關係，有他自己的一套見解，不容易接受別人意見，不願意跟著別人走。中共和各民主黨派都爭取過他，但他都沒接受，現在要他靠攏我們黨，看來可能性不大。既然黨做出這樣的決定，我們當盡力去爭取。會議結果推舉我和徐森源兩人去和他談。但會後探聽到，他近來已離開廣州，不知到哪裡去，一時無法進行。

陳仲豪：三月廿三日，何應欽內閣登場。南京派出張治中爲首的和平代表團，於四月一日北上議和，希望隔江而治。六日，蔣經國的嫡系青年軍預幹總隊總隊長賈亦斌等對國民黨絕望而投向共產黨。因此，外界議論道：「從蔣家的心窩裡反出來了。」廿一日，解放軍分三路渡江，一夕間，江南變色。廿三日，南京易幟。廿四日，蔣經國「決計將妻兒送往台灣暫住，以免後顧之憂」。月底，滬警告急，國民政府要員大批湧到台北。五月十一日，上海已經聽到了炮聲，淞滬戰役的態勢自然展開。廿四日，上海的國民黨軍隊舉行了一次規模空前的祝捷大會。廿五日晚上，解放軍卻堂堂皇皇地進入國民黨軍隊構築的防線，如入無人之境。上海失守。蔣氏父子退守台灣。

1949年1月21日蔣介石宣布下野。

一九四九年四月二十一日解放軍分三路渡江。

創刊《新世代》

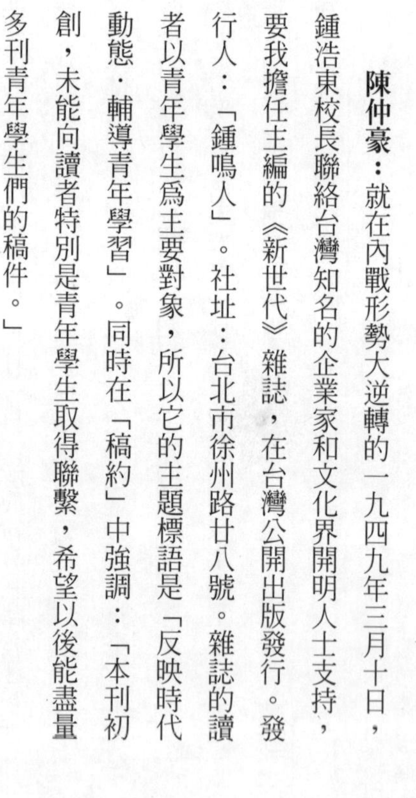

陳仲豪：就在內戰形勢大逆轉的一九四九年三月十日，鍾浩東校長聯絡台灣知名的企業家和文化界開明人士支持，要我擔任主編的《新世代》雜誌，在台灣公開出版發行。發行人：「鍾鳴人」。社址：台北市徐州路廿八號。雜誌的讀者以青年學生爲主要對象，所以它的主題標語是「反映時代動態·輔導青年學習」。同時在「稿約」中強調：「本刊初創，未能向讀者特別是青年學生取得聯繫，希望以後能盡量多刊青年學生們的稿件。」

在創刊號的封面上，我刻意引用普希金的詩句：「假如生活欺騙了你，不要悲傷，不要心急，陰鬱的日子須要鎮靜，相信吧，那愉快的日子，即將來臨……」以此向青年學生警示：台灣的黑暗統治終將結束，光明的日子快要來到了。

雜誌共廿四頁。文章主要由學校的主任和老師撰寫。我和許多作者都用筆名發表文章。除兩三篇是國內外時事分析的專論，其他主要是教青少年如何讀書，如何學習做人的文章。具體的欄目包括：

具有發刊詞性質的〈祝福新的一代〉，由我執筆，署名「銘之」。我寫道：「『方生未死之間』的時代又躍進一步，到今天已經是方生的迅速成長和未死的將瞬即潰滅的時候。歷史將證實多少新的事物將光榮地出現於這二十世紀五十年代裡的中國，年青的一代，當他們打開智慧之門，面臨他們眼前的就不再是恐懼與苦難，而是幸福與自由了。」

「短論四篇：〈麻痺不仁的教育〉，〈秀才造反〉，〈透視和戰之爭〉和〈化市場上的黃色風氣〉，主要由我執筆。

「專題四篇：第一篇〈論時局發展的趨勢〉（方弢），它的結論是：「就戰局與和局的形勢來看，戰局無疑的是在萎縮，而和局卻在開展，和局不斷的向前發展的結果便是戰爭的告終。這當不會是太久遠的事了。我們須認清時局的這一特點，方可免某些錯誤的舉措，招致無謂的損失。」第二篇〈靈魂的考驗〉則批判不久前喊得震天價響的「所謂第三什麼，中間路線和自由主義」，指出：「現階段中國社會的動亂，其實正是一個空前未見的階級分化的過程。而分化得最劇烈的，就是這所謂『中間階級』竟以飛躍的姿態向兩頭分化開去；極少數的少數昇上去，極大多數降下來，在某種意義上說，『中間』已經不存在了！」第三篇〈吉軻德‧禮貌‧教育〉，則針對一些從大陸來台灣教書者，慨歎「目前台灣學生的禮貌一天不如一天」的現象，強調指出：

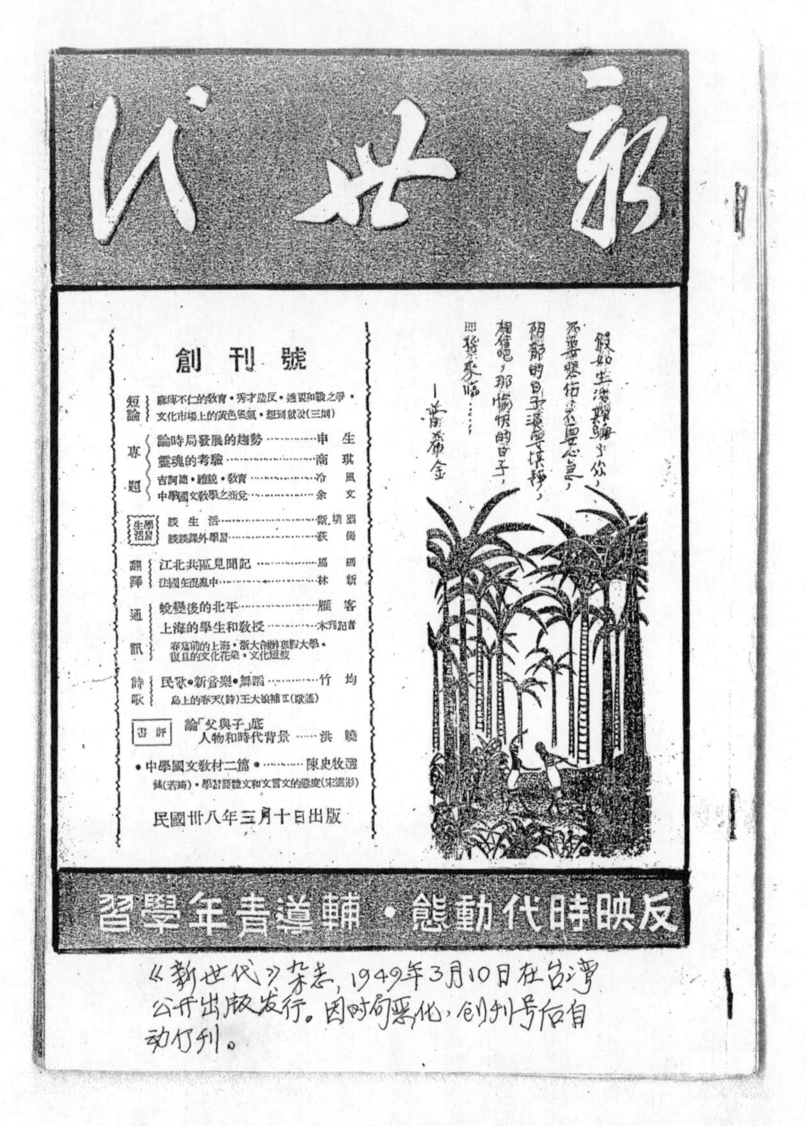
新世代

創刊號

短論：麻痺不仁的教育・秀才造反・透視和戰之爭・文化市場上的黃色風氣・想到就說(三則)

專題：
論時局發展的趨勢……申生
靈魂的考驗……商珙
吉訶德・禮貌・教育……冷風
中學國文教學之研究……余文

學習生活：
談生活……斯．[illegible]
談談課外學習……荻崗

翻譯：
江北共區見聞記……馬[illegible]
法國在混亂中……林新

通訊：
蛻變後的北平……雁客
上海的學生和教授……本刊記者
春寒前的上海・浙大創辦寒假大學・復旦的文化花朵・文化短波

詩歌：
民歌・新音樂・舞蹈……竹均
島上的春天(詩)王大娘補缸(歌謠)

書評：論「父與子」底人物和時代背景……洪曉

・中學國文教材二篇・……陳史牧選
[illegible](若[illegible])・學習語體文和文言文的態度(朱[illegible])

民國卅八年三月十日出版

假如生活欺騙了你，
不要悲傷不要心急，
陰鬱的日子須要鎮靜，
相信吧，那愉快的日子，
即將來臨……
—普希金

反映時代動態・輔導青年學習

1949年3月10日《新世代》雜誌創刊。（台灣民眾文化工作室收藏）

我的錶！」彼蒂加垂着頭，不聲不響地走向前去。他慚愧自己偷了孩子的錶，怎麼會慚愧呢？以前不曾呀！他自己也不明白。

是春暖花開的時候，園子裡的木材不見了，用完了，彼蒂加這才想起了他的錶。在原來的土穴裡，他把包在布片裡的錶掏出來。還是光亮的，他到底得到了這該死的寶貝了。但是，現在，逃走麼？爲什麼要逃？逃到那兒去？這錶對他有什麼用？丟掉牠是可惜的，最好送還給那個可憐的醉漢，但到那裡找到他呢？

彼蒂加天天把錶藏在袋子裡，他苦惱着，因爲他不知道該怎樣處理牠。這已不是件寶貝，這變成一個討厭的傢伙了。

在他被院長派到街上去買東西的一天，他又碰到那個可愛的女孩子—娜泰沙，他曾在一個假日和她一起玩耍過的。娜泰沙這時正拿着一條錶鍊，央求着別人買了她。彼蒂加走上前去，看見了她，把她嚇了一跳。她立刻把錶鍊藏到袋裡。「是不是偷來的？」彼蒂加對她說：「不是麼？哼，那爲什麼要藏起她呢？給我看，這是什麼東西？」

娜泰沙紅了臉，把錶鍊給彼蒂加。她嗚咽着說道：「這是我爸爸的，他要我[illegible]……」彼蒂加像給什麼打昏了頭腦，咳嘖，這鍊子，這不是他偷的時候留給那醉漢的嗎？他認得，是的，就是這鍊子。那個醉漢，他，就是這可愛的女孩子的爸爸。

彼蒂加把這鍊子鍊了又看，他從袋裡掏出錶來，掛在鍊上，然後將此拿給娜泰沙。

娜泰沙驚得叫起來，但來不及追問這是什麼意思，彼蒂加已經頭不回地跑掉了。（選自中華書局出版的『中華少年』）

〔選後〕本篇是作者根據班台萊耶夫著魯迅譯的『錶』縮寫而成的。『錶』是一本富有教育意義的少年文學名著，這篇縮寫頗能擷取原著精華的部分，彼蒂加轉變的歷史性和社會性，被簡練而含蓄地表現出來；文字也通俗易懂，很適合中學教學之用。

在講解時，有下面幾個問題應該使學生思考和討論：

(一)影響彼蒂加變好的原因在哪里？(二)爲什麼後來彼蒂加討厭那隻錶了？爲什麼他不逃出少年教養院了？(三)現在中國有很多像彼蒂加一樣的小孩子，試想：怎樣才能使他們像彼蒂加一樣變好呢？

學習語體文和文言文的態度

宋雲彬

我們是現代人，過的是現代的生活，要想表現現代的生活各方面的情形，非用活生生的現代的語言寫作不可，不能也不必再求助於那僵死的古代的語言了。這是五四運動以來一般提倡語體文的人的定論，大家早已承認了的。

事實的表現也確實這樣。二十年來，語體文的發展非常順利迅速，一般的雜誌和現代人的各種著作及翻譯，幾乎都是用語體文寫的；報紙上的通訊，副刊等欄，也都是語體文的領域，文言文的地盤逐漸縮小，差不多只限于應用文方面，如電文（報紙上所載的專電也在內。）書信，官廳的文告之類；但所用的也大都是淺顯的文言，慢慢地，也要被語體文代替了。

語體文和文言文在社會的需要上，情形已是這樣，那麼，初學者—尤其是初中學生—對于兩者的學習態度就應該不一樣了。

先說語體方面。

語體文有種種好處：(一)學習起來比文言文容易得多；(二)表情達意比較文言文精密，正確，活潑，深刻；(三)拿來教育大衆，容易普及並提高大衆的文化；而且(四)因爲學習容易，可以節省許多人的腦力與時間來提高科學與藝術的研究成績。

因此，對於語體文的學習，我們應該特別注意，以期達成下列二項目的：第一，養成閱讀一般語體文的能力欣賞文藝的興趣；第二，養成用語體文寫作的技能。

關于第一點，是說我們閱讀一般的語體文和文藝文的時候，能夠正確地瞭解文中的意義，讀後能夠說出全的好處等等。關于第二點，是說我們能夠用語體文敍事、說理、表情，達意，能夠用適合語體文的各種體裁，知道怎樣用字，造句，分段，用標點。能夠寫各種的記敍文，簡單的說明文和議論文，普通的應用文等等。要想完全做到這兩點，是需要我們幾年的切實努力的。

再說文言文方面。

文言文有種種缺點：(一)與口語距離太遠，學習起來很困難；(二)表情比較不生動，達意也比較含糊；(三)這種笨拙的工具，已不合現代的科學和藝術的應用；(四)學習時間太長，佔去科學與藝術本身的研究的時間；(四)但於普及大衆文化。

我們學習文言文，不過是要養成閱讀普通文言文的能力，從而瞭解報紙上的專電，官廳文告以及近代人的各種著作。至於我國固有的文化，並不一定包含在文言文的著作當中，如果我們有了閱讀語體文的能力，同樣可以接受我們的固有文化的。況且我們還不是大學專科的學生，還談不到研究古人的原著。至於文言文寫作的練習，在自己的語體文未能寫得通順以前，更不必嘗試，否則便會弄到語體文和文言文都寫不通順的地步的。

而且照語文最近的趨勢看起來，將來無論電報，書信或官廳的文告等，都會要完全改用語體文的。

在初中這一個階段，抱着這樣的態度，去學習語體文，和文言文，我們認爲是正確的。（選自開明版葉聖陶等編『初中國文精選』）

〔選後〕在中學國文教學的種種問題中，文言文和白話文是首要的一個問題，這篇的見地很值得我們參攷，也很適合作爲中學生可以接受的原則。

新世代

編輯者：新世代雜誌社
發行人：鍾鳴人
社址：臺北市徐州路二十八號
本刊呈請登記中

本期另售二千五百元

「今日，有誰為了自己的尊敬的『減少』而無視事實不究原因的發出不滿的喟嘆，甚至索性懷念日本時代的『有禮』，有的想做聰明的二十世紀台灣教育界的吉軻德先生誰就是教育的罪犯。」第四篇是基隆中學老師汪葉舒寫的〈中國文學教學之商兌〉。

「想到就說」短文三則：〈台灣文化在哪裡〉、〈教育的眞諦〉和〈談「過年」〉，由陳少麟和我執筆。

「生活學習」三篇：第一篇〈談生活〉，基隆中學老師蕭太初的〈談談課外學習〉，以及〈休息和娛樂〉。

「新書介紹」兩則：李純青等著《知識分子的新方向》，與（劉）思慕著《戰後日本問題》。

「外電譯文」兩則：一篇是譯自蜜勒士評論報的〈江北共區見聞記〉，另一篇是譯自美國新聞和世界報導的〈法國在混亂中〉。

「通訊」六則：〈蛻變後的北平〉，

〈祝福新的一代〉。

〈浙大創辦寒假大學〉，〈上海的學生和教授〉，〈復旦的文化花朵〉，〈這樣的學校生活〉和〈春臨前的上海〉。這幾篇通訊搞主要都轉載上海出版的書報雜誌。

「文化短波」十三則：包括台大麥浪歌詠隊與駱駝業餘劇團的演出消息，師範學院學生籌備發行「龍安文藝叢刊」，台大新任校長傅斯年已經蒞台等島內文教消息，以及大陸主要大城的文化動態，尤其是五十五名各黨派代表和無黨派文化人，在上月廿二日發表〈我們對於時局的意見〉，強調「革命必須貫徹到底」。

「詩歌」三篇，都是我寫的，有〈民歌．新音樂．舞蹈——爲台灣大學「歌謠舞蹈會」作〉，聽完台大麥浪歌詠隊的歌謠舞蹈晚會後的感想〈心的征服〉，以及詩作〈島上的春天〉。同時也附印了台大麥浪歌詠隊演

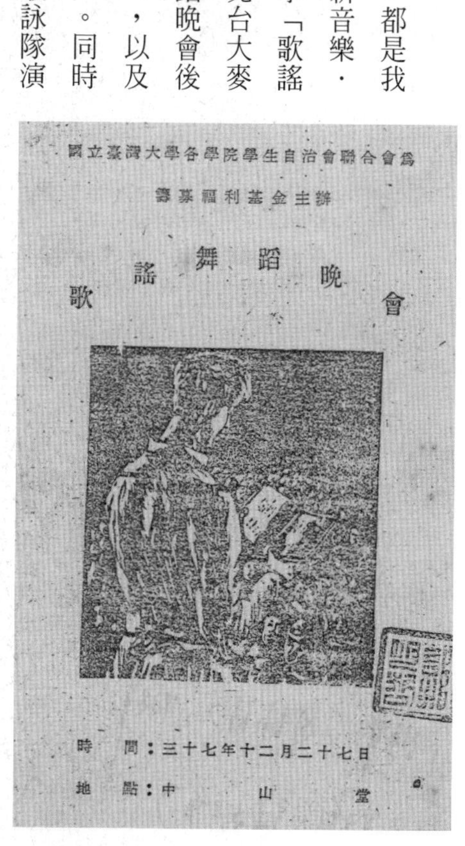

爲國立臺灣大學各學院學生自治會聯合會
籌募福利基金主辦
歌謠舞蹈晚會
時間：三十七年十二月二十七日
地點：中山堂

台大麥浪歌詠隊公演手冊之一。（台灣民眾文化工作室收藏）

唱的河南民謠〈王大娘補缸〉的歌譜。

「書評」一篇，是我根據一九四三年舊稿改寫的〈論《父與子》底人物和時代背景〉。

「中學國文教材二篇：一篇是我根據魯迅譯班台萊耶夫的小說《錶》的縮寫，以及宋雲彬的〈學習語體文和文言文的態度〉。

雜誌出刊後，鍾校長告訴我說反響不錯。但是，鑒於形勢日益緊張，創刊號出版後便自動停刊了。

混亂的經濟秩序

陳仲豪：一九四八年八月十九日，爲了取代已經崩潰的法幣，國民政府開始發行金圓券。規定：金圓券每元含黃金零點二二二一七克。發行額以二十億元爲限。按一元折合法幣三百萬元的比率收兌法幣。同時規定：黃金一兩等於金圓券二百元。白銀一兩等於金圓券三元。銀元一元等於金圓券二元。美元一元等於金圓券四元。限九月三十日前兌換，過期沒收。十一月十二日，金圓券發行辦法又再修正爲：每元含金量減至零點零四四四三四克。公開承認金圓券貶值五分之四。同時取消最高發行額的限制。到了一九四九年五月廿五日，金圓券發行總額爲六十萬億元。但是，金圓券發行後，流通領域日益縮小。國統區紛紛出現地方性紙幣，或以銀元爲通貨。

邱連和：相應於急劇變動的政治形勢，台灣的經濟秩序也非常混亂。一九四九年二月中旬，台幣與金圓券匯率調整爲一比十五。結果，市面上的米價猛漲。三月，爲了抑制物價，台灣銀行開始拋售黃金。四月七日，台幣對金圓券的匯率又調整爲二百二十元兌百元。兩天後，物價全面高漲。黃金每台兩五百五十萬元。這時，警察當局奉陳誠之命，以「大量吸收遊資、從事投機囤積金融經濟」之名，查封台灣最大的地下錢莊——七洋貿易行。

四月底，台幣對金圓券的匯率又再調整爲：金圓券百元改折台幣七元。

五月初，地下錢莊的倒風，風行台北。金融經濟一片混亂，銀行停發本票，限期全數收回。許多債權人恐怕債務人逃脫、賴賬而集體包圍錢莊。台北錢莊的倒風很快就襲捲各地。十八日，白米每石漲到一百萬元。物價全面暴漲。二十日，台灣銀行辦理黃金儲蓄存款，金價定爲每台兩一千四百四十萬元，並准領取黃金實物。廿二日，台幣一元又改兌金圓券四百元。國民政府的中央造幣廠也遷到台灣來了。

六月十四日，台灣實施幣制改革，由台灣銀行發行二億新

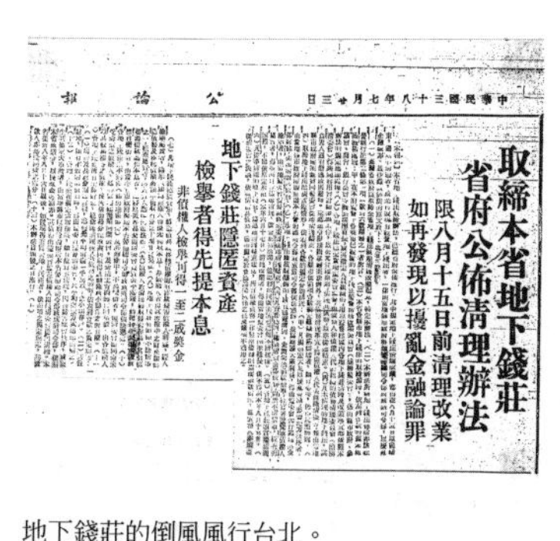
中華民國三十八年七月廿三日　公論報

取締本省地下錢莊
省府公佈清理辦法
限八月十五日前清理改業
如再發現以擾亂金融論罪

地下錢莊隱匿資產
檢舉者得先提本息

地下錢莊的倒風風行台北。

台幣。票面分一元、五元、十元三種。新台幣每元折合舊台幣四萬元。新台幣五元折一美元。限期兌新。結果，通貨膨脹，舊幣如同廢紙。同月中旬，台北市警察局協助清理了卅九家地下錢莊。影響所及，許多錢莊都自行清理，造成許多逃脫、賴債的現象。許多人還藉此機會代行索債，以發「討債財」。

南台行因爲受到七洋事件波及，只能討回舊台幣五千萬的轉存資金，一時拿不出錢來給投資人。我們於是各自賣了一些土地來償債。儘管條件這樣惡劣，債務處理之後，我們還是堅持繼續經營下去。

處在這樣混亂的經濟秩序中，大家都對未來的前途很樂觀，都以爲國民黨是一定會垮的。

法國攝影大師布列格所拍的上海擠兌情景。

第八樂章：風暴

十月十四日，星期六。

晴，天高氣清……

痰有顯著的變化；……開刀的功效似乎到了最近才顯明的表現出來。

看來自己不但居然沒有死掉，而且似乎還再一次的獲得了生命，雖然還要再靜養一至二年。我要好好的抓住和保重自己的健康，切不再浪費！

這是我的新生！

和鳴死！

——《鍾理和日記》（一九五〇年十月十四日，松山療養院）

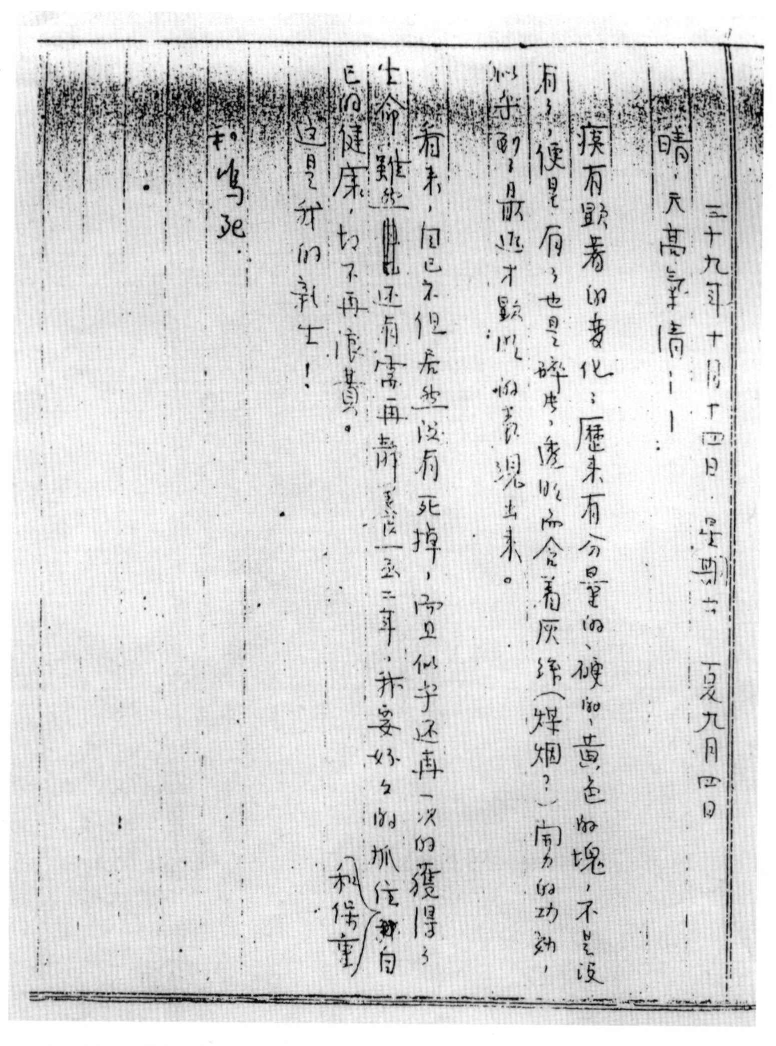
三十九年十月十四日．星期六　夏九月四日
晴，天高氣清——：
痰有顯著的變化：歷来有分量的、硬的、黃色的塊，不是沒
有了，便是有了也是碎些，透明而含着灰綠（煤烟？）。藥力的功效，
似乎到了最近才顯明的表現出来。
看来，自己不但暫然沒有死掉，而且似乎还再一次的獲得了
生命。雖然我还有需再靜養一二年，我要好々的抓住我自
己的健康，切不再浪費。
這是我的新生！
和鳴死
和保重

1950年10月14日的鍾理和日記。（鍾鐵民提供）

學潮的浪花再現

李旺輝：隨著大陸急轉直下的局勢，我們在校內也更加緊地推展青年工作。我們通過全校性的自治會，班級性的讀書討論會，壁報比賽；或者運用學生對日常生活，諸如伙食、公費、宿舍等的具體要求，引導他們建立圓滿的世界觀。

二二八之前，基隆中學的學生曾經因爲紀念「五四」，上街遊行，而遭受警察特務的毆打、圍捕。經歷了一場二二八後，學生的政治敏感度增強了。因而，在當時，一般老師是不會感到學校有地下黨的氣氛的。

陳德潛：在吳劍青校長任內，我因奉校長之命，率領全體同學參加台灣省首屆紀念「五四學生運動」的反貪汙反饑餓遊行而遭到警方逮捕。因爲吳校長力保而撿回一條小命。吳校長辭職歸鄉前曾向接任的鍾校長關照，希望他能多加照應已被列入黑名單的我。

■光復後

文／簡文煌老師

第一任校長　吳劍青先生

吳校長於民國三十五年二月到職，三十五年八月離職，爲台灣光復後本校的首任校長。吳校長辦學認眞，愛護學生如子女，朝會時，經常訓誨學生要勤學、安分、守法，做一位忠孝之子女。他常抱持著「身教勝於言教」之信念。當時，本校因爲發起台灣省首屆「五四學生運動」，聯合水產學校、家政女校、商業專修學校（即今日海事學校、基隆女中、光隆商職）等共同參與，爲「反對貪官污吏」、「爭取自由」而舉行遊行，隊伍後面，不知不覺有一些讀人尾隨，祭機喧譁，引來大批武裝軍警和便衣情治人員干涉抓人，有學生被捉進警察局毆打逼供，後來，幸得吳校長出面以生命擔保而結案，吳劍青校長眞是一位「正義之師」啊！

第二任校長　鍾浩東先生

鍾校長於民國三十五年八月到職，三十八年九月去職，當時大陸變色，國民政府播遷來台，全省實施「非常時期戒嚴法」，特別提防匪諜滲透、顛覆。凡是言行激烈，私自結社，自由發表言論者，常被指爲匪諜。彼時，鍾校長即因匪諜案與教職員、學生多人被捕入獄，後鍾校長被槍決，教職員、學生多人甚至有被關在獄中達十年以上者，眞相爲何，迄今莫衷一是，其人其事已有專書介紹。

第三任校長　黃蘇亞先生

黃校長於民國三十八年九月到職，三十九年七月離職，調任教育廳服務。黃校長奉派本校主持校務之外，同時兼負清查匪諜案任務，所以學校人事變動頗大，新到人員有因應任務需要而安排者，黃校長離職之後，由鄭明祿校長接任。

基隆中學的前三任校長。

因爲這樣，鍾校長到任後不久便約我談話。他問我家裡兄弟姊妹的情況。我答稱在家排行老四，但哥哥們早已去世，家中男孩以我最長，弟妹們都得留在家裡幫忙。鍾校長聽後並沒說什麼。後來，我才知道，他問這個問題是有他的用意的。

二二八事件後，學校裡開始出現《光明報》時，鍾校長又找我個別談話。他說：「你是家中長男，不能不設法為你家留下一脈香火……」於是給我一份轉學證明書，以及一張他的名片（我記得名片上的頭銜是國民黨台灣省黨部常務委員及基隆中學校長），讓我去見建國中學校長陳文彬……因為這樣，我後來才沒有受到《光明報》事件的株連。

李旺輝：陳文彬校長是高雄燕巢

建國中學校長陳文彬（1904-1982）。（台灣民眾文化工作室收藏）

1997年8月11日戴傳李於台大法學院。（藍博洲攝影）

人，就讀台中一中時，因反抗日本軍國主義教育而遭退學處分，先後到上海法政學院與東京法政大學文學部社會系學習，曾經執教上海中國公學、復旦大學，與東京法政大學及立教大學。在日期間，他組織台灣省民會，動員留日台灣學生回國抗日。抗戰勝利後，又在東京組織台灣同鄉會、東京華僑總會，並被推爲會長，積極爭取在日台胞和華僑的權益。一九四六年春天返台，擔任建國中學校長，並執教台大、台北師範學院，兼任《人民導報》總主筆、《台灣通志館》編纂。二二八後，因爲義救學生而入獄兩個月。一九四九年五月，再遭通緝而逃離台灣，經香港到北京。

戴傳李：一九四六年，通過台北二中同學吳克泰介紹，我參加了共產黨在台灣的地下組織。二二八之後，我升上台大二年級。因爲組織注重台大這邊的學生工作，我在基隆中學的課就少了很多，主要在台大校園活動。後來，我組織了一個馬克思主義讀書會，成員包括台大法學院兼台大學生自治聯合會主席林榮勛、同班同學許遠東等五、六人。再後來，台大法學院的黨組也成立了，由我擔任小組長。其他成員包括同是大三學生的許遠東、吳振祥、鄭舜茂，以及大一新生林添財。雖然鍾浩東是我的二姐夫，可我們台大的組織與基隆市工作委員會一點關係也沒有。

安全局：共匪在台灣大學法學院，建立「台大法學院支部」，吸收青年學生參加匪黨，並派遣幹部混跡該學院就讀，祕密從事「學運工作」，煽動青年學生，從事反政府運動，平時活動至爲激烈，幾已達公開爲匪張目之程度，但該校對此毫無反應。

戴傳李：一九四九年三月廿九日晚上，台北市中上以上學校的學生，在台大法學院操場舉辦盛大的篝火晚會，慶祝青年節。台大和一小部分師院的外省學生組織的麥浪歌詠隊，採取上海學生運動的方式，公開演唱了解放區的歌曲。

1948 年秋天以後，台北的學生運動活躍，提出反飢餓、反迫害、反內戰的訴求。

台大麥浪歌詠隊。（台灣民眾文化工作室收藏）

陳仲豪：那天晚上，我帶領一群學生，搭乘火車，前往台大參加活動。台大麥浪歌詠隊表演了許多大陸民歌和舞蹈，大家都很激動。我好像又回到重慶和上海那個火紅的革命年代。

戴傳李：當時，學生運動相當活躍，也因爲普遍受到大陸政治局勢的影響，左傾的思想氣氛強烈。但是，沒想到，四月六日，軍警當局竟然武裝進入兩校宿舍，強行逮捕大批學生。

裴可權：我是浙江杭州人，民國二年生，浙江警官學校、中央警官學校特警班高級系畢業，歷任軍統局情報工作十年，忠義救國軍政治部上校祕書代主任，青島警察局分局長，台北市第六分

中華民國三十八年四月七日

整頓學風．維護青年

陳兼總司令發表談話

望各方今後能善盡其責

家長昨集會討論協助整頓學風

1949年4月6日，軍警武裝進入師範學院與台大男生宿舍，強行逮捕大批學生，鎮壓學運，整頓學風。

台大麥浪歌詠隊公演手冊之二。（台灣民眾文化工作室收藏）

局長，中央警官學校教官，政工幹部學校高級班教官。

自三十八年以後，大陸形勢逆轉，中共在配合軍事準備積極攻台的時候，在政治上提出了「一九五〇年解放台灣」的口號，要求台共預先響應，作保管接收、迎接解放的準備，於是這股潰散汙濁的逆流，開始氾濫。

首先，在民國三十八年四月六日，以台大學生與台北市警察局的警員，因誤會而引起的所謂「四六事件」的學潮，即是這股逆流重新氾濫爲災的第一朵浪花，接著是在同年七月間，座落於台北市內的台灣省郵政管理局，爲郵電改組暨郵電員工分班過班而引起的怠工請願產生的風潮，更替這股逆流推波助瀾。

民國三十七年七月廿七日

社論

論差別待遇

物價日漲，靠薪水過活的人不斷地感到加重的困難。因而，待遇之有差別，便也越顯出其不合理來。換句話說，越是有人所得薪水無法維持最低限度的生活，越顯得一部份人獨得拿高薪，享逸樂之不合理。而在過去經濟穩定的時候，雖也不無差別待遇的存在，（然而這顯然是如今爲烈了！）但因生活容易過，雖然有的人拿餞很少，其不平之感是不會像今日這樣濃重的。

待遇的差別，首先存在於行政機關與業務機關之間。本省各省營事業機關的待遇，較省政府的待遇加百分之三十，這是公開的，也便是規定的待遇。但是各省營事業機關，除了這規定的待遇之外，事實上還有其他種種名目的補貼。這裡面，各機關又互有不同。其尤者，如某機關，其職員的帳被等物也由機關供給，有些職員，人在陸上服務，却拿海上的待遇，底薪二百多元的，薪津之外加上種種補貼，竟可拿到二十多萬元。總之，業務機關裡一個職員實際拿到的薪津，大可以使省府裡面一個同底薪的職員感到羨慕。此外，生產事業機關的職員還可以得到所產物品的配給，例如水產公司的職員便可以配到魚類。難怪主管業務機關的離處中有人慨乎言之地說：「在離處裡面，他們（業務機關人員）低首下心，在離處外面，我們望塵莫及。」至於國營事業機關待遇的優厚，爲省府人員所艷羨，更不必說。其尤者，如某航空公司，一個底薪一百數十元的職員，每月可得三十多萬元，此外，還有每年兩套西裝，每日一次西餐的供給。

其次，差別存在於同一機關之間。聞郵電管理局有一部份職員是作爲經常出差的人員而駐基工作的，因此，他們一方面拿的是南京區的待遇，一方面又可以經常支出差旅費。這便等於領了兩份以上的薪水（通常出差旅費總較薪津爲高）。其餘的職員則拿本省標準的待遇，這單與依照南京區標準計算的薪津相較，即已相差不少，更不必說別人還可以長期支領出差旅費。

在同一個機關之內，待遇竟有如此的差別，不待說是萬分不合理的。但是業務機關的待遇較行政機關的待遇高，這又是不是應該的呢？這事情現在雖已是司空見慣，我們仍不能不指出它的不合理。現在業務機關的待遇之所以好，事實上是由於各業務機關因手中有錢或產品而任意提高起來的。省府手中有的是公文，而不是直接的營業收入或生產出品，待遇自然也不同了。但是公營事業機關，乃是爲公家營業，爲公家生產，其一切收入和產品理應涓滴歸公，安能以經手之便而隨意處分，競相提高其本身職員的待遇？這事本身既不合理也不合法，其結果更足以造成大家競相鑽營業務機關的趨勢，影響行政機關人員的素質，且將使何等人才應受何等待遇根本失去了標準，而大家惟機會是謀。舉個例說，上海一個大學教授，爲了維持生活，現在每每同時在四五個大學授課，人旣萬分辛苦，所得不過法幣二億元，折合臺幣不過一十六萬元，還不及上述某業務機關一個二百多元底薪的職員的待遇。這豈不是令人啼笑皆非的事！

以現在的物價之高，也許不該說業務機關的待遇太高，而應該說行政機關的待遇太低。但是兩者不該有如此的懸別是我們必須指出的。這樣的差別，決不是中央的規定，也不是省府的規定，而是各機關，自給補貼，自提待遇，而弄得如此毫無原則，毫無標準的。這樣的情形再不能任其自然下去了。中央和地方當局，立法院和省民意機關，都要下決心加以研討和整頓。

1949年7月，台灣省郵電管理局的員工因爲差別待遇而怠工請願。

事態非常嚴重了

黎明華：一九四七年五月下旬，我從基隆中學轉到新創辦的中壢義民中學任教，並在那裡重新恢復組織關係。

一九四九年五月，解放軍渡江以後的某一天，地下黨領導人之一的張志忠，向我傳達了省工委的初步決定：依據戰局的發展情勢判斷，解放軍可能在一年內或稍遲些進軍台灣。因此，我們務必把「迎接解放」的政治口號，轉為「配合解放」的實際行動。農村幹部，尤其要熟悉周圍地形、道路交通、海岸線和丘陵山地的一般情況，並要通過各種關係，做好一般的群眾工作。

我和張志忠會面後，隨即把上述要旨傳達給手下成員，要他們盡量下鄉，通過作學生家庭訪問，調查研究地理、交通等狀況。我自己也經常下鄉，遊山玩水，拜訪學生家長。

七月初，學校剛放暑假，在新竹商業學校任教的東區服務隊隊友徐新傑約我去爬獅頭山。我按約定時間，從中壢搭火車到新竹。下車後，我才知道，除了徐新傑之外，同行者還有鍾浩東校長和蔣碧玉夫婦，以及在基隆中學任職的鍾國員、戴芷芳（蔣碧玉的妹妹）、王阿銀和一位峨嵋鄉長的女兒曾小姐。我心裡想，這次郊遊登山，恐怕也是鍾浩東為了瞭解獅頭山地形而刻意安排的吧。

出了火車站，我們改搭公路班車。來到峨嵋，已經快要中午十二點了。我們在街上小吃店用過午餐後，順道去曾小姐家拜訪。然後開始步行登山。

我們登上水簾洞時，每個人都汗流浹背了。於是在這裡休息。我看到，山下崗巒起伏的一大片丘陵地，從峨嵋、寶山一直延伸入海；背面則是愈來愈高的橫屏背山、鹿場大山和五指山。

「眞是好地方！」這時候，我聽到站在一旁眺望風景的鍾浩東不斷讚歎：「眞是好地方。」

休息之後，我們又有說有笑，繼續往上爬。我們邊走邊唱在東區服務隊時經常唱的一些歌曲——《在太行山上》、《煙雨漫江南》、《風雪太行山》及《再會吧香港》……等等。這樣，不知不覺就到了獅頭山頂。山頂的視野特別遼闊。對面是神桌山。左手邊是橫屏背山及鹿場大山。山下則是一衣帶水的南庄溪，從紅毛館、東河流經南庄、田尾、龍門口、三灣、頭份，到竹南入海。

下山後，曾小姐和王阿銀折返峨嵋。

「我們晚上到哪裡過夜？」鍾浩東問我，「中壢、新竹，還是苗栗？」

「到苗栗好了。」我建議說，「去看看丘繼英。」

丘繼英在苗栗當區長。大家聽了我的建議，也都同意。我們於是走到龍門口，搭公車去竹南，再改搭火車，前往苗栗。當天晚上，就在丘繼英的公館住了一夜。

第二天一早，我們又坐同一班火車北返。車到中壢，我就跟鍾浩東等人道別。可我沒想到，這竟然會是我和鍾浩東的最後一次見面。

陳仲豪：一九四九年七月，《光明報》發表了題爲〈紀念中國共產黨誕辰廿八週年〉的社論。文章由林英傑起草，由他和李絜帶來基隆中學。之後，我們三個人就躲在僻靜的小房間，認

處理敵軍物資
臺北區已決定
新竹臺南二市
壽慶主席壽辰
主席畫傳運省發售
桃園水利工程
關於登記共產黨員
彭司令特發表談話
花蓮水利動工
縣府招待記者報告
翁文灝昨續視察
高雄國營工廠
並召集主管人舉行座談會
慶祝光復節
國樂演奏大會
今晚舉行

國府遷台之前，保安副司令彭孟緝主要負責島內的肅諜工作。

眞討論、修改。定稿後，再把這一期全部稿件編排好，交給鍾國員刻寫鋼版。然後再由他和張奕明油印。油印好了，就由張奕明獨自帶到台北，交由一個據點分發。

我後來聽說，全島很多地方的公共場所，出現了《光明報》和大大小小的革命標語。省工委這一次發動的宣傳攻勢，震撼全島，也驚動了蔣介石。

安全局：三十八年七月十一日，一夜之間，共匪在台灣全島各重要地區，普遍散發反動傳單，張貼反動標語。甚至於翌日白晝，仍有在鬧市當眾散發反動文件之情事；匪黨此一反動宣傳攻勢發展之迅速，地區之廣泛，以及匪徒甘冒危險，不惜犧牲之「革命熱情」的高度發揮，表面上似乎在證明共匪在台不僅設有龐大完整之組織，擁有廣大群眾，且已贏得群眾之愛戴及堅定之信仰。

谷正文：我製造「白色恐怖」，在台灣涉及二千餘人。其中四百餘人送軍法處處理；有二百人被殺了。

在民國二十四年這個戰亂頻仍的時代，我以北京大學中文系學生的身分加入了戴笠的軍統局。卅八年五月下旬，以國防部保密局北平站上校特勤組長的身分，從上海來到台灣。

政府遷台之前，台灣島內的肅諜工作主要由保安副司令彭孟緝負責，民國三十八年初蔣介石曾召見彭孟緝，詢問有關共諜在台活動情形。

「共產黨在台灣的活動不成氣候。」彭孟緝篤定地說。

可是，到了七月中旬，有人把一份共產黨的宣傳刊物《光明報》呈交給省主席陳誠，證明共產黨在台祕密活動極爲活躍。當陳誠帶著這份極盡嘲弄國民黨之能事的公開刊物面報蔣介石時，蔣介石頓時氣得青筋暴露，大罵彭孟緝不中用，隨即下令召集當時三大情治機關——保安司令部、保密局、調查局負責人及負責偵緝共諜的重要幹部，於次日午後一點鐘前往士林官邸開會。

無疑地，事態非常嚴重了。

散珠有串

蔣蘊瑜：房子賣掉之後，我便帶著兩個小孩，搬到歸綏街娘家住，同時也到北一女中上班，擔任會計。這時候，因爲工作的關係，浩東經常南來北往奔波，可說是神龍見首不見尾了。

到了一九四九年五月一日，全省實施戶口總檢查。同月十九日又頒布戒嚴令。情勢越來越緊張了。但是，因爲大陸局勢的發展狀況，再加上台灣本土的工潮、學潮洶湧展開，大家都很樂觀，都認爲國民黨遲早要垮的。

中華民國三十八年五月一日　中央日報　星期日　第三版

戶口檢查順利完成
三百四十隊出動二千人
市民靜候檢查有如守歲

以臺灣爲基地
徐圖復興大業
陳總司令昨召集座談會
指出革命前途已露曙光

基隆工作緊張
八十餘人被拘捕
本報記者報道實況

陳雪屏談抱負

嚴密革命陣營
消滅第十縱隊

本省財政經濟
今後可無問題

今日勞動節
全省工人熱烈慶祝

文教活動

一九四九年五月一日全省戶口總檢查。

1949年7月鍾浩東校長（第一排左五）與基隆中學師生的最後一楨紀念照。（台灣民眾文化工作室收藏）

李旺輝：也就在那段期間，特務系統的細胞，正沉靜地滲透進地下黨的組織內部，爲日後那場漫天的捕殺，埋下噬血的病毒。

就在寒假過後的新學期開始，學校新來了兩個老師。我記得，他們是兩兄弟，大陸人，其中一個臉上有疤，另一個一臉麻子。鍾校長通知我們幾個支委說，

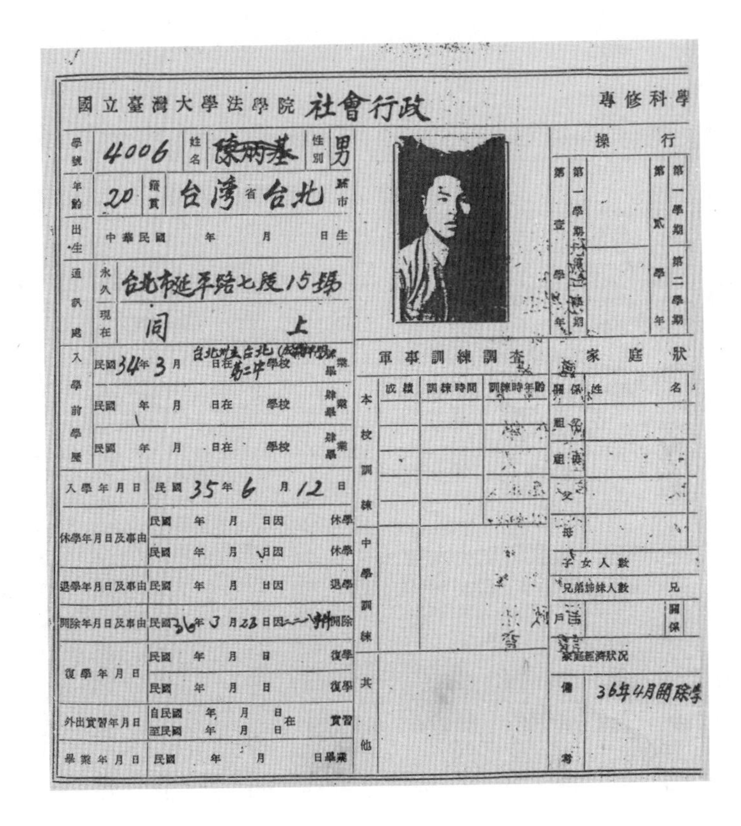

國立臺灣大學法學院 社會行政 學科修專

學號	4006	姓名	陳炳基	性別	男
年齡	20	籍貫	台灣省台北縣市		
出生	中華民國　年　月　日生				
通訊處 永久	台北市延平路七段15號				
通訊處 現在	同上				
入學前學歷	民國34年3月　日在台北州立台北第二中學校畢業				
	民國　年　月　日在　學校肄業／畢業				
	民國　年　月　日在　學校肄業／畢業				
入學年月日	民國35年6月12日				
休學年月日及事由	民國　年　月　日因　休學				
	民國　年　月　日因　休學				
退學年月日及事由	民國　年　月　日因　退學				
開除年月日及事由	民國36年3月23日因二二八事件開除				
復學年月日	民國　年　月　日　復學				
	民國　年　月　日　復學				
外出實習年月日	自民國　年　月　日至民國　年　月　日在　實習				
畢業年月日	民國　年　月　日畢業				

操行：第壹學年 第一學期 第二學期；第貳學年 第一學期 第二學期

軍事訓練調查：本校訓練（成績、訓練時間、訓練時年齡）；中學訓練；其他

家庭狀況：關係、姓名；祖父；祖母；父；母；子女人數；兄弟姊妹人數 兄；戶主 關係；家庭經濟狀況

備考：36年4月開除學

保密局根據1948年「愛國青年會」【新民主同志會】陳炳基一案線索而獲悉《光明報》。

那兩名新老師都是職業學生出身的特務，要我們提高警覺。鍾校長解釋說，在此之前，情治單位已經開始注意基隆中學了。他們通過各種關係，幾次要介紹人到學校任職或任教，校長都一直找理由推辭。可這次，他如果再推的話，人家一定會懷疑。

蔣蘊瑜：那時候，工作之餘，我就

把浩東讀的書，也拿來讀。曾經，我拿了一本日文版的高爾基的小說《母親》給學校的一位女老師看。第二天，那名老師興奮地告訴我，說這本小說寫得太好了！她因為心裡面想要說的話，有人把它說出來了，整個晚上都激動得睡不著呢。後來，浩東知道了，卻責備我，說怎麼可以隨便拿書給別人看呢。我被浩東責備，心裡雖然不服氣，但也能體諒他處處小心的心情。也就不再隨便拿書給人看了。

到了八月，我聽說，一名畢業於台大商學院的年輕人王明德，因為戀愛的關係，曾經把一份《光明報》寄交他的女友，並且因此暴露身份而被祕密逮捕。

這時，我直覺地預感到：一場大逮捕恐怕就要展開了。

安全局：國防部前保密局，根據卅七年偵破之匪外圍組織「愛國青年會」（新民主同志會）陳炳基一案，所獲得之線索，運用關係深入偵查。經五個月之長期培養，獲悉共匪在台除以「愛國青年會」名義，祕密吸收匪徒外，並散發《光明報》，及其它反動文件。

據報有王明德者，曾屢次郵寄《光明報》與他人；另據報台大法學院學生林榮勛等，亦有散發反動傳單，為匪張目等情事。當經選派幹員，嚴密調查及監視各匪嫌份子之言行動態。

卅八年七月上旬，共匪藉紀念「七七」抗戰十二週年之名義，發動大規模之宣傳攻勢。散發反動傳單，張貼反動標語，一夜之間，遍及全島，聲勢之浩大，可謂空前；為打擊奸匪之猖狂行爲，乃決定進行破案；適於此時據內線報稱，該案有關匪犯王明德，於八月十八日，被警方於檢查戶口時扣押等情。爲恐警方不悉內情予以釋放，且爲免洩露消息起見，遂乘此機會，於八月廿三日向警方將王明德提局。依據對本案所獲得資料，對王犯詳加審訊，王犯以事證俱在，無法抵賴，始供出匪成功中學支部王子英等同黨數人。

裴可權：《光明報》原係匪省工委所辦的地下刊物，在卅七年秋即已開始祕密刊發，最初曾在基隆中學發現。因其內容全著重於共產黨的宣傳，已引起了我治安情報機關的注意，但經多方的偵查，仍苦無頭緒。以後從既有的資料中，加以綜合研析，認爲台大學生林某、孫某，平時行動可疑，推測《光明報》的發刊地點，可能設在台大內部，於是就加強外形偵查，結果發現曾在台大商科畢業，後在某公司任職的王某，曾將《光明報》一份，寄交他的女友某小姐。因此，根據這一發現，就將王本人祕密的加以逮捕，經供出他的組織關係，原隸屬於省工委以下的成功中學支部，於是這一組織的破獲，就如散珠有串，順利開展。

連世貴：我聽說，王明德當時爲追求一女友，因女方無意於他，他便向對方表明自己的共產黨員身份。女方一聽十分害怕，便向基隆憲兵隊告密，王明德於是被捕。

怕自己還有一點人性

蔣蘊瑜：王明德失蹤了幾天，我不放心，於是就要還在台大就讀的弟弟戴傳李，離開台北避一避。戴傳李立刻就與另外八名同學南下高雄，到一名孫姓同學家。然而，就在孫家，因爲組織不夠嚴密，他們九人也就當場被捕。

浩東聽到了這個消息，從此不敢住在家裡。

安全局：八月廿四日晨，保密局即會同刑警總隊，根據前所蒐獲之資料，與王犯供詞，將（台大法學院學生）詹照（昭）光、孫居清、吳振祥、戴傳李、林榮勛等捕獲。並循供深入偵查，於（一九五〇年）元月間，再將鍾浩東、李蒼降、張奕明等匪逮捕，擴大破案。總計本案先後捕獲匪諜及涉（成功中學畢業的）姚清澤、郭文川、余滄州等匪犯逮捕。復於同月廿七日夜，將嫌份子四十四人。

戴傳李：我和林榮勛、詹昭光、吳振祥到了高雄，就去找台大學生自治聯合會副主席孫居清。孫居清家裡很有錢，在海濱擁有幾座魚塭。他安排我們住在魚塭的寮舍。我們每天都到海邊玩水。我記得，那天晚上，我們五個人被捕時正在打麻將。起初，我還以爲我們是因爲打麻將而被檢舉。後來才知道，身爲台大學生自治聯合會主席的林榮勛早就被跟蹤監視了。等到移送台北保密局後，我才因爲王明德被捕後亂咬我的名字而成了主犯。事實上，王明德根本不是地下組織裡頭的人。我跟他完全沒有什麼組織關係。

谷正文：一九四九年十月中旬，聽說刑警總隊的隊長劉戈青，捉到四個學生，持有《光明報》，沒有問出結果。因台大校長傅斯年吼叫，留置一天就放了。我聽了「喜出望外」，立即要去抓人。除葉翔之外，大家都反對。理由很好：「人家捉去已經放了，你再捉有什麼用？」在我（保密局偵防組長）堅持之下，四個人：王明德、詹昭光、戴傳李（法學院）及游英（經濟系）被捕來了。（谷另說是王明德、戴傳李、許遠東、吳振祥四人，前後不一致。）

我同牛樹坤（二處科長）、趙公嘏（二處股長）及我的副手張西林，與他們四人，分別談了一夜。根本不提共產黨的事，只要知道《光明報》的來源。四個小蘿蔔頭，少不更事，只得「實話實說」。

第二天早晨，傅斯年還沒有叫起來，我已經送他們回學校了。互相約定：「大家忘掉這件事」。我的目的已達到，當晚即破獲了《光明報》。這是我來台灣後第一次出手突破性的一擊。

戴傳李：我從高雄移送到台北保密局的當晚，就開始被刑求。他們要我脫掉上衣，打著赤膊，躺在一張長條椅上，然後用繩子把我綁緊，讓一名剃光頭、長得胖胖的打手，用布纏住我的大腿，再用拳頭用力捶擊。他們要我承認我有加入共產黨。那時候，我才廿四歲，可我知道利害

姓名	性別	年齡	籍貫	出身	職業	參加匪黨時間	匪黨職務	處刑情形
鍾浩東	男	35	高雄	日本明治大學畢業	台灣省立基隆中學校長	三五年七月	基隆市工委會書記	連續共同以非法之方法顚覆政府而着手實行處死刑。
李蒼降	〃	27	台北	台北二中畢業	無業	三六年十一月	基隆市工委會委員	〃
唐志堂	〃	26	〃	〃	汐止軍民合作站書記	三七年九月	汐止支部書記	〃
張奕明	女	28	廣東	桂林青年中學畢業	台灣省立基隆中學幹事	二七年十月	黨員	〃
鍾國員	男	28	〃	東山中學畢業	〃	三七年一月	〃	〃
羅卓才	〃	27	〃	浙江大學畢業	台灣省立基隆中學教員	二九年三月	〃	〃
談開誠	〃	25	江蘇	復旦大學畢業	宜蘭中學教員	三八年三月	〃	〃
江支會	〃	24	新竹	國校畢業	基隆要塞司令部准尉電工員	三七年六月	〃	參加叛亂之組織處刑十五年。
蔡新興	〃	26	台北	台北工業夜校	水産公司倉庫職員	三八年七月	〃	共同參加叛亂之組織處刑十年。
許省五	〃	31	基隆	國校畢業	海燕廣告社店東	三八年一月	基隆造船廠支部書記	〃
許省六	〃	29	〃	〃	海燕廣告社店員	三八年六月	黨員	〃
阮紅嬰	〃	23	台北	〃	基隆造船廠工人	三八年十月	〃	〃
王荆樹	〃	29	高雄	台大醫學專科畢業	基隆衛生院醫師	三八年三月	〃	〃
蔡秋土	〃	24	基隆	國校畢業	基隆船舶修理廠工人	三九年四月	〃	〃
蕭志明	女	29	廣東	隆文中學畢業	無業	三七年七月	〃	參加叛亂之組織處刑五年。
楊進興	男	27	基隆	國校畢業	基隆造船廠工人	三七年三月	〃	〃
曾碧麗	女	29	〃	台北護士學校畢業	無業	／	羣衆關係	明知爲匪諜而不告密檢舉處刑一年。
張國隆	男	26	〃	國校畢業	雜貨商	／	〃	〃
孫居清	〃	25	高雄	台大法學院肄業	學生	／	〃	〃
王明德	〃	21	台北	台大法學院畢業	無業	三八年一月	黨員	接受匪之宣傳教育交付感訓。

1949年8月24日起，保密局即根據王明德供詞，會同刑警總隊，陸續逮捕鍾浩東等四十四人。

游[illegible]英	〃	21	〃	台大經濟系肄業	學生	三七年九月	〃〃	〃〃
詹照光	〃	21	台中	台大法學院肄業	〃〃	三八年三月	候補黨員	〃〃
戴傳李	男	24	台北	台大法學院肄業	學生	三七年二月	小組長	〃〃
許遠東	〃	23	新竹	〃〃	〃〃	三八年七月	候補黨員	〃〃
郭文川	〃	21	台北	成功中學畢業	無業	三七年三月	黨員	〃〃
佘滄州	〃	21	〃	〃〃	〃〃	三七年三月	〃〃	〃〃
張英俊	〃	20	〃	〃〃	〃〃	三八年二月	〃〃	〃〃
鄭舜茂	〃	25	台南	台大政治系肄業	學生	三六年十月	〃〃	〃〃
林猷香	〃	34	高雄	日本明治大學畢業	台灣省立基隆中學教員	三七年三月	〃〃	〃〃
廖為卿	〃	21	台北	基隆中學高中肄業	學生	三七年八月	〃〃	〃〃
連世貴	〃	18	基隆	〃〃	〃〃	三七年九月	〃〃	〃〃
張源爵	〃	17	〃	〃〃	〃〃	三八年二月	〃〃	〃〃
邱連球	〃	36	高雄	農業學校畢業	農業	三七年十月	〃〃	〃〃
邱連和	〃	39	〃	國校畢業	商	三七年十月	〃〃	〃〃
李南鋒	〃	31	〃	〃〃	屏東市政府指導員	三七年十月	〃〃	〃〃
吳振祥	〃	23	台北	台大法學院肄業	學生	三八年一月	〃〃	自首
姚清澤	〃	23	〃	成功中學畢業	無業	三七年五月	〃〃	〃〃
蔣蘊瑜	女	32	〃	蓬萊高等學校畢業	〃〃	三六年四月	〃〃	〃〃
戴芷芳	〃	23	〃	台北二女初中畢業	基隆中學圖書管理員	三七年七月	〃〃	〃〃

判決文號及日期：本案經送請台灣省保安司令部審判，於三十九年九月九日以（39）安潔字第二〇七七號判決書，經呈奉前東南長官公署三十八年十二月二日署評字七六號代電，及國防部三十九年十月十一日勁助字八七三號代電核定。

死刑執行日期：三十八年十二月十日、及三十九年十月十四日分別執行。

檔案文號：（情）378/4410

輕重。我心裡清楚，他們就是因爲沒有證據才要用刑。如果我承認的話，他們一定會繼續用刑，一直刑到我沒東西可說爲止。所以，我無論如何一定要熬過刑求這關，絕對不能承認。因爲說了更慘。我不承認，他就打。足足刑了有一個鐘頭，才將我拖回押房。我的大腿雖然看不出有什麼明顯的外傷，可往後兩天，卻一直拉不出屎，屙不出尿，動也不動地躺著。

後來，我大概每隔兩天便被提訊一次。我記得，當時裡頭有個叫做谷正文和一個姓趙的特務。他們兩人似乎處於一種競爭的狀態，或是一個扮白臉一個扮黑臉。我覺得那位姓趙的特務多少還像人。至於谷正文，他對我們的態度眞是壞透了。幾乎所有的刑求都是他下令執行的。我覺得，他已經根本不是人了。他自己也曾經對我們說，他因爲怕自己還有一點人性，所以早上起床後，從來不洗臉，也不刷牙。

校長太太，我們是人民解放軍

蔣蘊瑜：浩東離家後，每天午夜，我總是聽著對面刑警總隊頻繁流動的巡邏車的警笛聲嗚嗚地響著，不敢熟睡。這時候，我知道家裡已經有人監視了，於是就把浩東所有的書籍、信件、資料等，統統燒掉。然後，帶著兩個兒子，搬到八堵的學校宿舍住。三、四天後的晚上，我偷偷回到台北歸綏街娘家，想看看浩東有沒有回來。之後，我就沒再回來了。

戴傳李：我被捕兩個星期後，看到姐夫鍾浩東也被抓進來了。所以，我認爲，鍾浩東絕對不是安全局檔案資料所寫的一九五〇年元月間才被捕。

谷正文：經過戴傳李的自白後，我大致明白基隆中學校長鍾浩東本身就是一名資深共產黨員，他擔任基隆市工作委員會書記，並在該中學裡安插了許多隨國府撤退來台的共產黨員擔任教師，如羅卓才、張奕明。此外還積極在校內外吸收成員。而《光明報》便是基隆市工委會的宣傳刊物。

八月十四日下午，我到局本部報告偵辦成果：「四名學生已經招供，明天凌晨行動，明天一早就可宣告破案了。」

凌晨三點五十分，天色黑鴉鴉一片。我親率三個行動小組，荷槍實彈，衝進基隆中學。第一小組，由我帶隊，直搗校長宿舍，逮捕鍾浩東。張西林和牛樹坤分別帶領第二、第三小組，搜查印製《光明報》的器材，及其他共產黨宣傳資料。

二十分鐘後，我將鍾浩東太太蔣碧玉帶到印報器材前面。鍾太太眼見大勢已去，並未進行反抗與辯駁，只是淡淡地說：「這次我們輸了，我想我是難逃一死，不過，能夠爲偉大的祖國、偉大的黨在台灣流第一滴血，我會瞑目的。」

蔣蘊瑜：八月底，有天黃昏，黎明華到學校來，想問浩東，徐新傑下一步該怎麼辦。因爲浩東不在，他匆匆地來，然後也匆匆地離開。

黎明華：八月初，一個在新竹商校服務的同鄉突然到中壢義民中學辦公室，氣急敗壞地向我說：「林啓周校長被捕了。徐新傑也失蹤一個星期了，他的東西要怎麼處理？」說著說著便把一把鑰匙擲給我。

林啓周校長畢業於陝北公學。丘念台當年到陝北考察時帶了十個人回來，他就是其中之一。據我所知，當年東區服務隊的隊歌就是由他作曲的。另外，他眞正的身份則是東區服務隊中共黨支部的負責人。

我不知道這個同鄉的身分，怕他是來摸底的特務，趕緊說：「我也不知道新傑的去處，鑰匙你帶回去。也許他出去哪裡玩，這幾天就回來了……」其實，在此之前，我已經得知林啓周校長被捕的消息了。

謝克：我是林啓周的愛人。我們是在東區服務隊認識的。一九三九年，我爲了參加抗戰而離家出走。在韶關，我遇到丘念台，於是就走了十一天的路，到徐福田隊部參加東區服務隊。我哥謝瀛洲在國民黨做官，硬是要抓我離開東服隊，去福建讀書。我徵求愛人林啓周的意見，決定到韶關念書。

台灣光復後，林啓周擔任新竹商校校長。我並沒有跟著過去。一九四九年，他準備撤退大陸，於是先將文憑及其它證件寄來給我。怎知，因爲郵檢，暴露了曾經就讀陝北公學的身份。六月廿三日，就在松山機場被捕。我和妹妹隨後也在廣州被捕。

劉茂常：一九四七年十一月，在台南民教館擔任教育研究部長的一位民盟盟員被捕。我們隨即停止活動。兩個月後，台南民教館被政府撤銷。丘念台答應我們，在找到工作之前，暫時供給每人伙食費每月十多塊錢。其實，這些錢都是東區服務隊的老同志們個別捐助的。

一九四八年農曆春節過後，我改了名字，到林啓周擔任校長的新竹商校任雇員，月薪八十元。到了年底，林校長向我表示，他準備離開台灣，要我找其他工作。

一九四九年，過了寒假，我又通過組織安排，轉到桃園，在當時的新竹縣政府當事務員。五月，解放軍渡江以後，鍾浩東向我表示，許多大陸籍的東區服務隊老同志因爲在台灣已經無法工作，都陸續回大陸了。我跟他研究後，也決定回大陸參加革命工作。六月廿二日，於是搭船離台。

黎明華：林校長被捕後，新竹商校的其他地下工作人員，立即在組織安排下，分頭轉移。徐新傑也由鍾浩東安排，轉移到屏東長治鄉的邱連球老家。

八月中旬，忙完學校的閱卷工作後，我隨即抽空前往基隆中學，找鍾浩東，瞭解徐新傑的情

1990年4月劉茂常及謝克（右起）等老同志與蔣碧玉重返羅浮山沖虛古觀。（何經泰攝影）

況。鍾浩東說，徐新傑在那裡不是很安全。我立刻南下，把徐新傑帶上來。那天晚上，因為已經很晚了，又沒有車班，我和徐新傑就到台中徐森源家過夜。我們因為和徐森源沒有直接的組織關係，彼此都心照不宣。第二天一早，我又把徐新傑帶到楊梅山上暫住。

過了一段時間後，我認為徐新傑的安全問題還是要進一步解決，就在八月廿六日再次北上，前往基隆中學，找鍾浩東商量，徐新傑是不是有更安全的地方可去？我到基隆中學時已是黃昏時分。鍾校長恰好不在。吃過晚飯後，學校老師張國雄和蔣碧玉的妹妹，以及一些教職員，還在宿舍外頭的樹下，一邊納涼，一邊彈吉他、唱歌。

那天晚上，我就在學校職員鍾國員的宿舍過夜。睡到半夜，特務就來抓人了。我和鍾國員被一陣急躁的敲門聲驚醒。鍾國員亮了燈。一位年輕的配槍特務進來，向我們索身份證看，然後問我：從哪裡來？找誰？我據實回答，說我從中壢來，找梅縣同鄉鍾國員。對方沒有多說什麼就出去了。不久，他們就把蔣碧玉和她妹妹抓走了。

蔣蘊瑜：到了半夜，大概是一點多鐘吧。我聽到粗暴而急躁的叩門聲。宿舍裡的人都知道是憲兵特務來了，沒有人敢去開門。我於是起身去開門。門一打開，一名領隊的特務頭子看是我開的門，便以一副嘲諷的語氣對我說：「校長太太，我們是人民解放軍，要來解放你們。」

他們入內後，當然是一陣粗暴無禮的搜索。那名頭子又問我，傍晚時候，有個人來找過校長；那個人叫什麼名字？在此之前，剛好有一名與組織不相干的新聘教員來拜訪浩東；浩東不在，我要他留了字條，再轉達浩東。於是，我就把字條拿給那名特務頭子看，暫時掩護了黎明華。

他們一陣搜索之後，那名特務頭子就派一部分人到別的地方抓人。在這等待的空檔，他又故意與我談馬克思的辯證邏輯，談人民民主專政……等到那些人又回來時，那名頭子就命令我和當時才十八歲的妹妹換衣服，準備上車。這些人還無恥地看著我們姊妹換衣服。

上車前，我要把最小的兒子託付給教務主任的太太張奕明。

「校長太太，不會去太久的。」張奕明安慰我說：「小孩還要吃你的奶，還是帶進去吧。」這樣，我連小孩的衣服、尿布也沒帶，帶著才五個月大的嬰兒，跟著妹妹被押上車。

車子在市區轉來轉去，我們不知道自己要被帶到那裡？

應急對策

陳仲豪：那晚，我在學校單身宿舍睡覺，對外面發生的事，毫不知情。天剛濛濛亮，張奕明

陳誠接任國民黨台灣省黨部主委後安排李友邦爲副主委。圖爲李友邦（第一排右起第六位）任三民主義青年團主委時到基隆開團務會議的留影。（嚴秀峰女士提供）

來敲門，悄悄對我說：「昨夜，特務來抓鍾校長。校長不在，把校長太太和妻姨抓走了……」

這天，我照常上課，保持安靜。同時派人到台北找林英傑，報告緊急情況。很快，林英傑約定時間，要我和陳少麟，到陳太太方喬然台北二女中的宿舍會晤。我們冷靜地分析局勢，商討應急對策。最後，林英傑歸納了幾點意見：

第一，現在，敵人要抓捕的是受台大學生牽連的鍾浩東，以及與鍾有關係的台籍人；鍾浩東下落不明，基隆中學地下黨整體並未暴露。

第二，形勢緊迫，《光明報》是個大目標，主要的有關人員應立即離校隱蔽，留下的同志應該提高警惕，準備好撤走方案；要隨時、隨地，獨自應付突發事變。

第三，鍾浩東也可能在校外出事了，由陳少麟或方弢去找王致遠，看能不能轉請丘念台和李友邦救助。

王致遠：老蔣正式批准丘念台辭職後，另派陳誠接任國民黨台灣省黨部主任委員。陳誠安排他的部屬李友邦爲副主任委員，管理日常事務。李友邦讓我繼續留在主委室，幫他處理祕書事務。

八月底的一天早上，我剛到省黨部上班。忽然，在基隆中學任教的方弢氣急敗壞地來找我，告訴我一個不祥的訊息：「昨晚，鍾浩東夫婦在學校裡被捕了！」因爲鍾浩東出任基中校長，是由丘念台和李友邦介紹的；抗戰期間，他同李友邦在福建一帶一起工作過，並跟李友邦回台灣，關係密切。方弢希望我向李友邦提出，設法營救。

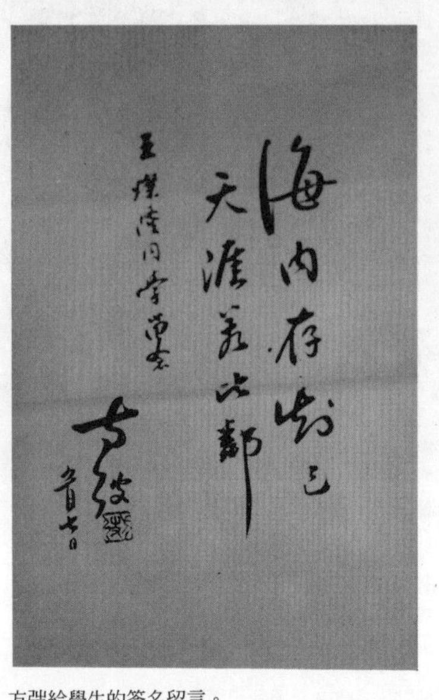
方弢給學生的簽名留言。

方弢走了之後，我就到主委室，把這消息告訴李友邦。他當時沒說什麼，但隔了一會，卻走到隔壁我的辦公室來，主動談起這件事。他知道，我抗戰時期在東區服務隊與鍾浩東一起工作過，就問我鍾浩東的爲人如何？是否能吃苦？等等。我就把我所了解的鍾浩東情況，詳細地告訴他。我揣測，他提問這些的用意，可能是考慮到：鍾浩東在獄中被刑訊時，能否頂得住，會不會把一切都招供出來，牽涉到他。我即如實給他介紹，也著重說明鍾浩東一向艱苦樸素，爲人堅強、正直、靠得住，重情誼，以讓他安心。

軍警包圍校舍

陳仲豪：隨後的幾個夜裡，我沒有睡在宿舍。在教學樓二樓圖書館裡的藏書室，隨便躺在長椅上休息，不敢熟睡。第二天一早，張奕明來告知昨晚校裡有沒有出事，然後照平時那樣上課。

李旺輝：八月底，我聽說鍾校長突然失蹤了。當時，我就判斷他一定是被抓了。我心裡頭在想，再下來，不知將會是一場多麼大的政治風暴？

後來，我才知道，鍾校長是在學校開學前被捕的。那天是星期日，他到基隆與李蒼降會面，整晚未歸。第二天，也就是星期一，一早，他搭公路局車，在八堵下車，然後走回學校。這時候，跟監的吉普車從後頭駛來，兩名特務迅速下車，隨手把他抓上車。在車上，鍾校長試著要把自己被捕的情況，讓外頭的人知道，卻因爲被夾在中間，動彈不得。後來，他被押上火車，送往台北。當火車駛經基隆中學旁的鐵道時，他又借著擦汗，乘機向窗外揮動手上的手帕，想要引起學校的師生注意。無奈，他搖了幾下，又被特務發現而制止。因爲這樣，他無法及時將被捕的情況通知大家。

鍾校長被捕後遭到嚴厲的刑求，可他堅決不肯吐露任何一點組織關係。到後來，他們就威脅校長，說他如果不說，他們就把學校的老師、職員和學生統統抓來。爲了減輕受害範圍，同時也爲了向我們提出警訊，他才故意供出跟組織完全沒有關係的一些名字，如學校校醫。

連世貴：鍾校長被捕入獄後，校醫及一名基中前輩也相繼被捕。但這三人中只有鍾校長具共產黨員身分。我猜想：校醫與那位前輩之所以被捕，可能是鍾校長故意供出假名單，以放出警訊，要同志們小心。事後，基中的一些外省籍老師（如聶英等），均紛紛搭船逃回大陸。

何文章：事發後，陳仲豪老師想返回大陸，曾找上我家一位開輪船公司的親戚。但我親戚表示，船還要四五天才會出海。陳老師說來不及，此後便失去音訊。

陳仲豪：我接到地下黨上級的撤退通知後，就把學校地下黨支部書記的任務交給陳少麟。那天清晨，張奕明從學校山旁的小路送我離開基隆中學。臨別時，她關切地叮囑我說：「一切都要小心，後會有期。」我回答道：「你們留下來的，都要十分警惕啊。我們也許在大陸再見，也許是台灣解放後又在此地重逢。」

李旺輝：九月二日，星期六晚上。一群穿便服的特務又到校長宿舍來抓校長。事實上，校

1949年9月9日早上，軍警包圍基隆中學校舍後山。

長早就被他們抓走了，可他們卻佯裝不知，問說校長到哪里去了？他們在校長的宿舍搜屋，翻箱倒櫃，帶走了一些資料，然後才離開。

一個禮拜後，九月九日，同樣是星期六，早上十點多鐘，我正在上課中，突然發現校舍周圍的後山，已經被軍警包圍了。大家惶惶不安，不知這次他們又要抓那些人？結果，中午以前，一共有四名教師、三名職員和三名學生被抓走。

連世貴：鍾校長是在暑假被捕的，我們並不知道。開學後，我升上高二。我發現學校有許多老師不見了。但是，學校仍正常上課，所以我認爲他們大概是回大陸老家度假，沒有多作聯想。開學第二週，有一天，我跟同學正在教室外面談笑，上課鐘響，準備進教室時，訓導處突然派人把我叫去校長室。在校長室，我看見高三的廖爲卿和高一的張源爵也被叫來了。然後，三四名便衣，沒說什麼便將我們三人逮捕，押上一輛箱型車，載往保密局。

逃亡與牽連

李旺輝：當天晚上，我就離開基隆中學，坐最後一班火車，逃回南部。第二天早上，我在屏東下車。在車站前的一家腳踏車行，我用身份證抵押，租了一台腳踏車。我先騎到內埔，找在家養病的鍾國輝，告訴他基中出事的消息。然後我再騎到長治鄉崙上村，通知邱連球。最後，我再騎回屏東，付了租金給車行，要回身份證。然後，我就搭車回美濃。從此展開整整一年的逃亡生涯。

逃亡期間，我一直在山上四處躲藏。睡在土地公廟或工寮。吃香蕉或乾糧。有時候，就偷偷跑回尖山腳下鍾里志的兄弟家，吃碗飯。

鍾里志：浩東失蹤後，李旺輝跟我說，他要去台北探聽情況。我沒問他去哪裡探聽。他說，回來後，再和我商量以後怎麼辦。結果，他沒聯絡上我，於是交待一個姓高的工友（小孩子）轉告我，說他先回南部去了。我覺得，自己待在基隆中學，早晚也會出問題，不能繼續待在那裡。第二天晚上，我就安排我老婆，帶著出生才沒幾個月的男孩，回士林娘家。我把出納組保險箱的鑰匙包好，留在宿舍，然後什麼東西也沒拿，自己一個人先回南部。從此展開我的走路生涯。

裴可權：在這段期間，我方的緝捕工作並未鬆懈，憑著豐富的辦案經驗和毅力，終於在卅九年的九月底捕獲鍾國輝和李旺輝兩人，解送保安司令部審理。鍾里志在四十年元月十日亦提出「自首書」，向警務處刑警總隊駐高雄縣工作組「自首」。

李南鋒：我在基隆中學當了一年的管理組長。學校的管理工作已經初步就緒後，我就辭職回故鄉。因爲我是從大陸回來的本省人，也就是所謂的「半山」，所以沾了點外省人的光，找工作很容易。一回屏東，我就到屏東市政府上班。我的職銜是民政課合作室的指導員兼九如農場場長。

一九四九年九月初，徐新傑流亡到我家。聽他說後，我才知道基隆中學出事了。徐新傑在我家躲了兩、三天才離開，聽說後來在苗栗大湖山區被追緝的警特當場擊斃。

一九八一年五月十六日裴可權在《中央日報》發表的肅諜文章。

徐新傑走後沒兩天，我也被捕了。我還記得，那天傍晚，下班後，我從屏東市政府走回家的路上，突然被兩個便衣警察合力押上車，然後往鳳山、高雄的方向疾馳。車子駛經高屏大橋，路面正逢下坡，車速減緩了些。我想趁機掙脫，於是在車內與押解的三個便衣刑警展開打鬥。打鬥很激烈，司機（也是警察）

1988年，李南鋒、李旺輝、邱連和在鍾理和老家向本書作者敘述當年被捕的過程。

只好停車加入。他們四個人把我拉下車，打得半死，才又拖上車，繼續前進。在半昏迷的狀態中，我模糊地感覺到車子停了下來。然後，我被他們拖下車，再從樓下硬拖到樓上的一個房間。他們用水把我潑醒，立刻就展開一場徹夜不休的重刑審問。

第二天，我在押房裡昏沉沉地過了一天。第三天傍晚，連球、連和兩兄弟也被抓來了。聽他們說，我才知道自己被關在鳳山警察局。第四天一早，我們三人又一起被押往台北。

邱連和：我們是在浩東被抓幾天後，才知道基隆中學出事了。有一天晚上，有幾個基隆中學的教職員逃亡到我們邱家。我和連球當下即設法掩護他們。後來，來了一批要抓他們的警特，因爲遍尋不著，只好悻悻地離開。第二天早上，他們幾個就離開崙上，繼續流亡。

中午時分，我正在吃飯。警特又分別闖入連球和我家，把我們強行押解到鳳山高雄警察局。在那裡，我們看到浩東的表弟李南鋒也已被抓來了。當天晚上，我們三個人就在那裡過夜。

第二天早上，我們又被押往台北。在北上的火車上，我和連球被銬在一起。南鋒先前有過抵抗的記錄，除了手銬，還給他加上腳鐐。我們和一般乘客坐在同一個車廂。一路上，都有人用一種好奇、訝異而驚恐的眼神打量我們。我們就這樣忍受著屈辱感，到了台北。

一出火車站，我們立刻被押上一輛等在外面的吉普專車，送到小南門附近保密局的祕密押房。在那個小小的押房裡，一共關了十七八個因爲牽連基隆中學事件而被捕的人。

大約三個月後，我們才被移往青島東路三號的軍法處看守所。

惜別

蔣蘊瑜：我被捕後的第二天早上，從同房難友口中得知，原來我們是被關在青島東路的軍法處。我也看到浩東了。我看到他由兩名難友攙扶著走過押房。我看到他身體承受過拷打的傷痕。

這時，我才知道，原來浩東早就被逮捕了。

後來，每當這些特務要到基中抓人時，必定帶著我那年輕的妹妹同行。我知道，這是他們故意分化基中教職員的詭計。他們故意要讓其他人認為是我妹妹出賣他們的。

有一天，戴家的親生父母帶著我的小孩來探監。但押房看守卻不讓我接見。同房的師範學校的老師就叫我哭。我聽她的話，放聲大哭。她就跑去要求看守說：「校長太太哭得好可憐，你就行行善，讓她見見她父母吧。」看守回答她，說他可以讓我見客，條件是不要再哭了。我立刻停止哭泣。看守於是讓我出去見父母。不久，妹妹也來了。我就乘機告訴她，自己要注意，不要被他們利用了。妹妹以為我誤會她，很生氣。

九日下午，學校的女職員張奕明和王阿銀也一起被抓進來了。張奕明並且和我關在同一個押房裡頭。校長太太，你也在這裡啊！當她被關入押房看到我時，驚慌中不失欣慰，然後戲謔地笑說，這是什麼鬼地方！

陳仲豪：基隆中學有一位鍾淼祥老師於一九五〇年夏天回到大陸。後來，他告訴我說，九月九日那天，他在現場，親眼看到張奕明冷靜沉著面對特務的搜捕。他看到，張奕明臨走時，不捨地把身邊三歲的女兒託付給一位蔡姓職員，請這位潮汕老鄉好好照顧她。

蔣蘊瑜：不多久後，張奕明被槍斃了。那天，吃早飯時，押房的窗戶都被放了下來。一些關較久的難友就說，早上一定有槍斃。不久，吉普車的聲音在押房外頭響了起來。我於是把棉被墊高，從押房的小視窗往外看。我看到吉普車上面坐著幾名持槍的憲兵。然後，押房的門突然開了。憲兵班長大聲點名：「張奕明，開庭。」我看到張奕明一路微笑著，從容地走出押房。臨上車時，她還堅定地呼喊著：「共產黨萬歲！」。我於是難過地唱著她之前教我唱的一首《惜別》歌，給她送行。

紅燭將殘，瓶酒已乾，相對無言無言！

潯陽就赴，誰知長夜何漫漫？

1993年9月8日，蔣碧玉與方弢和張奕明的孤女，在樹林海明寺「五〇年代政治案件死難者超渡大法會」。（藍博洲攝影）

共君一夕話，明日各天涯，
徒然惜別，終須別！誰知後見期？

在歌聲中，我知道，過沒多久，十四歲就入黨的張奕明，就要在新店溪畔馬場町刑場早晨的槍聲中仆倒了。

中央日報：省保安司令部，（一九四九年十二月）十日上午十時，槍決張奕明、鍾國員、羅卓才、談開誠等四人，其中張奕明爲一女匪諜。

保安司令部：本省奸匪組織，自去年底起即祕密油印反動刊物《光明報》，散發各地。至本年八月，已發行至廿八期，該報內容皆係揑造事實，以極荒謬之言論，混淆聽聞，煽惑人心。經治安機關嚴密偵查，偵悉在基隆中學印刷，經於九月間破案，捕獲印刷《光明報》主犯張奕明（女，廿八歲，廣東汕頭人，基隆中學幹事，係奸匪老黨員負責印刷及發行光明報），鍾

蔣碧玉保存的《惜別》歌譜。（台灣民眾文化工作室收藏）

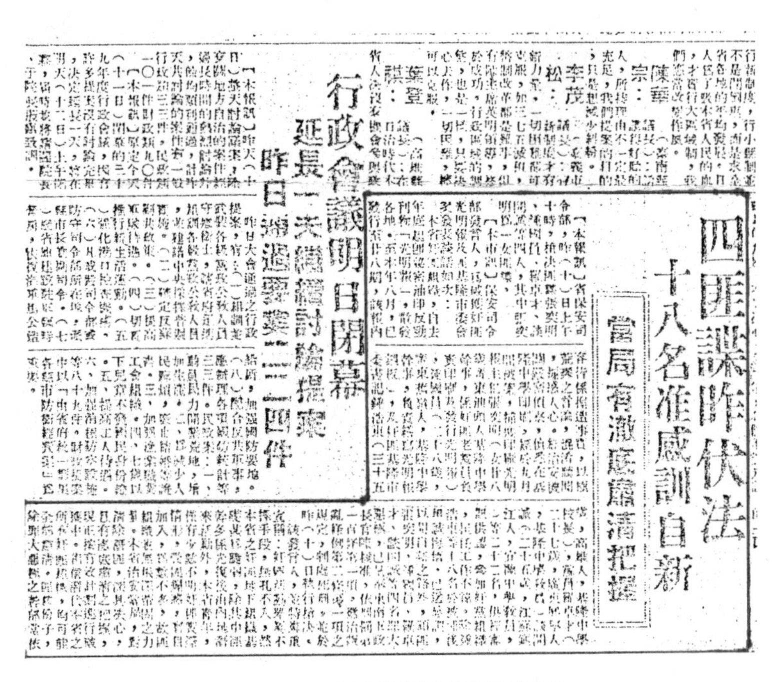

四匪諜昨伏法

十八名准感訓自新

當局有澈底肅清把握

行政會議明日閉幕

延長一天繼續討論提案

昨日通過要案二十四件

關於張奕明四人槍決與鍾浩東等人判處感訓的新聞。

國員（廿八歲，廣東蕉嶺人，基隆中學幹事，負責繕寫光明報鋼版），及奸匪基隆市委書記鍾浩東（卅五歲，高雄人，基隆中學校長），黨員羅卓才（廿七歲，廣東興寧人，基隆中學教員），談開誠（廿五歲，江蘇鎮江人，宜蘭中學教員）等廿二名……除鍾浩東等十八名於被捕後坦誠悔悟，已送感訓，以開自新之路外，頑匪張奕明、鍾國員、羅卓才、談開誠等四名罪大惡極，已呈奉東南軍政長官陳核准，依刑法第一百條第一項，懲治叛亂條例第二條第一項之規定，判處死刑。並於昨（十）日執行槍決。

蔣蘊瑜：第二天，又有槍斃要執行。聽到押房外頭的吉普車聲，我想，這下輪到我了。同房的難友們也都以爲是我。我於是從容地換好衣服。她們然後幫我梳頭。

蔣碧玉的妹妹出獄後與蔣碧玉的么兒合照，寄給還在獄中的鍾浩東報平安。（台灣民眾文化工作室收藏）

蔣碧玉釋放出獄後寄兩個幼子的照片給獄中的鍾浩東報平安。（台灣民眾文化工作室收藏）

母親的呼喚

遼河的水呀. 松花江的浪呀.
那樣的沉痛. 那樣悠長.
啊--- 母親的心像 被烏雲遮閉的太陽.
母親的眼睛. 常被淚水洗濕.
母親的心中失掉了希望.
孩子們呀. 孩子們呀. 母親在念着你呀!
孩子們呀! 孩子們呀. 母親在呼喚你.
母親在等你回到她的身邊.
家鄉的月亮份外的光呀. 家鄉的流水份外的長
家鄉的田地要你耕種. 家鄉的苦痛要你分當
孩子們呀, 孩子們呀. 母親在念着你呀.
孩子們呀. 孩子們呀 母親在呼喚你.
像遼河的水呀. 松花江的浪呀.
那樣的沉痛. 那樣悠長!

蔣碧玉晚年手抄當年在獄中學唱的〈母親的呼喚〉。（台灣民眾文化工作室收藏）

「有沒有什麼要交代的？」有人在一陣恐怖的安靜之後問我。

「沒什麼好交代的。」我說，「我的東西，你們都拿去用吧。」

押房的門開了。然而，被點名的人並不是我。而是七八位金門籍的老師。

在軍法處熬過半年的審訊後，我因爲與浩東聚少離多，涉案不深，終被釋放。

沒有什麼話好講

李南鋒：我和連球、連和一起被移送到軍法處的第二天一早，就有幾名大陸來的客家青年被槍斃。就我所知，他們是張奕明、鍾國員……等基隆中學的教職員。他們這幾個外省人槍斃後，我們也就結案了。我被判了六年的有期徒刑。

大約又是三個月後，連同浩東、連球在內，我們又被移往內湖國小的新生總隊接受感訓。新生總隊成立於一九五〇年二月一日，隸屬保安司令部。一九五一年四月移遷綠島，擴大爲新生訓導處，編制爲新生訓導總隊，下轄三個大隊，分別按「匪俘」、「匪嫌」或「叛亂犯」等三種不同的性質來分隊。每一大隊又再分爲十二個中隊，以「團結新生同志完成第三任務」等十二字爲隊名；另外還特別編了一個女生中隊。它的主要工作是「改造」我們這些涉案政治犯的思想。平常，除了勞動生產外，主要是上課。課程包括：國父遺教、領袖言行、共產主義批評、共匪暴行、蘇俄侵略中國史等等政治課程，以及中國地理和歷史、數學等一般課程。

連世貴：內湖國小新生總隊的牢房是由一般教室改建的，只有兩間，男、女各一間。我記得，我們那間男押房便有一百多人，十分擁擠。那裡的伙食也很差，最好吃的菜是豆芽菜；其餘的菜都像豬食一樣，全都混在一起。

値得一提的是，我們的校長鍾浩東被送去內湖感訓時，曾以絕食的方式，拒絕接受思想改造。他整天躺在床上，不參加朝會，也不上課。

獄方拿他沒辦法便問他：「你想要怎樣？」

「我的同志都死了！」校長說：「我身爲領導者，豈有臉面苟活下去？」

由於他的不合作，沒多久便遭槍斃。

鍾校長這種捨身取義的精神，我至今仍十分敬佩。

事實上，當年能參加組織者，必須具備兩項特質：除了頭腦要好外，還要是眞正想爲國家、人民做事的愛國主義者。

1950年2月1日設於台北內湖國小的保安司令部「新生總隊」。

戴傳李：後來，我和校長同時被移送保安司令部內湖新生總隊感訓。這時候，我們知道大陸已完全赤化，國民政府已撤至台灣了。感訓隊的難友們心裡都認爲：「就快解放了。」

鍾校長在感訓期間表現得非常篤定、沉穩。他按照規定，參加隊上的各種活動。只是，在思想上，他的反應卻是以沈默來表白立場。每天飯前，隊上總要我們針對三民主義的某一部份討論、發言。因爲沒有人自動發言，隊上教官就以指定發言的方式，輪流點名。這樣，通常每個人一個禮拜都會被點到一次。一般說來，大家也都按照教官要的答案，上台發言。可校長他卻不這樣。每次，被點到名時，他總站起來說：「我沒有什麼話好講。」

「我已覺悟了。」有一天，校長突然這樣跟我說，並且勸我。「你們年輕人要忍耐，要稍微適應環境，不要太勉強……還有，你向來愛出風頭，一定要收斂些。」

後來，校長一連寫了好幾份申請退訓的報告，表明不接受感訓的堅定立場，要求政府另外發落。幸好，這些報告都被感訓隊一名廣東梅縣客家籍教官中途阻截，沒有再往上報。這名教官還一直勸校長，說國民政府認爲，台灣青年對大陸的狀況不明瞭，只是思想左傾而已。政府認爲台灣青年都是被誤導的，因此，決定不「打」本省人，只「打」外省人。然而，校長不爲所動，仍然一再塡寫退訓報告。有一次，這名教官剛好出差。校長的報告就被呈報上去了。

因此，當李蒼降被捕時，感訓隊便把校長再度送往軍法處，與李蒼降等人同時審理。

裴可權：李蒼降當時年僅廿七歲，台北縣人，台灣光復後曾往杭州唸高中，返台後考入台灣通志館任職員。民國三十六年十一月在台北參加共黨，曾以「新民主同志會」及「台灣解放同盟」名義發展群眾及黨員。三十七年冬，「台北支部」瓦解。李蒼降乃將台北一部分同黨分子移

浙江省立杭州高級中學用箋

證明書

查學生李蒼降係臺灣省臺北縣人現年貳拾四歲於民國三十一年三月在臺灣省臺北成功中學畢業後於民國三十五年度第一學期至第二學期在本校秋三年級補習一年特為證明此證

浙江省立杭州高級中學校長房宇園

中華民國三十六年六月　日

校址：杭州舊貢院　電話二七九號

李蒼降（1924至1950年）。

交「上級」李某，轉往基隆工作。

李蒼降自鍾浩東被捕後即逃離基隆，直到翌年元月，根據新舊線索，在其台北市南京東路住所，將其捕獲。

歷史的軌道改變了

李南鋒：浩東因爲一直表現出不接受感訓的堅定立場，所以又被提出內湖的感訓隊，再度送往軍法處。臨走時，浩東還用客家話特地鼓勵我和連球、連和三人說：「他日，你們出去後，一定要繼續爲理想奮鬥。希望我們的子孫，也能爲理想奮鬥。」然後，他又提高嗓音，像呼口號似地大聲叫說：「堅持到底，爲黨犧牲。」

後來，我們三人同被移往綠島囚禁。兩年後，連球又因爲家鄉有人被捕，供出與他的組織關係，而以「不坦白」之由，送回島內重審。怎知，他竟一去不回。一九五五年六月，當我刑滿歸

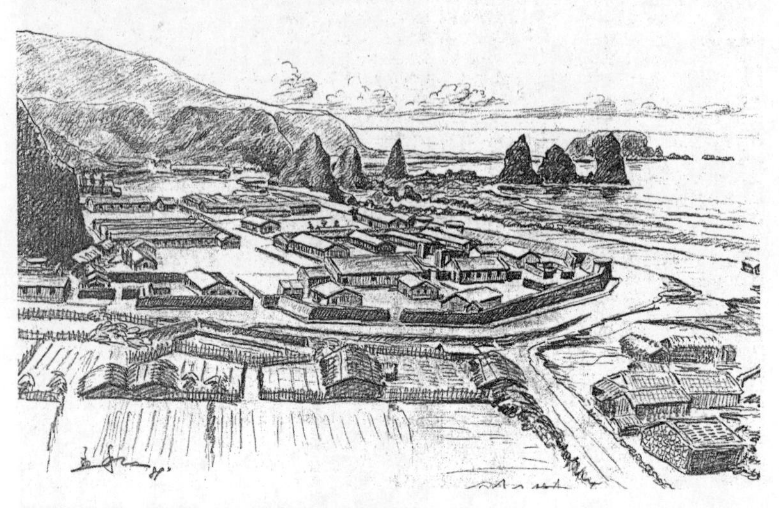

李南鋒與邱連和、邱連球三人同被移往綠島集中營囚禁。（陳孟和繪）

鄉時，我才知道，連球也繼浩東之後，已在台北馬場町刑場仆倒了。

裴可權：鍾浩東自卅八年十二月移送保安司令部，經半年之感訓，思想毫未轉變，態度頑劣；上課時稱病不到，討論時拒不發言，不服長官指導。除這些破壞紀律的行爲外，他還在感訓隊中暗中從事反動宣傳，企圖發展同黨組織非法團體，繼續顚覆陰謀。像他這樣執迷不悟的人，再予以感訓也不可能有什麼效果，所以將他提出感訓隊與李蒼降等人同時審理。

蔣蘊瑜：聽到浩東被送回軍法處審理的消息，我感到惶恐不安。因爲怕浩東出事，我於是去找丘念台先生；希望丘先生能夠設法幫忙。「你放心，」丘先生安慰我說，

「沒有審判兩次的。」

丘念台：當時所捕獲的共產黨人和嫌疑者，有外省籍的人，也有本省籍的人，其中性質自然有所不同。根據我所瞭解的，本省籍涉案者多屬思想犯，只是有左傾思想而已，很少有參與實際叛亂行動的……像這樣的思想犯，確有值得同情之處。

所以在民國卅九年春，我就和省內士紳聯名向當局建議，對於本省思想犯，務請稍微從寬處理，給他們以悔過自新之路。這樣的做法，是可以得到台省同胞一致感戴的。

蔣蘊瑜：一九五〇年三月一日，蔣介石復職視事，並著手改組內閣，提名陳誠任行政院長，積極推進反共抗俄的政策。四月，駐海南島的國軍約八萬人撤退來台。五月，國軍自動放棄舟山群島基地，將十五萬精銳部隊撤到台灣。同一時期，萬山群島及閩南東山島的國軍，也紛紛跟著撤退了。

局勢至此，是很明顯了。

我想，只要浩東不死，不久就可重聚了吧。

然而，六月廿五日，韓戰爆發。第三天，美國總統杜魯門下令第七艦隊巡弋台灣海峽。

從此，歷史已經改變了它的軌道。

我也開始調整對浩東的未來的想法。

1950年3月1日蔣介石復職視事。

第九樂章：槍決

大母親至。她說，看了我就會令她想起阿謝，又說能不能設法讓她見一面，則就死了也瞑目，她的身體是那樣不濟事了。我連忙陪著笑，勸她說，阿謝在那裡很好，她可不必掛心。我笑得非常自然而且開心，讓她相信，阿謝原就這樣的好……

——《鍾理和日記》（一九五〇年十二月廿一日，美濃尖山）

十二月廿一日　農十一月十三日　星期四

大母親至。她說，看了我，就會令她想起阿謝，又說能不能設法讓她見一面，則就死了也瞑目，她的身體是那樣不濟事了。我連忙陪著笑，勸她說，阿謝在那裡很好，好何不必她掛心。我笑得非常自然而且開心，讓她相信，阿謝原就這樣的好！

然後給她打了一針維他命。她兩足浮腫，又說頭也不行了。

——她今年七十三歲。

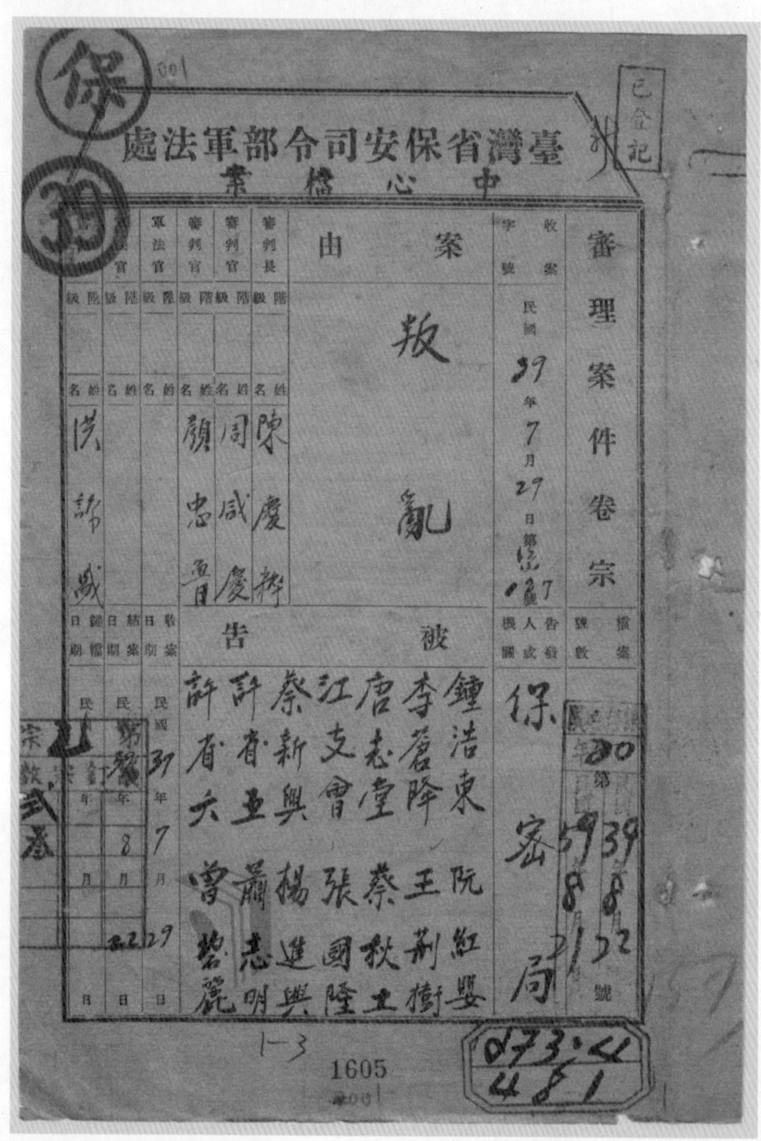

臺灣省保安司令部軍法處
中心檔案

審理案件卷宗

收案字號：民國39年7月29日第[illegible]號

案由：叛亂

審判長：陳慶粹
審判官：周咸慶
審判官：顏忠魯

告發人或機關：保密局

被告：
鍾浩東　李蒼降　唐志堂　江支會　蔡新興　許省五　許省六
阮紅嬰　王荊樹　蔡秋土　張國隆　楊進興　蕭志明　曾碧麗

1605

1950年7月29日的軍法處案卷。

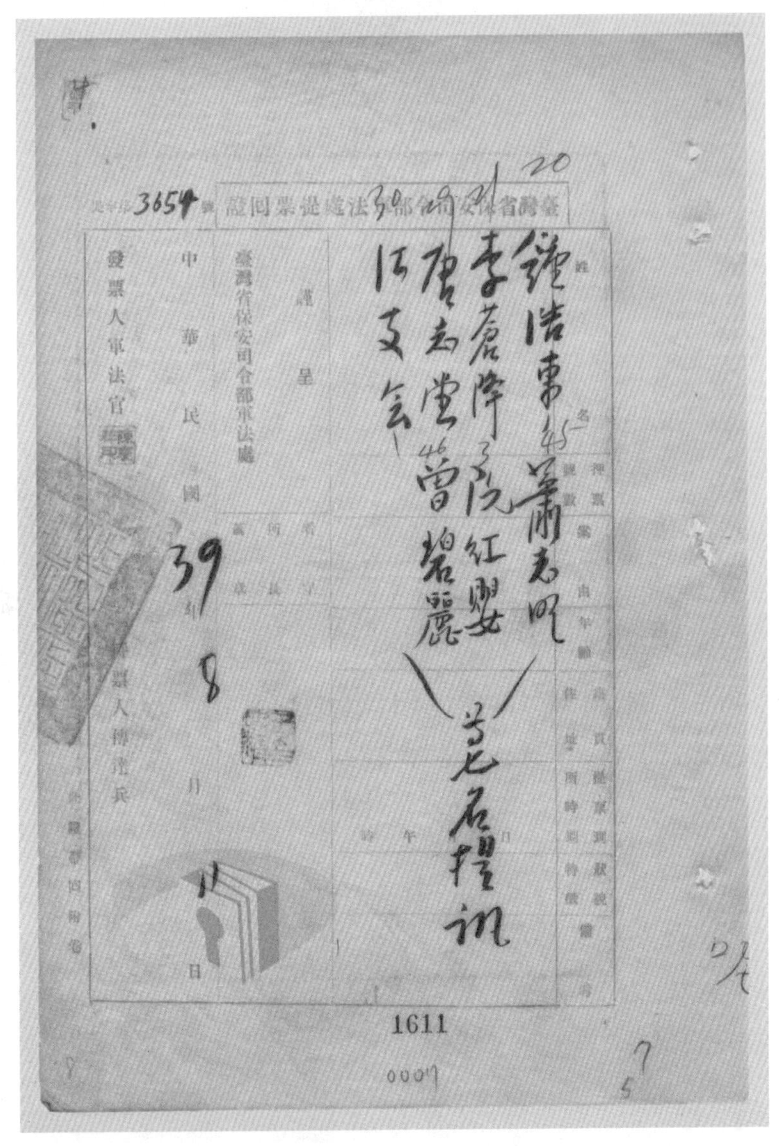

臺灣省保安司令部軍法處提票回證

字第3654號

謹呈

臺灣省保安司令部軍法處

發票人軍法官

中華民國39年8月11日

姓名 鍾浩東

1611

1950年8月11日審判官第一次提訊鍾浩東等七人。

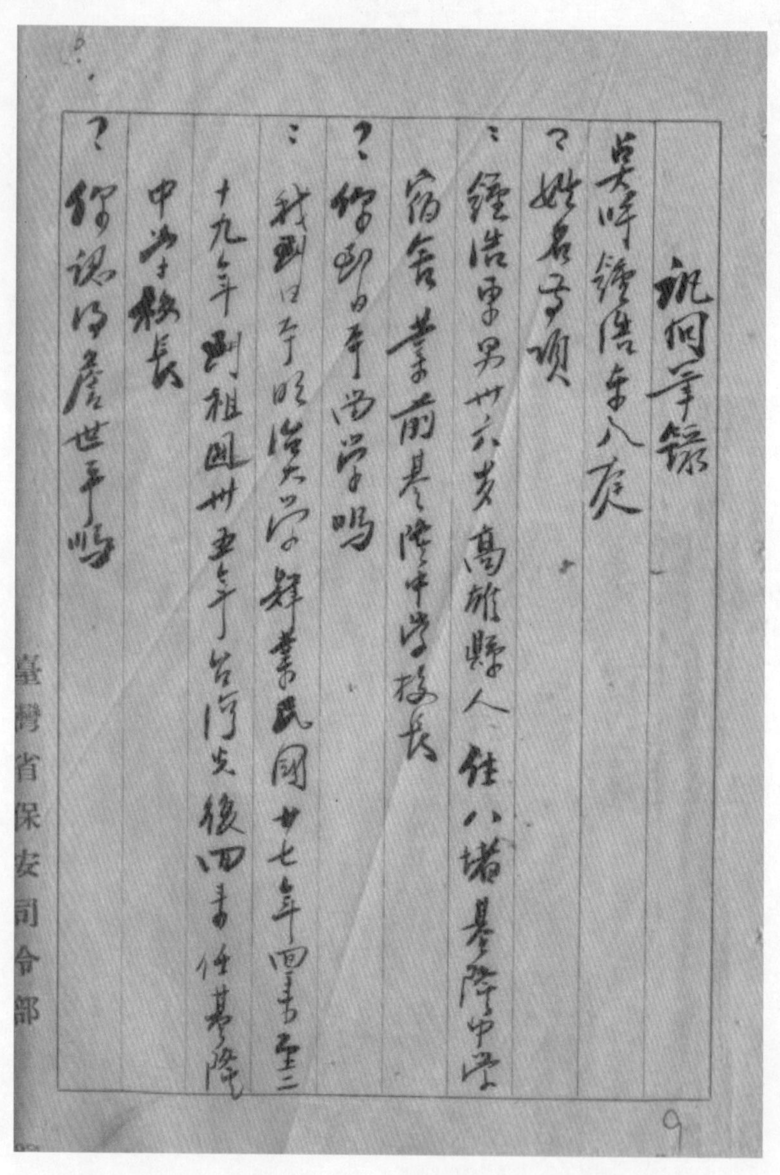

訊問筆錄

[illegible] 鍾浩東 [illegible]

問 姓名年[illegible]

答 鍾浩東 男 卅六歲 高雄縣人 住八堵基隆中學

職業 前基隆中學校長

問 你[illegible]學嗎

答 我到日本明治大學畢業民國廿七年四月至三十九年到祖國卅四年台灣光復後四月任基隆中學校長

問 你認得[illegible]嗎

臺灣省保安司令部

9

鍾浩東的「訊問筆錄」首頁。

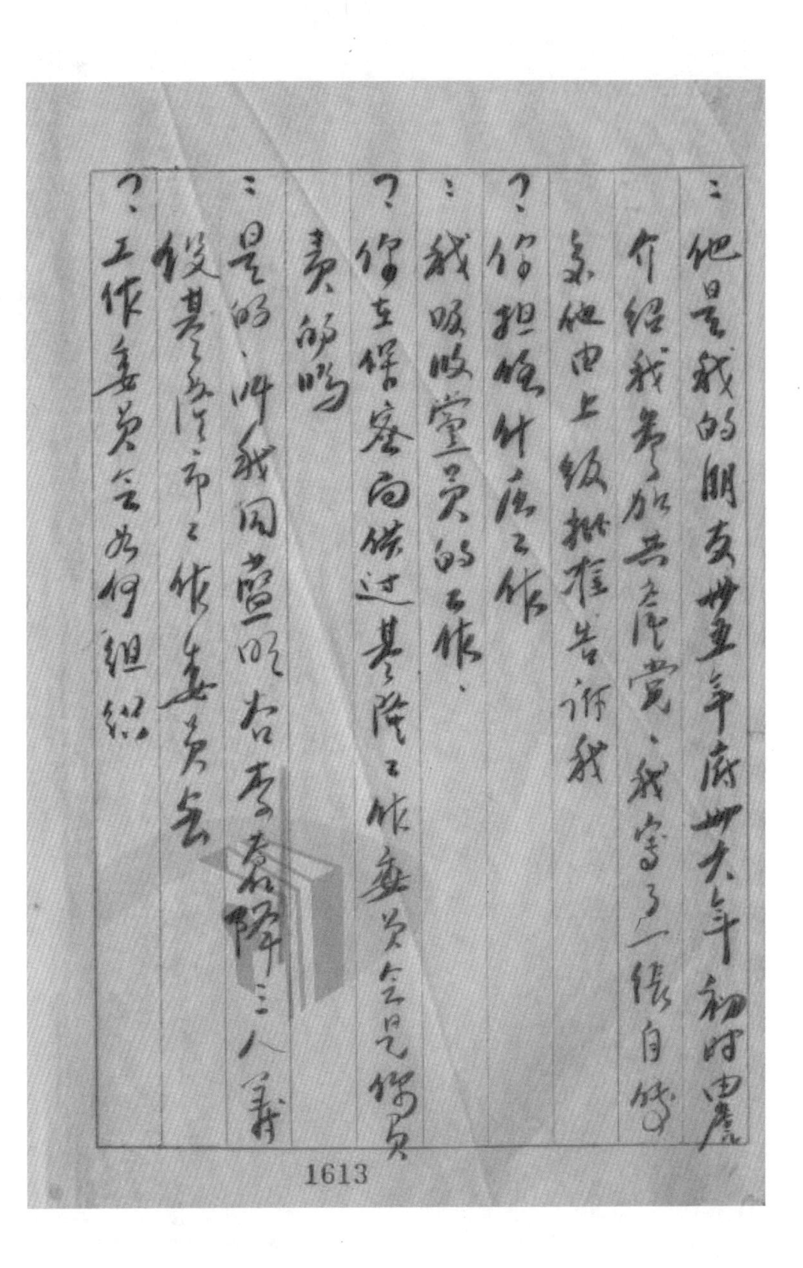
：他是我的朋友卅五年底卅六年初時由盧
介紹我參加共產黨、我寫了一張自傳
交他由上級批准告訴我
？你担任什麼工作
：我做吸收黨員的工作、
？你在保密局供述基隆工作委員會是你負
責的嗎
：是的、此我同藍明谷李蒼降三人籌
設基隆市工作委員會
？工作委員會如何組織

1613

審訊與判決

陳慶粹：我是匪基隆市工作委員會鍾浩東等叛亂案的審判官。民國卅九年七月中旬，鍾浩東、李蒼降和唐志堂等同案共十四人，移送到台灣省保安司令部軍法處結案。八月十一日，我第一次提訊了鍾浩東、李蒼降與唐志堂等七人。根據當時的「訊問筆錄」所載，我和首先出庭的鍾浩東的問答如下：

？姓名事項

：鍾浩東男卅六歲高雄縣人住八堵基隆中學宿舍業前基隆中學校長

？你到日本留學嗎

：我到日本明治大學肄業民國廿七年回來至廿九年到祖國卅五年台灣光復回來任基隆中學校長

？你認識詹世平嗎

：他是我的朋友卅五年底卅六年初時由詹介紹我參加共產黨我寫了一張自傳交他由上級批准

告訴我

?你擔任什麼工作

:我吸收黨員的工作

?你在保密局供過基隆工作委員會是你負責的嗎

:是的叫我同藍明谷李蒼降三人籌設基隆市工作委員會

?工作委員會爲何組織

:正在籌備沒有具體計劃是分三部分領導由我及藍明谷李蒼降三人負責

?你領導那些人

:陳仲豪鍾國員戴芷芳王阿銀蔣蘊瑜（以上四名是我發展的）張奕明羅卓才廖爲卿張源爵連世貴十名由我領導他們十位都在新生總隊管訓

?藍明谷部分領導幾個人

:林獻香王荊樹謝阿冬鍾國輝蕭志明及二灣鐵蛇（姓名不詳）等七名是藍領導的

?李蒼降領導多少人

:我曉得在鋼鐵造船廠有四個工人是他領導的姓名不詳

?這十四名當中受你領導的嗎

：跟我有關係的有蕭志明李蒼降其餘我
不清楚
？王荊樹呢
：王我曉得他名不認識他
？你說話實在嗎
：實在的

鍾浩東之後，我接著點呼李蒼降入庭訊問。根據原始筆錄，李蒼降所供與鍾浩東有關的內容如下：

卅八年四五月由一位外省人姓李的介紹到基隆與鍾浩東聯絡鍾說要組織基隆工作委員會由我鍾藍三人分別領導

李蒼降的「訊問筆錄」首頁。

八月十五日，我再提訊鍾浩東，並安排他與王荊樹對質。原始的「訊問筆錄」如下：

點呼鍾浩東入庭：

?你是鍾浩東嗎

：是的

?王荊樹是你領導的嗎

：據藍明谷對我講他已參加但參加不久這是受藍領導不歸我領導

?藍明谷將王荊樹報告上級嗎

：藍對我說王荊樹林獻香謝阿冬等七名要參加可以不可以我答應他可以不過後來我被拘了他們有無報上級我不曉得

點呼王荊樹入庭對質：

?你是王荊樹嗎

：是的

?你說沒有參加組織但鍾浩東說藍明谷對他說王荊樹要參加鍾已准了你可問鍾浩東

（王荊樹問鍾浩東你允許藍明谷要我參加組織嗎鍾答是的）

？你還有什麼話說

：我的確沒有接到藍明谷通知

？鍾浩東你普通入黨手續爲何

：我們吸收黨員要報上級核准並通知其本人才是正式入黨不論預備黨員或正式黨員都如此

八月廿一日，上午八點，台灣省保安司令部軍法處再將鍾浩東等同案共十四名提訊，由我擔任審判長，與兩名審判官周咸慶和顏忠魯，共同在第二法庭會審。其中，與鍾浩東有關的內容，原始的「會審筆錄」摘錄如下。

點呼鍾浩東入庭：

？姓名事項

：鍾浩東男卅六歲高雄縣人住八堵基隆中學宿舍業前基隆中學校長

？你所領導的有幾個支部

：卅七年八月間領導基隆中學支部卅八年七月間與藍明谷李蒼降籌組基隆

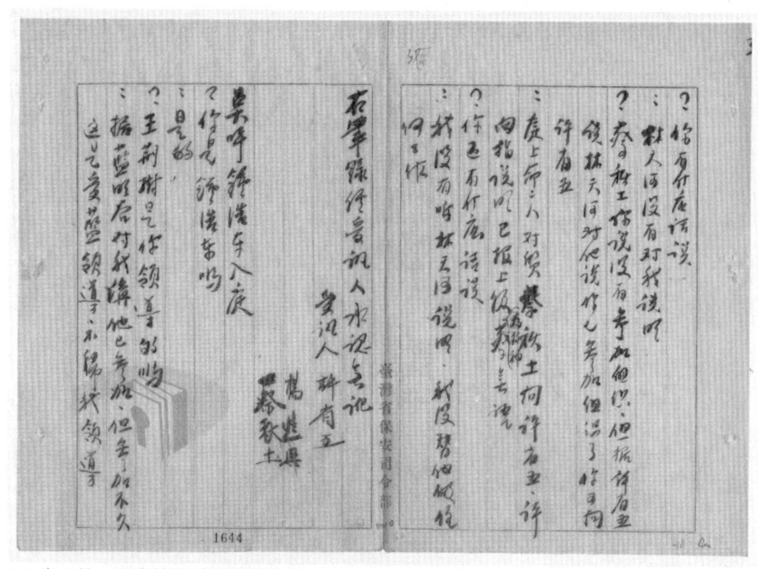
臺灣省保安司令部
1644

1950年8月15日審判官再提訊鍾浩東。

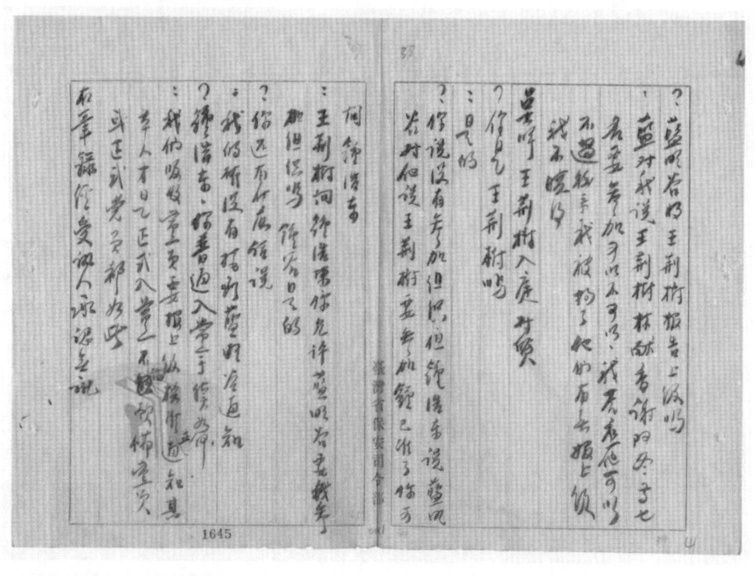
臺灣省保安司令部
1645

審判官並安排鍾浩東與王荊樹對質。

市工作委員會
？你領導的只是鍾國員等
十名嗎
：是的
？現在新生總隊管訓還有
幾個
：還有四個人
？你還做過其他工作嗎
：沒有
？你平常吸收黨員叫他們
去調查何工作嗎
：沒有只是吸收黨員沒有
其他活動
他們十四人一一個別訊問

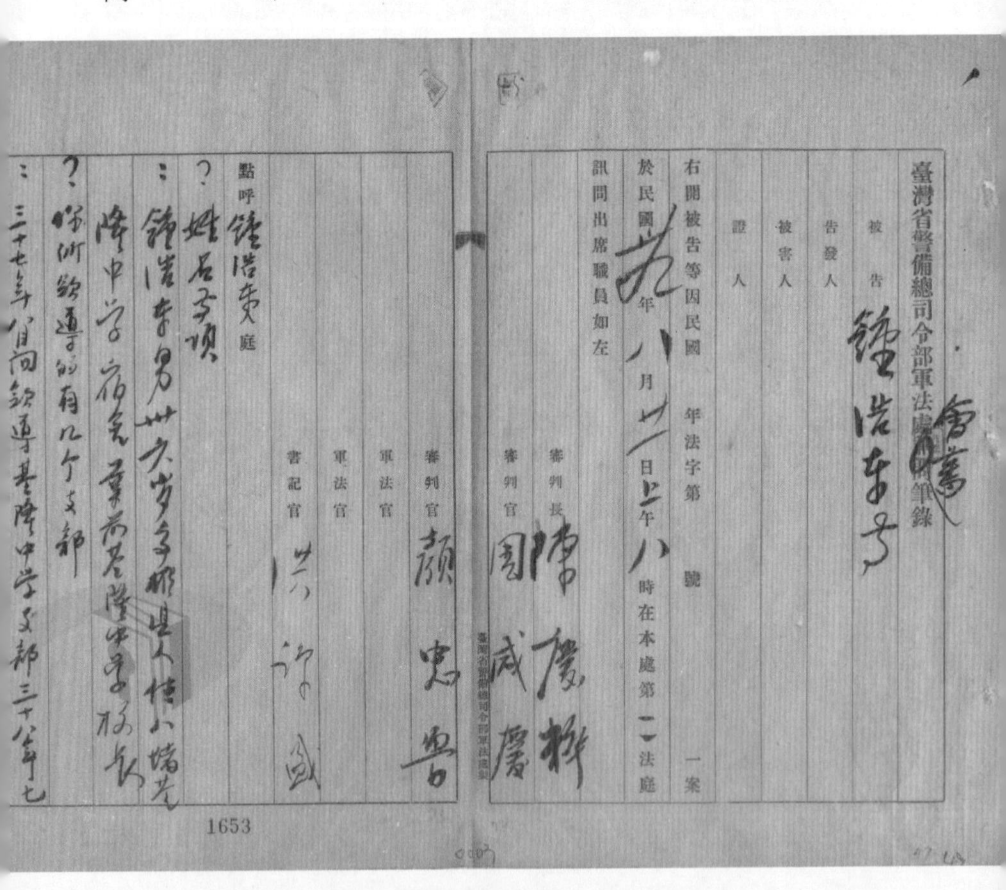
臺灣省警備總司令部軍法處審判筆錄

被告 鍾浩東
告發人
被害人
證人

右開被告等因民國　年法字第　號一案
於民國卅九年八月廿一日上午八時在本處第一法庭
訊問出席職員如左

審判長 陳慶粹
審判官 周咸慶
審判官 顏忠魯
軍法官
軍法官
書記官 洪[illegible]國

點呼 鍾浩東入庭
？姓名等項
：鍾浩東男卅六歲[illegible]縣人住[illegible]
基隆中學校長
？你所領導的有几个支部
：三十七年八月間領導基隆中學支部三十八年七

1653

1950年8月21日台灣省保安司令部軍法處會審鍾浩東等同案共十四名。

之後，我又點呼鍾浩東和李蒼降入庭，訊問他們家裡的財產狀況。鍾浩東說，他家裡有「妻一母一兒二」，「沒有產業」，「住岳母家」。

會審結束了。鍾浩東等十四人又被還押。我與兩名審判官，以及書記官洪源盛，隨即在軍法處會議室召開該案評議會。評議結果是：

> 鍾浩東李蒼降係台灣共產黨匪要廣收黨員圖謀不軌應處極刑……

八月二十二日，我與台灣省保安司令部軍法處審判官周咸慶與顏忠魯，根據「鍾浩東等案評議錄」，草擬完成該案（三九）安潔字第二〇七八號的判決書，其中：

> 鍾浩東李蒼降連續共同意圖以非法方法顛覆政

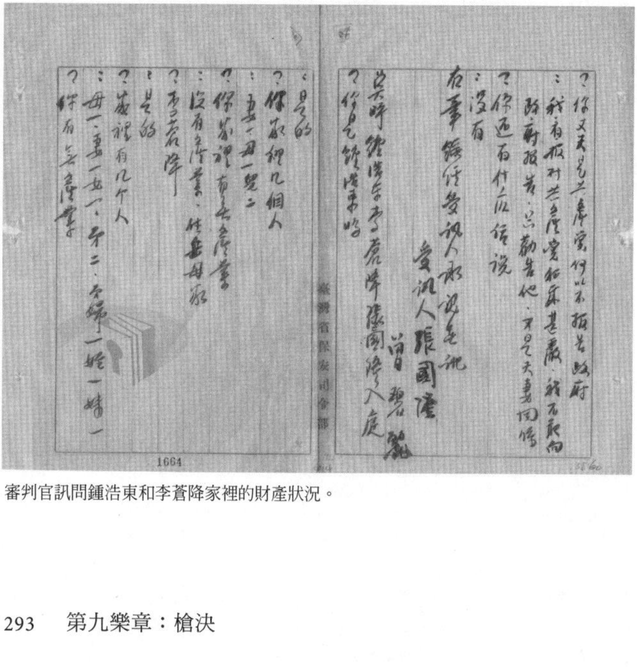

審判官訊問鍾浩東和李蒼降家裡的財產狀況。

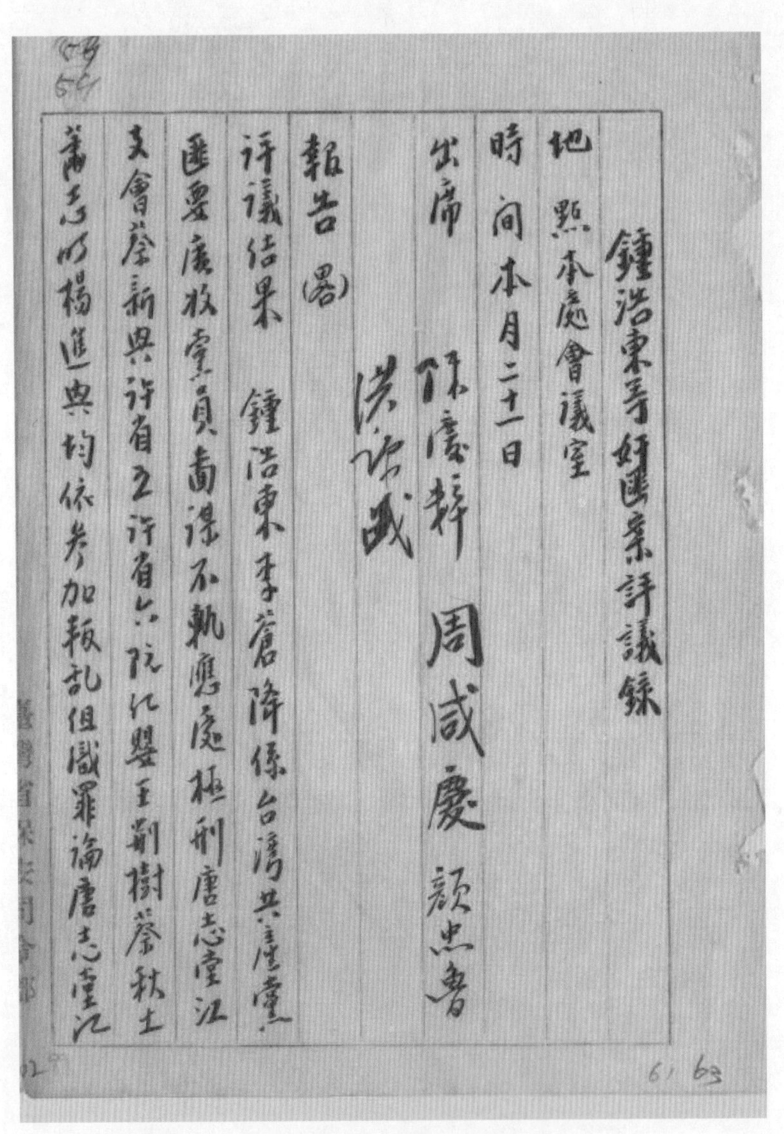

鍾浩東等奸匪案評議錄

地點 本處會議室

時間 本月二十一日

出席 陳慶[illegible] 周咸慶 顏忠魯

洪[illegible]武

報告（畧）

評議結果 鍾浩東李蒼降係台灣共產黨

匪要廣收黨員圖謀不軌應處極刑唐志堂江

支會蔡新興許省五許省六阮化嬰王劉樹蔡秋土

蕭志明楊進興均依參加叛亂組織罪論唐志堂江

軍法處評議會評議結果。

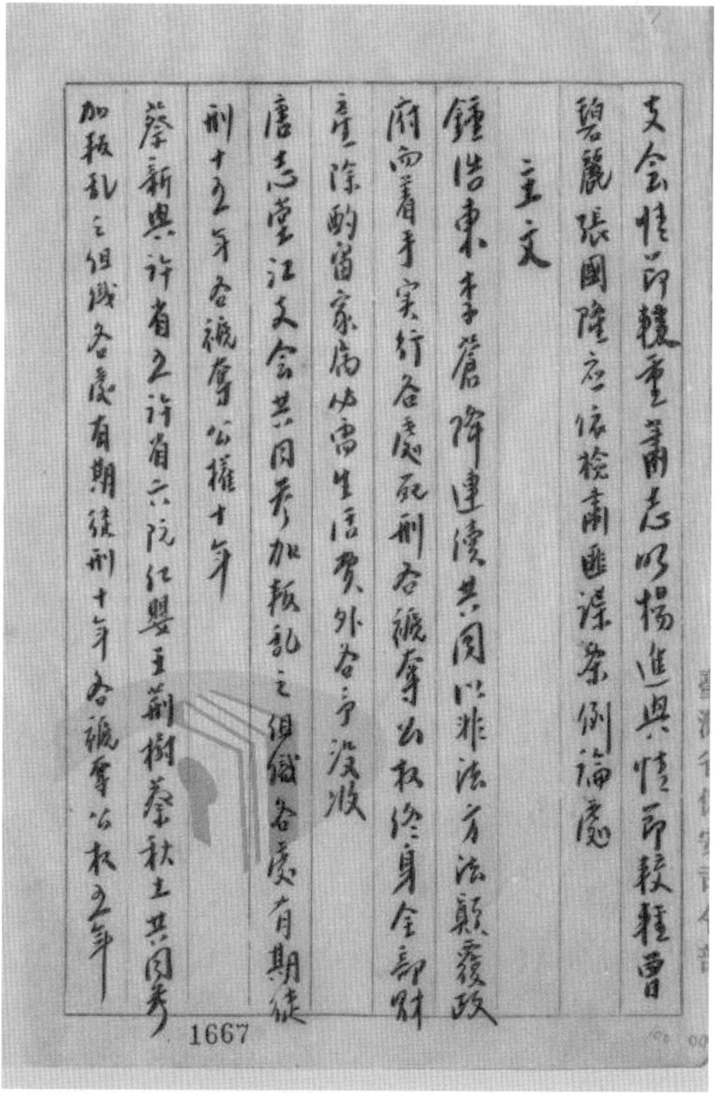

支会情節輕重蕭志明楊進興情節較輕曹
碧麗張國隆應依檢肅匪諜條例論處

主文

鍾浩東李蒼降連續共同以非法方法顛覆政
府而着手實行各處死刑各褫奪公權終身全部財
產除酌留家屬必需生活費外各予沒收
唐志堂江文会共同參加叛亂之組織各處有期徒
刑十五年各褫奪公權十年
蔡新興許省五許省六陳仁興王荊樹蔡秋土共同參
加叛亂之組織各處有期徒刑十年各褫奪公權五年

1667

府而著手實行各處死刑各褫奪公權終身全部財產除酌留家
屬必需生活費外各予沒收

判決書草擬之後，我隨即呈送台灣省保安司令部軍法處長包啓黃，並附便條說明：

本案係國防部保密局奉總統（卅九）午梗機資字第二三〇四號代電發交本部審判茲已審判終結應否先向資料組徵詢意見敬請核示

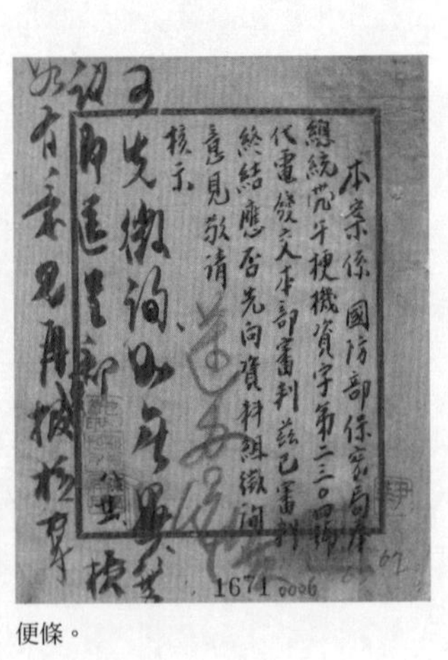
本案係國防部保密局奉
總統卅九午梗機資字第二三〇四號
代電發交本部審判茲已審判
終結應否先向資料組徵詢
意見敬請
核示

便條。

八月廿八日，台灣省保安司令部軍法處長包啓黃「核判」了我與審判官周咸慶、顏忠魯共同草擬的判決書。

八月廿九日，台灣省保安司令部以兼司令吳國楨與副司令彭孟緝的名義，將「鍾浩東等叛亂案卷判」，以（三九）安潔字第一九二七號代電，發文總統府機要室資料組。

九月二日，總統府機要室資料組，以機資字第二八七五號代電，回覆台灣省保安司令部：

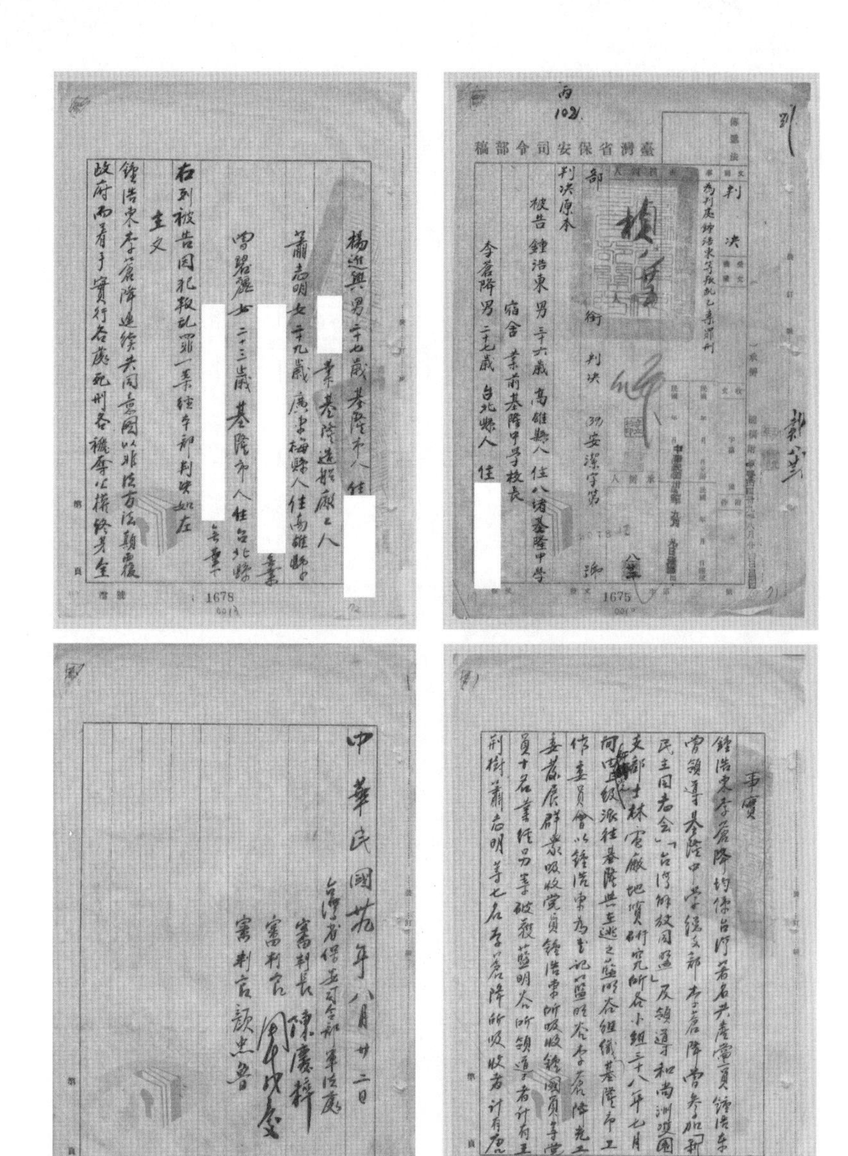
臺灣省保安司令部稿

判決原本

被告 鍾浩東 男 三十六歲 高雄縣人 住八堵基隆中學宿舍 業前基隆中學校長

李蒼降 男 二十七歲 台北縣人 住

楊進興 男 二十七歲 基隆市人 住

蕭志明 女 二十九歲 廣東梅縣人 住高雄縣

曾碧麗 女 二十三歲 基隆市人 住台北縣

右列被告因叛亂罪一案經本部判決如左

主文

鍾浩東李蒼降連續共同意圖以非法方法顛覆政府而着手實行各處死刑各褫奪公權終身全

事實

鍾浩東李蒼降均係台灣著名共產黨員

中華民國卅九年八月廿二日

臺灣省保安司令部軍法處

審判長

審判官

審判官

1950年8月22日軍法處審判官草擬完成（三九）安潔字第二〇八七號判決書。

本案既經依法擬判本組無意見

九月九日，台灣省保安司令部再以（三九）安潔字第二〇七七號代電暨「鍾浩東等叛亂一案罪刑」卷判，呈奉國防部參謀總長周至柔批示。

周至柔：九月廿一日，我核准鍾浩東等叛亂一案罪刑，並要保安司令部將執行鍾浩東李蒼降二名死刑日期具報備查。與此同時，我還特別批示：「基隆中學校長按其地位應簽請總統核示」。

九月廿九日，我根據台灣省保安司令部卅九年九月九日（三九）安潔字第二〇七七號代電檢呈鍾浩東等叛亂一案卷判，經審核供證，所判均尚無不合，擬予照准，故以法簽字三五六號簽呈，謹檢同原卷判，簽請總統蔣鑒核示遵。

十月四日，總統以聯芬字第三九

總統府用牋

八月廿九日(39)安潔字第(1927)號代電敬悉本案既經依法擬判本組無意見相應檢還案卷二宗判決原本一份請查照為荷此致

台灣省保安司令部

附卷二宗判決原本一份

總統府機要室資料組啓

1950年9月2日總統府機要室資料組回覆保安司令部。

○二五七號代電核示：

查本案被告唐志堂係於民國卅七年參加共匪組織據供且有吸收黨員之活動惡性甚大核其犯罪情節與僅消極的參加叛亂組織之情形不同除唐志堂一名應以共同意圖非法方法顛覆政府而著手實行改處死刑並沒收財產外餘均准照簽擬辦理可也

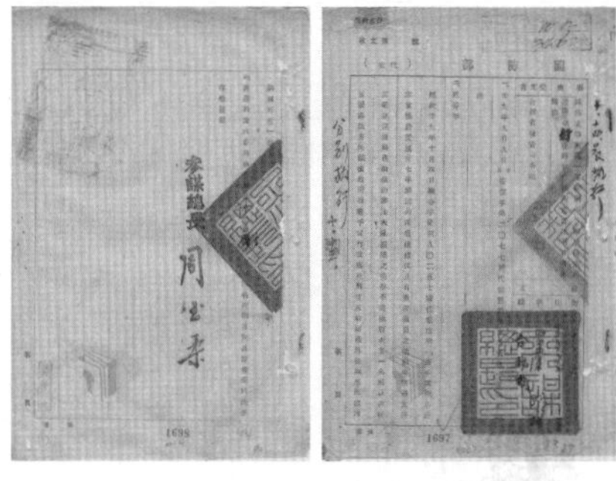

1950年9月21日國防部批准鍾浩東李蒼降二名死刑。

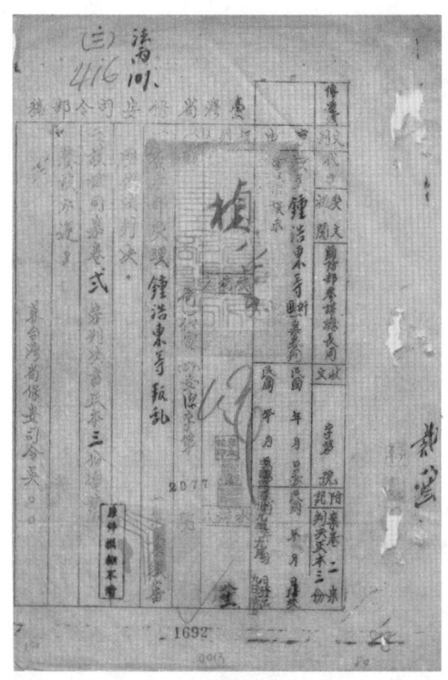

1950年9月9日保安司令部再呈國防部批示。

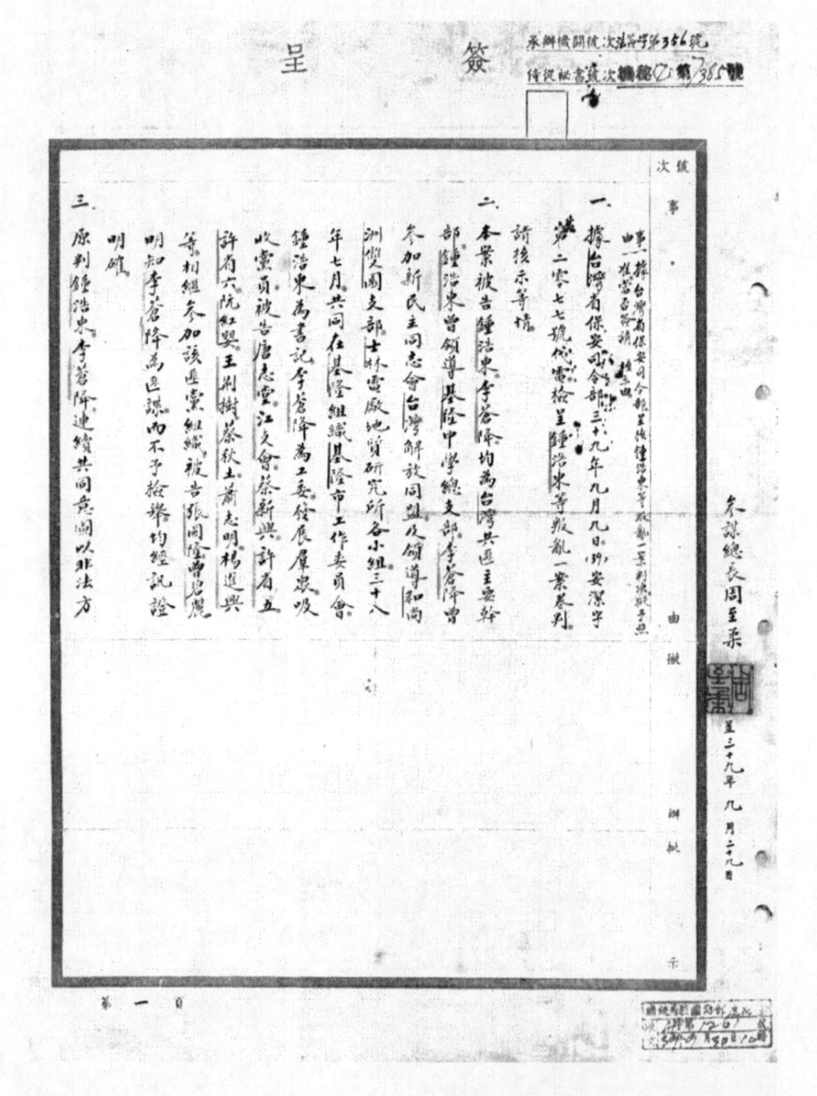

呈 簽

承辦機關號：次法簽字第356號
侍從秘書室：次機秘(乙)第7385號

事由：一、據台灣省保安司令部呈復鍾浩東等叛亂一案判決擬予照准當否簽請核示由

一、據台灣省保安司令部三十九年九月九日[illegible]安潔字第二零七七號代電檢呈鍾浩東等叛亂一案卷判，請核示等情。

二、本案被告鍾浩東、李蒼降均為台灣共匪主要幹部，鍾浩東曾領導基隆中學總支部，李蒼降曾參加新民主同志會、台灣解放同盟及領導和尚洲學園支部、士林電廠、地質研究所各小組，三十八年七月共同在基隆組織基隆市工作委員會，鍾浩東為書記，李蒼降為工委，發展群眾吸收黨員，被告唐志堂、江文會、蔡新興、許省五、許省六、阮紅嬰、王刚樹、蔡秋土、蕭志明、楊進興等相繼參加該匪黨組織，被告張國隆、曾啟麗明知李蒼降為匪諜而不予檢舉，均經訊證明確。

三、原判鍾浩東、李蒼降連續共同意圖以非法方

擬辦

批示

參謀總長周至柔

呈 三十九年 九 月 二十九 日

第一頁

1950年9月29日國防部參謀總長周至柔將台灣省保安司令部檢呈「鍾浩東等叛亂一案卷判」簽請「總統蔣鑒核示遵」。

簽呈

承辦機關代次
侍從秘書代次 (20)7385

號次

事由

法頗霞政府而着手實行各處死刑各褫奪
公權終身全部財產除酌留家屬必需生活費
外各予沒收唐志堂江支會蔡新興許省五許
省六阮紅嬰王炳樹蔡狄土蕭志明楊進興十
名均以參加叛亂之組織論罪分別情節唐志堂
江支會二名各處有期徒刑十五年各褫奪公權
十年蔡新興許省五許省六阮紅嬰王炳樹蔡
狄土六名各處有期徒刑十年各褫奪公權五年
蕭志明楊進興二名各處有期徒刑五年各褫奪
公權三年曾碧霞張國隆明知為匪諜而不告發
檢舉各處有期徒刑一年審核供証所判均尚無
不合擬予照准
四、所擬是否有當謹檢同原卷判簽請
鑒核示遵謹呈
總統　蔣
附呈卷二宗判一份

呈　年　月　日

批辦

示

第二頁

國防部 稿

簽呈 總統蔣

一、據台灣省保安司令部卅九年九月九日(39)安潔字第2077號代電檢呈鍾浩東等叛亂一案卷判請核示等情。

二、本案被告鍾浩東李蒼降均為台灣共匪主要幹部，鍾浩東曾領導基隆中學總支部，李蒼降曾參加新民主同志會台灣解放同盟及領導和尚洲溪園支部、士林電廠地質研究所各小組，卅八年七月共同在基隆組織基隆市工作委員會，鍾浩東為書記，李蒼降為工委兼發展群眾吸收黨員，被告唐志堂江[illegible]蔡[illegible]許首五許首六沈紅[illegible]王荊樹蔡秋土蕭志旺楊進興等相繼參加該匪黨組織，被告張國隆[illegible]李蒼降為匪諜而不予檢舉，均經訊證明確。

三、原判鍾浩東李蒼降連續共同意圖以非法方法顛覆政府而着手實行各處死刑[illegible]

1950年9月29日國防部參謀總長周至柔將台灣省保安司令部檢呈「鍾浩東等叛亂一案卷判」簽請「總統蔣鑒核示遵」。

公權終身全部財產除酌留家屬必需生活費外
各予沒收唐志堂江支合蔡新興許省五許省六
阮紅燮王朝樹蔡秋土蕭志明楊進興十名均以
參加叛亂之組織論罪分別情節唐志堂江支合
二名各處有期徒刑十五年各褫奪公權十年蔡新
興許省五許省六阮紅燮王朝樹蔡秋土六名各處
有期徒刑十年各褫奪公權五年蕭志明楊進興
二名各處有期徒刑五年各褫奪公權三年曾碧麗
張國雄明知為匪諜而不告發檢舉各處有期
徒刑一年審核供證該判均尚無不合擬予照准

015

四、該擬是否有當謹檢同原卷判簽請
鑒核示遵
謹呈
總統蔣
參謀總長周〇〇

016

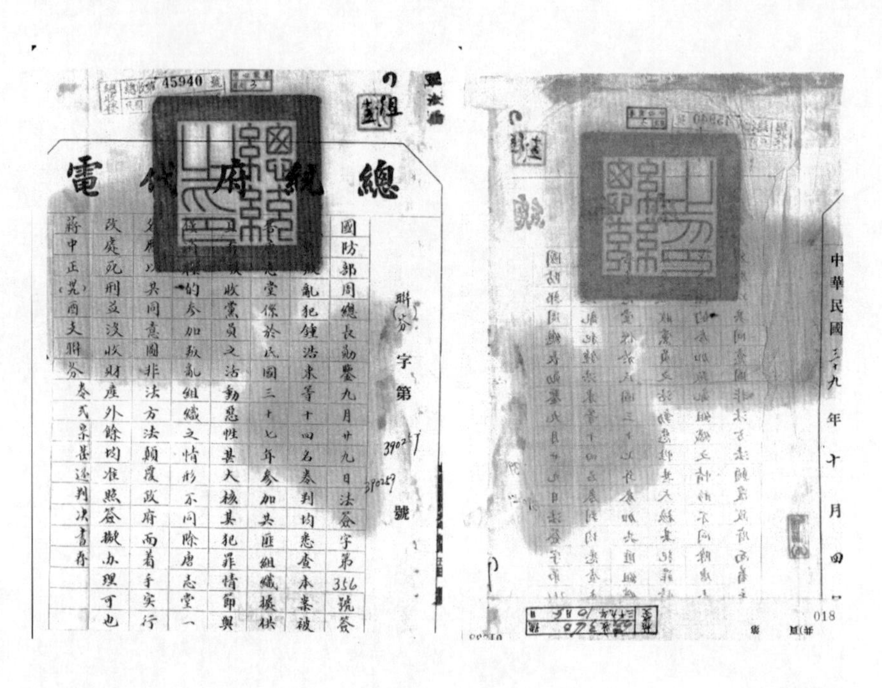

總統府代電

聯(分)字第 390257 號

國防部周總長勳鑒九月廿九日法簽字第356號簽
呈[illegible]亂犯鍾浩東等十四名奉判均悉查本案被
告[illegible]志堂係於民國三十七年參加共匪組織據供
[illegible]吸收黨員之活動惡性甚大核其犯罪情節與
[illegible]的參加叛亂組織之情形不同除唐志堂一
名[illegible]以共同意圖非法方法顛覆政府而着手實行
改處死刑並沒收財產外餘均准照簽擬辦理可也
蔣中正(晃)酉支聯券
卷式呆甚送判決書存

中華民國三十九年十月四日

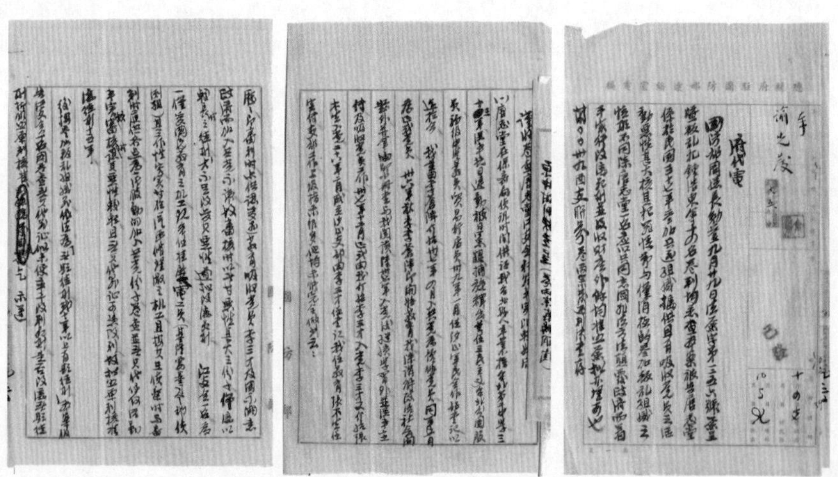

1950年10月4日總統蔣核示唐志堂改處死刑並沒收財產。

十月十一日，我再以（三九）勁助字第八七三號代電發文台灣省保安司令部：

鍾浩東等叛亂一案罪刑奉總統核定希遵照執行並將執行鍾浩東等死刑日期報備

陳慶粹：十月十三日，台灣省保安司令部於是由總司令吳國楨、副司令彭孟緝署名，以最速件發出（三九）安戒字第一〇〇號部銜佈告：

一、查被告鍾浩東李蒼降唐志堂均係台灣著名朱毛匪徒……並均廣吸黨員共同意圖以非法方法顛覆政府而著手實行經國防部保密局偵悉解送本部審理明確各判處死刑各褫奪公權終身全部財產除酌留其家屬生活必需外沒收報奉國防部三十九年十月十一日（三九）勁助字第八七三號代

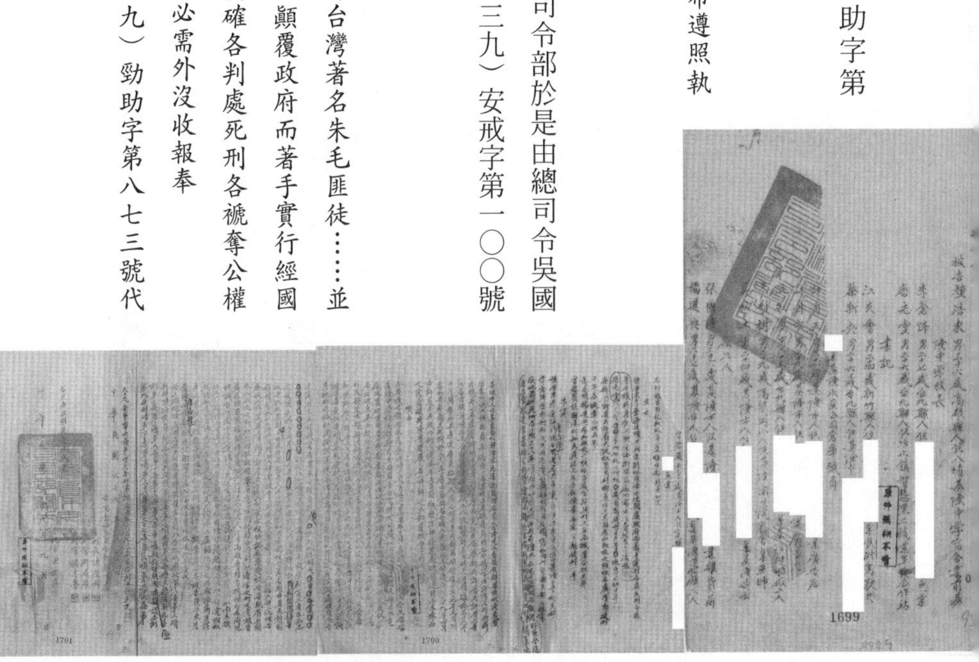

唐志堂改判死刑的判決書。

電核准立案

二、除驗明該鍾浩東李蒼降唐志堂正身發交憲兵第四團於本（十四）日綁赴刑場執行槍決外合行佈告週知……

與此同時又以（三九）安戒字第一〇一號部銜代電發文憲兵第四團李團長：

一、查鍾浩東李蒼降唐志堂三名叛亂一案業經訊查明確依法判處死刑褫奪公權終身並沒收其財產經呈奉國防部卅九年十月十一日勁助字第八七三號代電核准在案

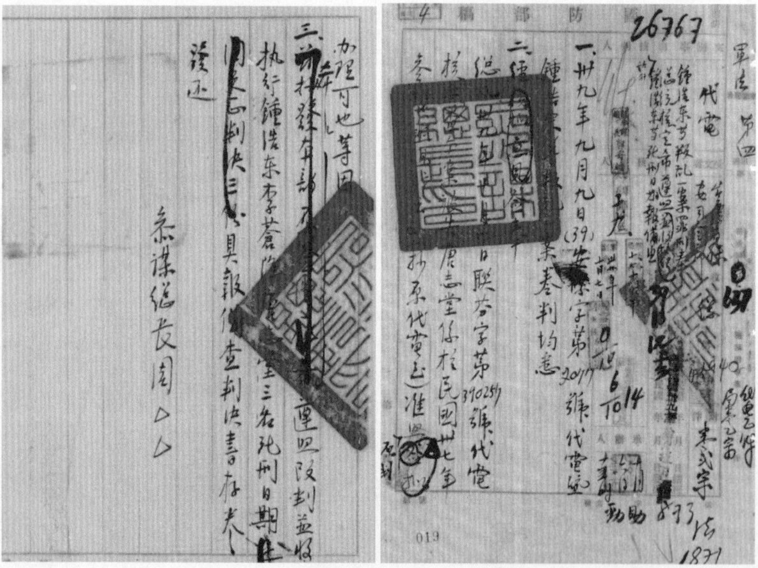

1950年10月11日國防部發文台灣省保安司令部轉達總統蔣改判核示。

二、茲定於本（十）月十四日上午六時三十分宣判執行除派本部軍法官陳慶粹蒞場監刑外，特將佈告二紙隨電發交該團希即派員率兵準時前來本部軍法處將該鍾浩東、李蒼降、唐志堂三名，綁赴本市馬場町刑場執行槍決具報。

三、本件已抄副本送本部軍法處軍法官陳慶粹

最後再以（三九）安戒字第〇一〇二號部銜代電發文台北市政府吳三連市長：

一、奉國防部卅九年十月十一日勁助字第八七三號代電核准判處死刑人犯三名於本（十）

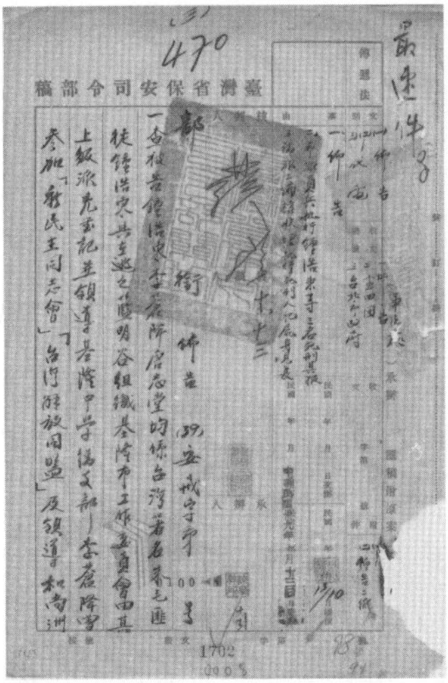

10月13日台灣省保安司令部以最速件發出槍決佈告。

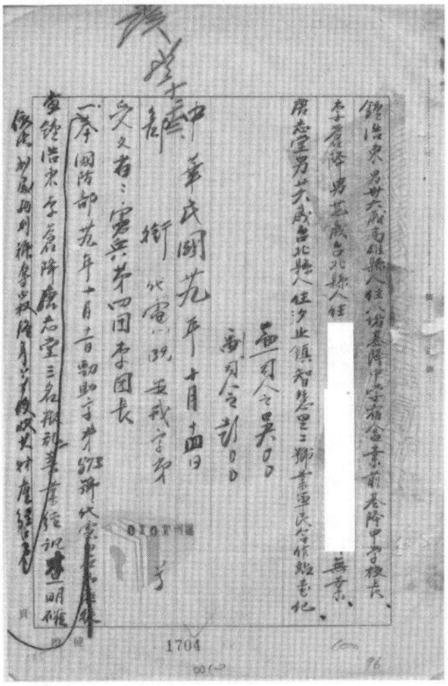

台灣省保安司令部發給憲兵第四團李團長的代電。

月十四日上午六時三十分執行槍決。

二、請即備棺三具，屆時僱工抬往本市馬場町刑場收屍掩埋並見复

十月十四日，上午六時，我將鍾浩東、李蒼降、唐志堂三名各提庭宣判，驗明正身，然後發交憲兵第四團，綁赴馬場町刑場，執行槍決。

王才金：我是憲兵第四團第一連西區憲兵隊隊長。十月十四日上午六時，我親率少尉排長林世傑與十五名士兵，將叛亂犯鍾浩東等三名綁赴馬場町刑場，執行槍決，各種三彈斃命，任務完畢，並無事故發生。

林連生：我是台北市古亭區永成里里長。茲有台北西區憲兵隊於中華民國卅九年十月十四日上午六時卅分於本處馬場町刑場執行槍決叛亂犯等三名，均已斃命，計耗子彈三發，特此證明屬實。

桂華岳：我是台北市衛生院院長。我奉台灣省保安司令部（三九）安戒字第〇一〇二號代電所囑，於十月十四日上午六時三十分派工備棺抬往本市馬場町刑場，收埋執行死刑人犯屍身三

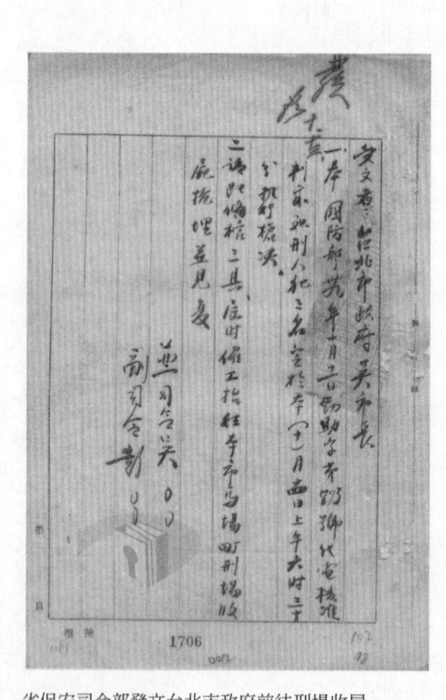
受文者：台北市政府吳市長
一、奉 國防部卅九年十月十三日……代電核准判處死刑人犯三名，定於本(十)月十四日上午六時三十分執行槍決。
二、請即備棺三具，屆時僱工抬往本市馬場町刑場收屍掩埋並見复
兼司令吳
副司令彭
1706

省保安司令部發文台北市政府前往刑場收屍。

具，業經轉飭極樂殯儀館收斂完畢。

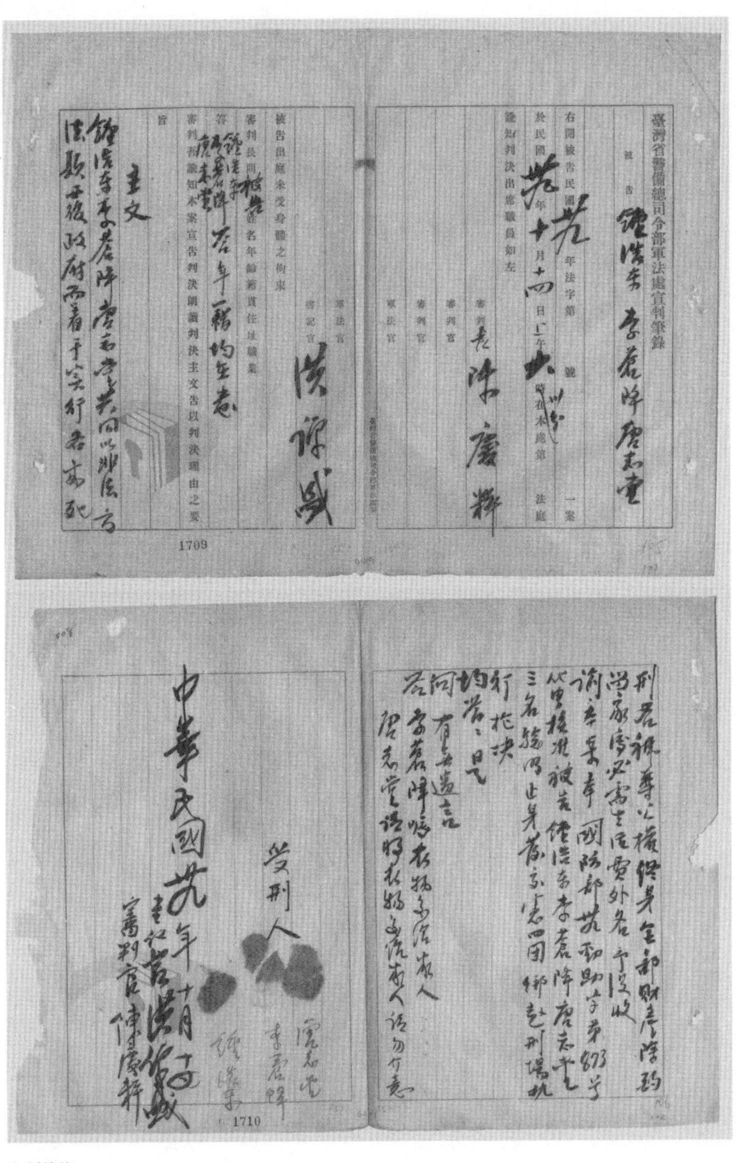
臺灣省警備總司令部軍法處宣判筆錄

被告 鍾浩東 李蒼降 唐志堂

右開被告民國卅九年法字第　　號一案

於民國卅九年十月十四日上午六時卅分在本處第　　法庭

蒞知判決出席職員如左

審判長 陳慶粹

審判官

審判官

軍法官

軍法官

書記官

被告出庭未受身體之拘束

審判長問被告姓名年齡籍貫住址職業

答 鍾浩東 李蒼降 唐志堂 各年籍均在卷

審判長諭知本案宣告判決朗讀判決主文告以判決理由之要旨

主文

鍾浩東李蒼降唐志堂共同以非法方法顛覆政府而着手實行各處死刑，各褫奪公權終身，全部財產除酌留家屬必需生活費外各予沒收。

謹奉國防部卅九勁助字第873號代電核准被告鍾浩東李蒼降唐志堂三名驗明正身，押赴刑場執行槍決

約當日下午

問有無遺言

答李蒼降將衣物交家人

唐志堂請將衣物交家人

1709

中華民國卅九年十月十四日

書記官

審判官 陳慶粹

受刑人 鍾浩東 李蒼降 唐志堂

1710

宣判筆錄。

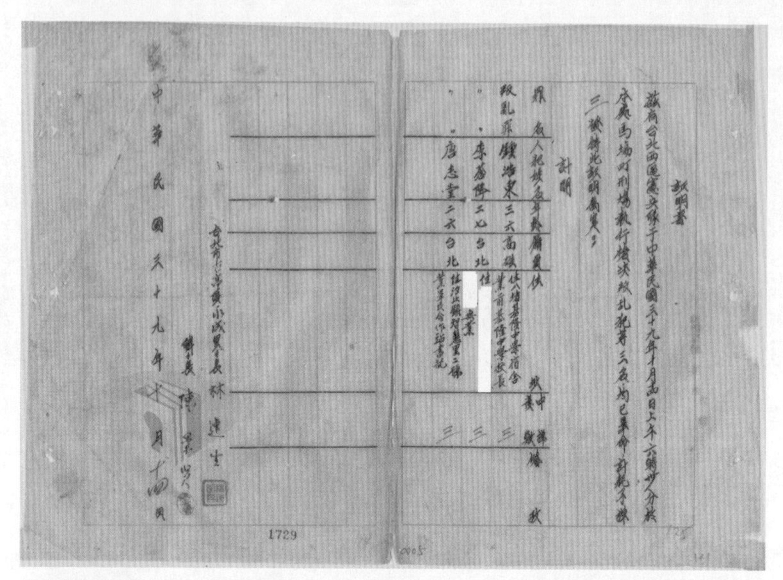

里長證明書。

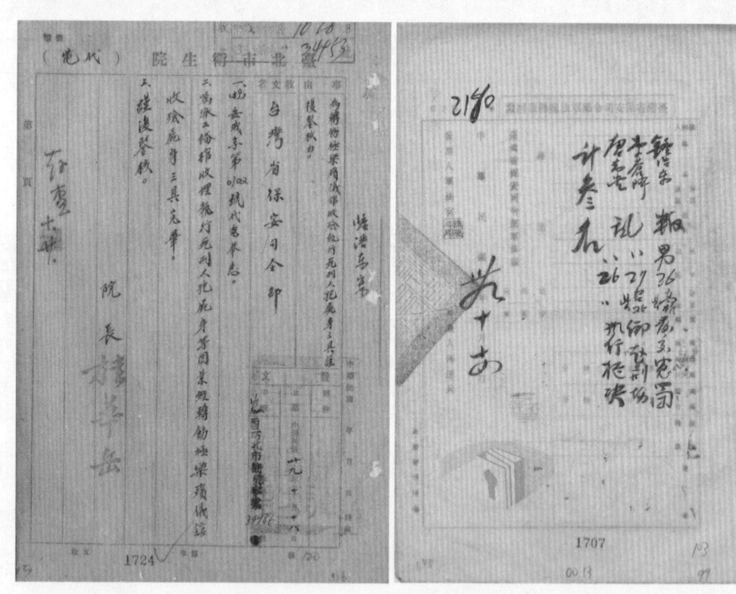

台北市衛生院向保安司令部呈報關於鍾浩東等屍身處理情形。

軍法官陳慶粹發給憲兵第四團鍾浩東等三名的釋票回證。

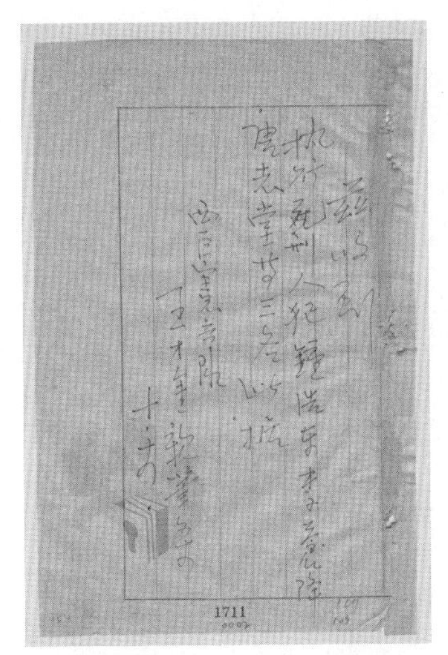

憲兵隊長的收條。

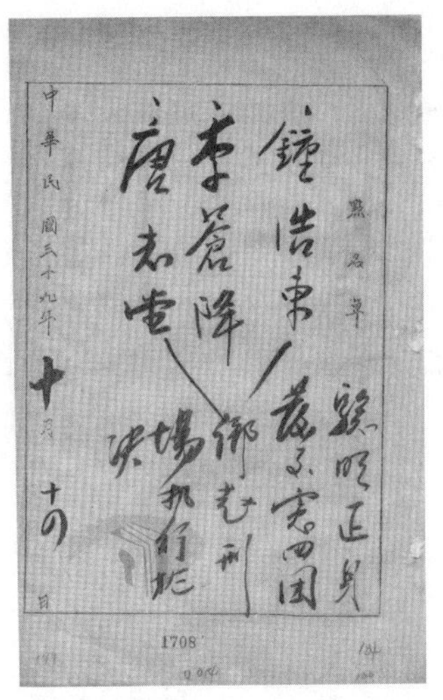

點名單。

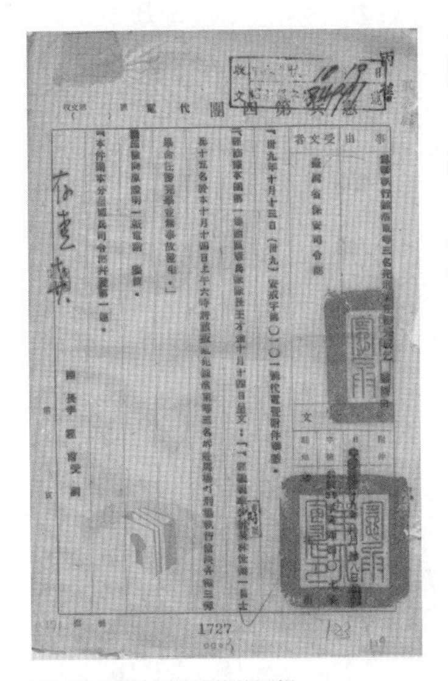

憲兵第四團執行槍決後的回報。

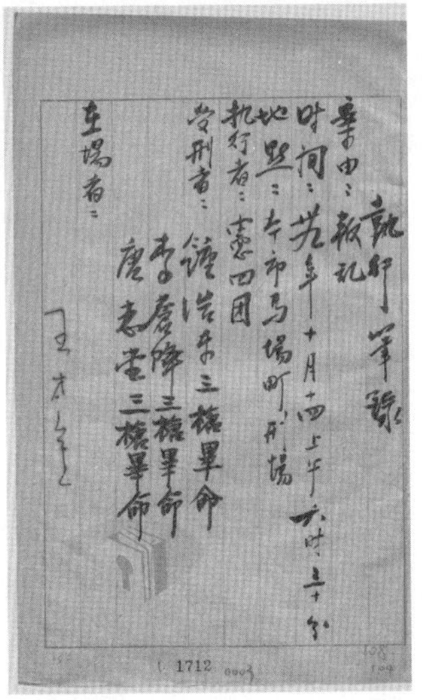

憲兵隊長的執行筆錄。

訣別

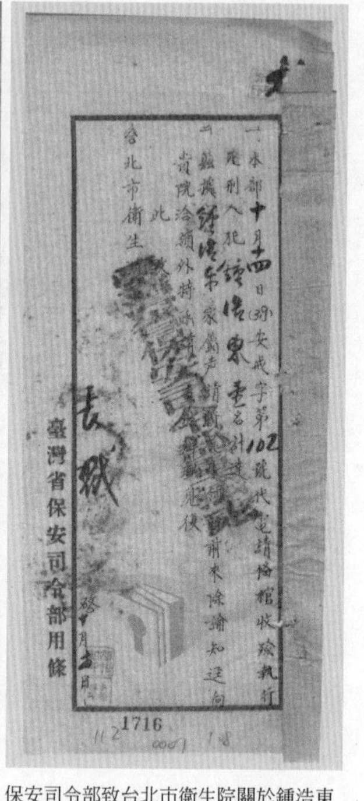
一、本部十月十四日(37)安戒字第102號代電請檢棺收殮執行死刑人犯鍾浩東壹名……
二、茲據鍾浩東家屬……
貴院冷藏外特……
此致
台北市衛生院
臺灣省保安司令部用條
十月十四日
1716

保安司令部致台北市衛生院關於鍾浩東家屬領屍聲請事。

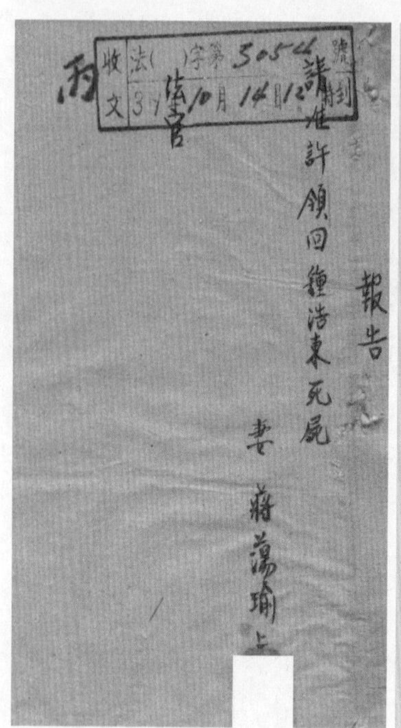
收文 法( )字第5054號 37年10月14日12時到
法官
報告
請准許領回鍾浩東死屍
妻 蔣蘊瑜 上

蔣碧玉的領屍報告。

蔣蘊瑜：終於，該來的還是來了。十月十四日，一大早，軍法處派人來通知，要我們到殯儀館領屍。戴家生父和妹妹去了。他們不讓我去，要我待在家裡。七點左右，有個通車上學的甥兒，在火車站的槍決告示上看到浩東的名字，急急忙忙跑回來告訴我。

「我已經知道了。」我平靜地說。

父親和妹妹在殯儀館的停屍車上看到三副棺材。他們是浩東和他的同志李蒼降與唐志堂。棺材是公家的，殯儀館卻大敲竹槓，要價七百多塊。那時候，一錢黃金也不過三十幾塊。父親身上只有二三十塊錢，妹妹只好回來拿錢。

妹妹告訴我說浩東挨了三槍，都在胸部，額頭許是倒地時碰了點傷，手裡還抓了一把土。我想，打在胸口，死得較快，沒有那麼痛苦吧。妹妹又說，她在殯儀館遇見最後審判的法官。

「勸你姐姐，叫她不要太悲傷。」法官對妹妹說。

匪諜三名　鍾浩東｜李蒼降｜唐志堂　昨日伏法

從犯多名處刑

1950 年 10 月 15 日《中央日報》關於鍾浩東、李蒼降、唐志堂槍決的報導。

浩東的屍身送回家時，打開棺板，我們驚訝地發現兩封夾在棺材板間的遺書：一封是寫給母親的，另一封則是寫給我的：

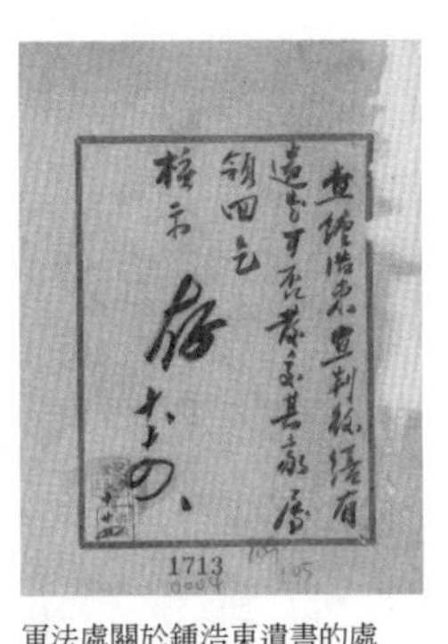

軍法處關於鍾浩東遺書的處理文書。

母親，不見母親的慈顏，已一年多了。這期間我雖在不自由的環境中，無時不在想念著汝，母親的健康，母親的日常起居，在在都使我懷念。葉落秋風的時候了。汝好吧！

前星期，我給理義一封信，他告訴汝嗎？母親，汝年紀已那麼高了，理義弟已長成，最好凡事汝不要去多管，他自然會一天一天進步，他不是一個愚昧不出息的人，遇到困難的日子，自然會改進過去一切不良習慣。

母親，我實在對不起汝，一輩子我只給汝痛苦，從未好好侍候過汝，現在我只能請汝原諒。

九妹姊，我也有信給她，她天性友孝，家境還好，汝老人家有時不妨到她家裡住，她對我的愛情，使我衷心感激，並且對於過去的疏淡，覺得很難過，但是大姊是會原諒我的，因爲在心裡，我是常常在想著她正和想著母親一樣。

蘊瑜和東、民二兒的現況，汝明瞭吧！蘊瑜經常有信給汝嗎？前星期四，蘊瑜帶二兒來看我，已長得很活潑可愛。幾個月前，蘊瑜曾經告訴我，要帶民兒回南部，去給汝看一面。汝看過了吧！我希望汝們很快的能住在一起。她每天要送東西來給我，家庭生活相當辛苦。

不過，汝老人家也不避掛慮那麼多啊！我身體幸得還很好，請安心，完了。祝 汝平安。

不孝兒浩東手啓。九月廿五日。

母親：不見母親的慈顏已一年多了。這期間我雖在不自
由的環境中，無時不在想念着妳，母親的健康，母親
的日常起居，在在都使我懷念。每葉落秋風的時候了，妳好
吧！。前星期我給理義一封信，他告訴妳嗎？母親，妳年
紀已那麼高了，理義弟已長成，最好凡事妳不要去多
管，他自然會一天一天進步，他不是一個愚昧不出息的人，
遇到困難的日子，自然會改進過去一切不良習慣。母親，
我實在對不起妳，一輩子我只給妳痛苦，從未好好侍候
過妳，現在我只能請妳原諒。九妹妹，我也有信給她，
她天性友孝，處境還好，妳老人家有時不妨到她家裡
住，她對我的愛情，使我衷心感激，並且對于過去的疏淡，
覺得很難過，但是大姊是會原諒我的，因為在心裡，我
是常常在想着她正和想着母親一樣。蘊瑜和繼東
和佐民二兒的現況妳明瞭吧！。蘊瑜經常有信給妳嗎？前
星期四蘊瑜帶二兒來看我，已長得很活潑可愛，幾個月
前蘊瑜曾經告訴我要帶佐民回南部去給妳看一面，妳看
過了吧！我希望妳們很快的能住在一起。她每天要送東西
來給我，家庭生活相當辛苦，不過妳老人家也不必掛慮
那麼多啦！我身体幸得還很好，請安心，完了祝
妳平安。

不孝兒 浩東手啟
九月廿五日

鍾浩東於9月25日寫給母親的遺書。

蘊瑜，我以很沉重的心情來寫這封信給汝。汝我共處已有十三年，時間不短不長，而且抗戰期間在極端艱苦困厄的環境中，以汝孱弱的身體，共同甘苦，竟挨過差不多十個年頭，在工作中，在養育小孩的事情上面，汝都沒有我多少幫助，盡了汝的責任。

光復後返台，汝我又以工作的關係，不能常在一起，家庭的瑣務，全由汝負擔，這是委屈了汝的。這一年來，更難爲汝了。我實在不敢去設想汝們如何生活，在接見的時候，我覺得汝似乎更瘦了。一切的一切說來都是不幸的。

但是蘊瑜；我們也曾有不少美麗珍愛的過去，那些回憶與感懷時常要把我沉重的心情變鬆得多。蘊瑜；在困苦的環境中還是找些愉快吧！忍耐能克服不少困難，它能增進人的活力。

蘊瑜；請不要驚駭，也不要悲傷，我告訴汝一個設想──當然汝我都希望它是架空的、不會兌現的設想──我的著落發生汝最不願意的情形！那汝將如何呢？

我知道汝的心情將會受到莫大的衝擊，汝將沉淪於悲痛的苦海中，但是我希望汝能很快就丟掉悲傷的心情，勇敢的生活下去。

……

關於我們的生平，汝知道很多，我不想在這裡說些什麼。關於後事，切不可耗費金錢，可用最簡單的方法了決一切。汝知道，在這裡我沒有什麼東西，一些用品，汝們領回去，以爲紀念……

南部母親我已另有信給她，我只希望汝多給她通訊，多給她安慰，東、民二兒多給她見面。東兒的牙齒不好，恐怕是汝們傳統的缺陷，須及早設法補救。民兒太可憐了，恐怕他還不認識我呢！

父親、母親，請都不必悲傷，諸弟妹努力求進，以諸弟妹的聰明天資，必能有所成就。我將永遠親愛汝懷念汝，祝福汝。

浩東手書。十月二日深夜。

蘊瑜：我以很沉重的心情來寫這封信給汝。汝我共處已有十三年，時間不為不長，而且在抗戰期中在極端堅苦困厄的環境中，以汝孱弱的身体，共同甘苦，竟度過差不多十個年頭，在工作中，在養育小孩的事情上面，汝都沒有我的多少幫助，害了汝的青春。光復後返台，汝我又以工作的關係，不能常在一起，家庭的積務，全由汝負担，這是害苦了汝的。這一年來更難為汝了。我真在不敢去設想汝們如何生活，在接見的時候，我覺得汝似乎更瘦了。一切的一切說來都是不幸的。但是蘊瑜：我們也惟有把這些不幸的事看做過去，那些由悲哀懷念時常要把我沉重的心情変輕鬆得多。蘊瑜：在困苦的環境中選出我們愉快吧！忍耐能克服不少困難，它能增進人的活力。蘊瑜：請不要太驚駭，也不要悲傷，我告訴汝一個設想，雖然汝我都希望它是如不定的不会出現的設想，我的一切落葉歸根 最不幸的情形。那汝將如何呢？我知道汝的心情將会受到莫大的衝擊，汝將沉淪于悲痛的苦悔中，但是我希望汝能很快就擺脫悲傷的心情，

10月2日鍾浩東寫下未必能寄出的與妻訣別書。

勇敢的生活下去。目前不但二個女孩要你養育，那麼多弟々
妹々的一切也要你照料協助，這還需要你鼓起十二分的精神
才能應付下去的。關於我的生平你知道很多，我不想在這裡
說些什麼。關於後事，切不可浪費金錢，可用最簡單的
方法了決一切。你知道在這裡我沒有什麼東西，一些用品，你們
領回去以為紀念。芸芳妹一年來也太辛苦了，我很遺憾沒有
很好的東西送她留念，在這裡有錶子一隻，稍可為永久紀念的
我想就留給她吧！在家裡她有想要的東西，你們自己去商酌。傳
李弟用的鋼筆就給他，其他的物品諸弟妹及友人若有想要
的也可酌給，以資紀念。南部母親我已另有信給她，我只希
望你多々給她通訊，多々給她安慰，東、民二兒多給她見面。
東兒的牙齒不好，恐怕是你們傳統的缺陷，須及早設法補救。
民兒太可憐了，恐怕他還不認識我呢！父親，母親，請都不必
悲傷，諸弟妹努力求進，以諸弟妹的聰明天資，必能有所成
就。我將永遠親愛你，懷念你，祝福你。

浩東手書

十月二日深夜

佛祖的骨灰

蔣蘊瑜：浩東被槍決之後，我雖然處於一種巨大的悲傷之中，仍然強忍著，四處籌錢，給他辦理後事。原先，我身上還存有一些錢。可我出獄後，這些錢，給基中那些仍拘押在軍法處看守所的外省教職員送菜，全花完了。後來，我向親友借了點錢，在歸綏街風化區巷口擺個小攤，賣紅豆餅營生。在押的浩東知道這事後，即刻寫信給南部老家的里義，要他處理名下的一片山林地。一九四三年八月卅一日公公過世，留了一份遺產給浩東。原先，浩東是不肯要這份父親留下來的遺產的。因爲族親長老的堅持，他也不好破壞規矩，就把名下的財產交給弟弟里義去經營。里義收到浩東從獄中寄出來的信後，隨即設法變賣那片山園，然後上來台北，將所得款項的一半交給我。然而，這筆賣山所得的錢，早在浩東槍決前幾天就已經用完了。我不得不再向親友借錢。

浩東火化後，里義上來台北，把他的骨灰接回南部家鄉奉祀。同時也把我一貧如洗的情況，帶回家鄉。浩東的大姐——九妹，隨即囑咐他兒子上台北，帶一筆錢給我。

鍾里義：浩東槍決之後，我上台北，把他火化後的骨灰，捧回家鄉入祀。回到家時，七十三歲的母親見我手上捧著的骨灰罈，好奇地問我：那是什麼？母親沒念過書，不識字，無法從報上得知浩東的消息。我於是騙她說：這是我去廟裡燒香，請回來的佛祖的骨灰，放在家裡奉祀，可以保庇阿謝哥的劫難早點消除。母親聽後，頻頻點頭，笑著說：這樣子好！這樣子好。我忍不住心中難過，跑到屋裡，關起門來，先是乾號，然後就放聲大哭，眼淚流個不停……

一九五三年，母親去世。一直到逝世爲止，她都不知道浩東已經死了。我想，她生前如若知道的話，一定也會發瘋而死吧。

鍾浩東槍決後，虛歲三十的蔣碧玉在歸綏街風化區巷口擺攤營生，撫養兩個幼兒。（台灣民眾文化工作室收藏）

晚年的鍾番薯（中坐者）猶在開山墾荒，1943 年 8 月 31 日過世後留了一份遺產給鍾浩東。

鬮分書

立鬮分書鍾春生鍾理虎鍾和鳴鍾理[illegible]鍾[illegible]鍾理[illegible]昆弟六人念自程業公來
台披荊斬棘創家立業迄今已閱[illegible]合手拮据[illegible]祖
產遭先嚴內吾等昆弟今已承繼父業尤宜同心協力自思發奮念水思源而期
達先宗維祖之遺但驟而樹大分枝人大分家且樹分枝更見繁榮草分株而
益壯茲啟酬先父遺言之旨並在族中長者之前昆弟自集一堂情意融洽議
決由下列鬮分條款分得各自分數
一、公鍾理虎治山有功且參合先父遺言內意將昆弟六人分作七份理虎應得兩
份其他昆弟五人各得壹份
二、土地[illegible] 共十八筆總計叁百八十餘甲
中鍾桂蘭三分之一曹宏標三分之一為不得有外土名鍾山[illegible]肆甲之
土地是也
三、決議以土名細鳥樹林為界劃為[illegible]區前區由南方山腳及公所十六番之九番起為第一山區由[illegible]帳寮向北至鳥樹林分為七小區後區則由楠樟仙湖起
為第一小區帳寮向南至細鳥樹林止分為七小區今由抽鬮結果鍾理和分得
第一區鍾春生分得第二區鍾和鳴分得第三區鍾理義分得第四區鍾理
志分得第五區鍾理虎分得第六第七兩區
四、公所四十六番五分七厘三毛五系[illegible]中抽鬮結果[illegible]
[illegible]
五、參酌先父遺言內[illegible]
[illegible]
六、債務[illegible]

1779

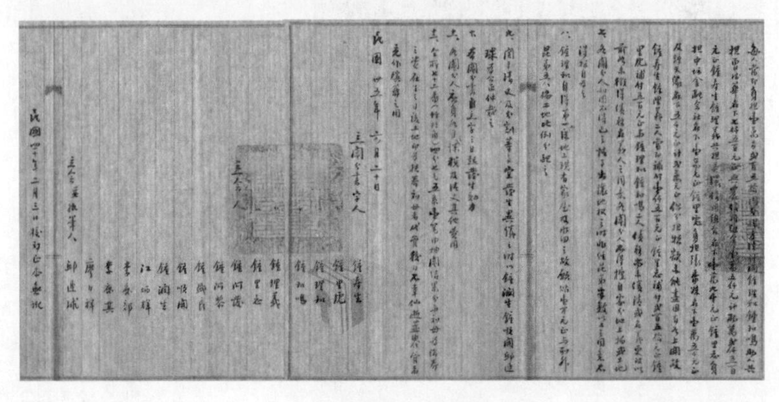

[illegible]

民國卅五年六月二十日　立鬮分書字人

鍾春生　鍾理虎　鍾理和　鍾和鳴　鍾理義

1946年6月20日鍾浩東與兄弟共立的財產鬮分書。

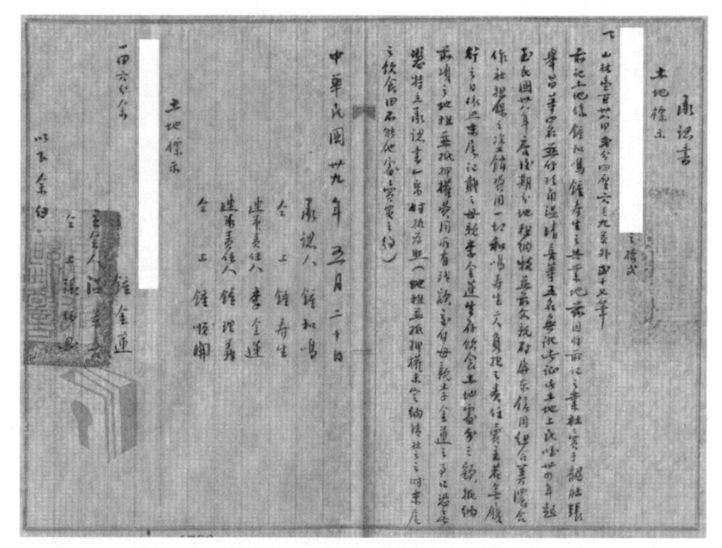

承認書

中華民國卅九年五月二十日

承認人 鍾和鳴

仝 上 鍾壽生

連帶責任人 李金運

連帶責任人 鍾理義

1950年5月20日鍾浩東名下山林變賣承認書。

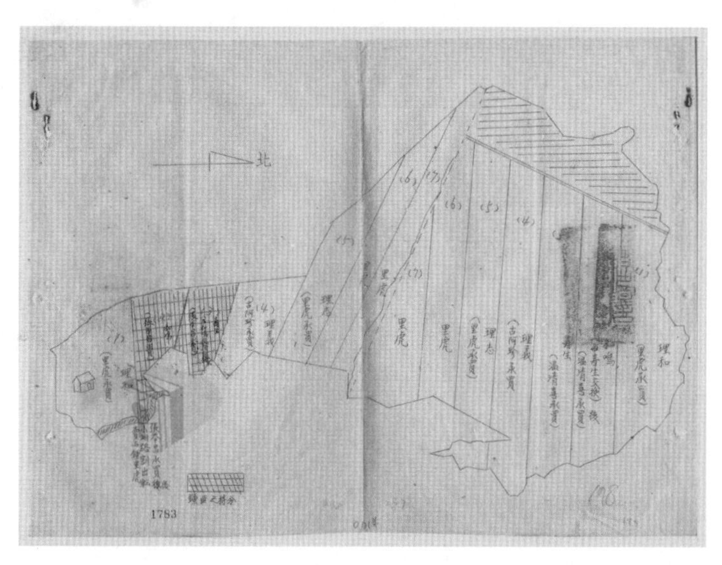

鍾浩東名下山林地目圖。

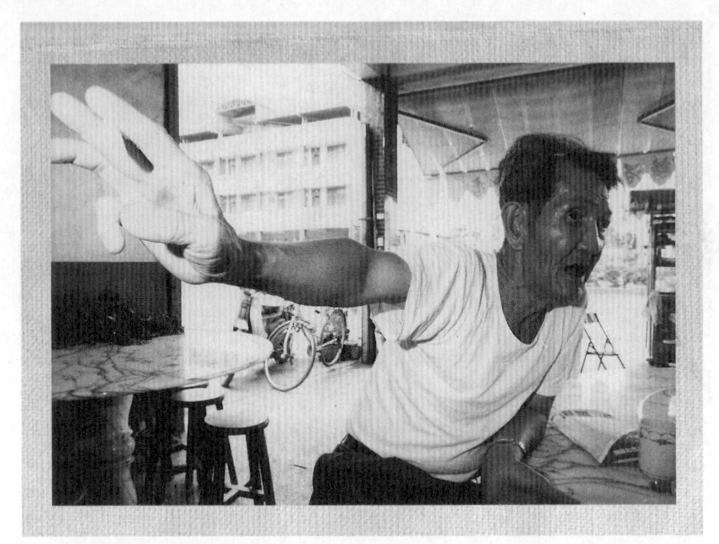

一九八七年八月鍾里義於屏東麟洛。（陳孔顧攝影）

一九八八年蔣碧玉與李南鋒在美濃鍾家家墓祭拜鍾浩東。

尾聲：和鳴！你在那裡？

第二封信是西奧（梵谷的兄弟）寄來的：

「素描畫得很好，我將盡全力賣掉它們。附上去阿姆斯特丹的路費二十法郎。祝你成功，老孩子。」

——抄自史東著《梵谷傳》

啊！啊！和鳴！你在那裡？

——《鍾理和日記》（一九五八年二月廿二日，美濃尖山）

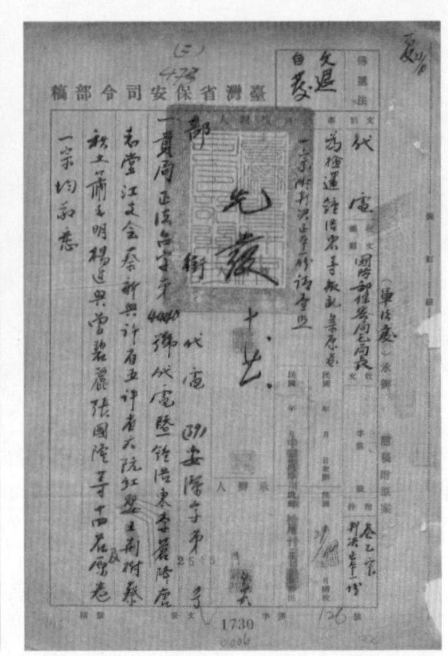

臺灣省保安司令部稿

1730

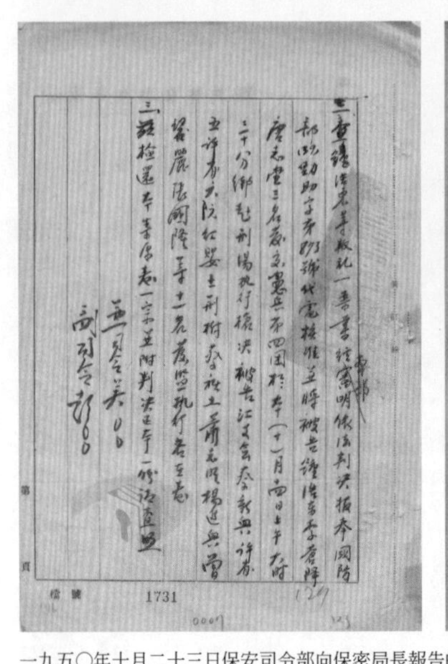

1731

一九五〇年十月二十三日保安司令部向保密局長報告的電文。

陳慶粹：鍾浩東等三名槍決後的十月十九日，我擬寫了一份致國防部保密局毛人鳳局長的「爲檢還鍾浩東等叛亂案原卷一宗附判決正本一份請查照」的報告。廿三日，由軍法處台灣省保安司令部兼司令吳國楨和副司令彭孟緝共同署名，以部銜代電（三九）安潔字第二五四五號發文：

一、貴局正法台字第四四四〇號代電暨鍾浩東李蒼降唐志堂……等十四名及原卷一宗均敬悉

二、查鍾浩東等叛亂一案業經本部審明依法判決報奉國防部（三九）勁助字第八七三號

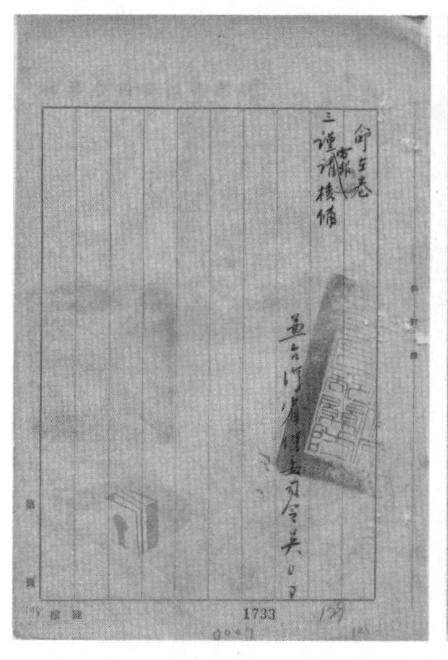
1733

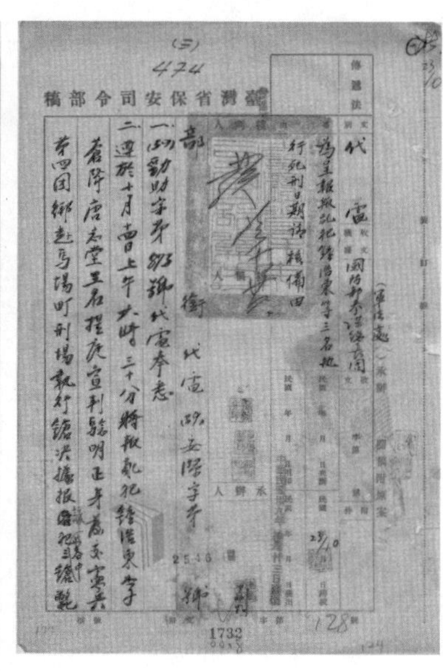
臺灣省保安司令部稿
1732

1950年10月23日保安司令部向參謀總長報告的電文。

代電核准並將被告鍾浩東李蒼降唐志堂三名發交憲兵第四團於本（十）月十四日上午六時三十分綁赴刑場執行槍決……

三、茲檢還本案原卷一宗並附判決正本一份請查照

與此同時，我也擬寫了一份致國防部參謀總長周至柔的「爲呈報叛亂犯鍾浩東等三名執行死刑日期請核備」的報告，由台灣省保安司令部兼司令吳國禎單獨署名，以部銜代電（三九）安潔字第二五四六號發文：

一、（三九）勁助字第八七三號代

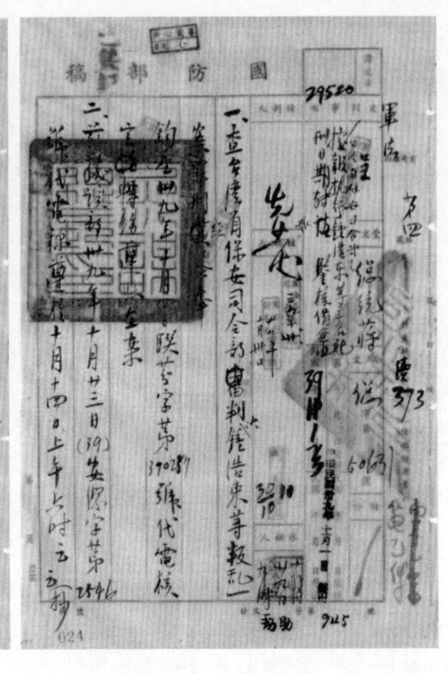

電奉悉

二、遵於十月十四日上午六時三十分
將叛亂犯鍾浩東李蒼降唐志堂三
名提庭宣判驗明正身發交憲兵第
四團於綁赴刑場執行鎗決據報該
犯皆各中三鎗斃命在卷

三、謹電報請核備

周至柔：十一月一日，我以（三九）勁助字第九四五號（呈）發文軍法局轉總統蔣：

一、查台灣省保安司令部判決鍾浩東
等叛亂一案罪刑經簽奉
鈞座卅九年十月四日聯芬字第

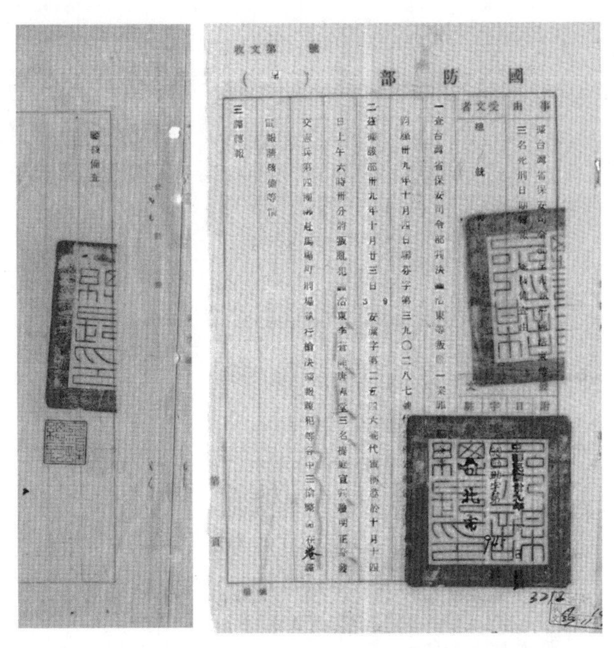
國防部

事由：據台灣省保安司令部[illegible]三名死刑日期[illegible]

受文者：總統

一、查台灣省保安司令部判決鍾浩東等叛亂一案[illegible]前經卅九年十月四日局芬字第三九〇二八七號代[illegible]

二、茲據該部卅九年十月廿三日（39）安潔字第二五四六號代電稱遵於十月十四日上午六時卅分將叛亂犯鍾浩東李蒼降唐志堂三名提庭宣判驗明正身發交憲兵第四團綁赴馬場町刑場執行槍決據報該犯等各中三槍斃命在卷謹電報請核備等情

三、謹轉報

1950年11月1日參謀總長周至柔發文軍法局轉呈總統蔣鑒核鍾浩東李蒼降唐志堂三名執行槍決的日期備查。

三九〇二八七號代電核定轉飭遵照在案

二、茲據該部卅九年十月廿三日（三九）安潔字第二五四六號代電稱遵於十月十四日上午六時卅分將叛亂犯鍾浩東李蒼降唐志堂三名提庭宣判驗明正身

發交憲兵第四團綁赴馬場町刑場執行槍決據報該犯等各中三槍斃命在卷

謹電報請核備等情

三、謹轉報

鑒核備查

傅亞夫：我是總統府駐國防部連絡室

主任。十一月四日，我以聯芬字第三九〇三一號代電發文回覆

軍法局：

一、奉交下貴局承辦總長周十一月一日勁助字第九四五號
　　呈爲轉執行叛亂犯鍾浩東等三名死刑日期請核備一案

二、並奉總統批示「准予備查」等因

三、特錄批奉答希查照轉陳爲荷

周至柔：十一月十四日，我以（三九）勁助字第一〇〇一號代電發文台灣省保安司令部：

一、卅九年十月廿三日（三九）

1950 年 11 月 14 日參謀總長電保安司令部「准予備查」。

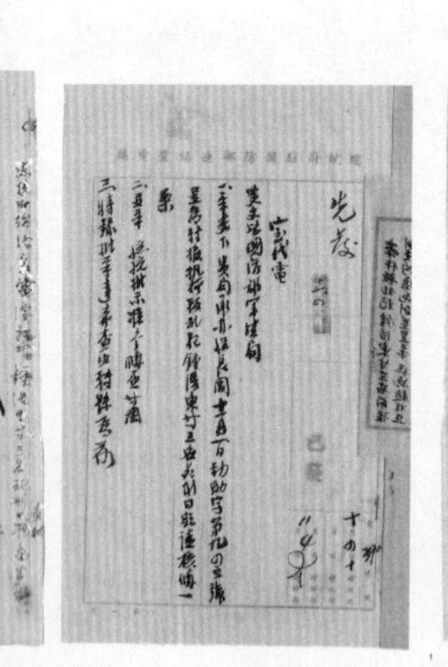

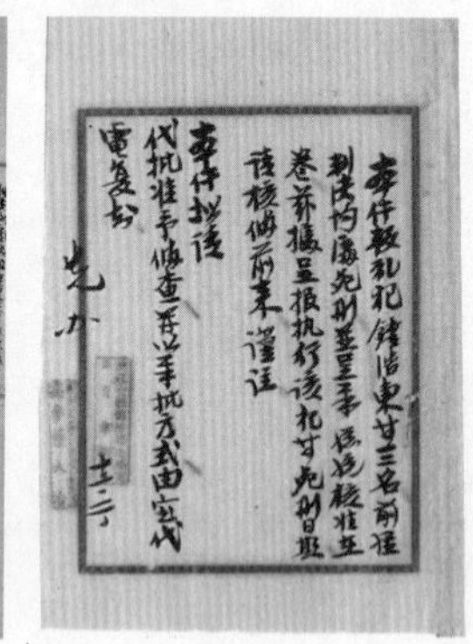

1950 年 11 月 4 日總統府駐國防部連絡室主任傅亞夫回覆軍法局：總統批示「准予備查」。

安潔字第二五四六號代電悉

二、據報執行叛亂犯鍾浩東等三名死刑日期請核備等情經轉報

總統批示准予備查等因

三、特電知照

陳慶粹：我又奉命承辦「查明鍾浩東唐志堂之介紹人保證人及單位主管姓名分別議處具報」而擬寫一份公文，由台灣省保安司令部兼司令吳國禎和副司令彭孟緝共同署名，於十一月四日，以部銜代電（三九）安潔字第二六七三號發文台灣省教育廳和台北縣政府：

一、奉國防部（三九）勁助字第八九五號通令奉總統蔣（三九）酉魚聯芬字第

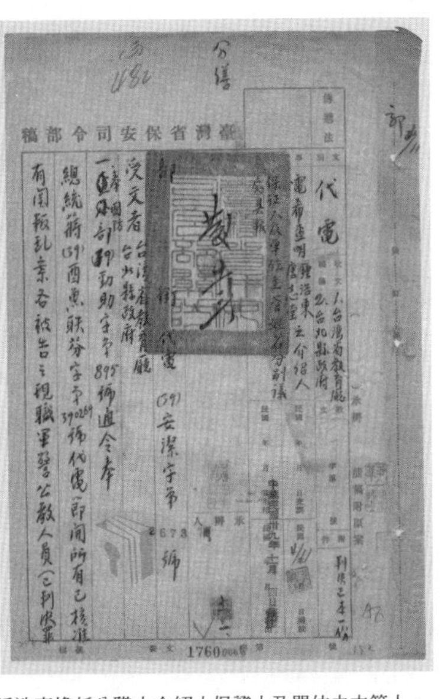

1950 年 11 月 4 日保安司令部發文台灣省教育廳查處鍾浩東擔任公職之介紹人保證人及單位之主管人。

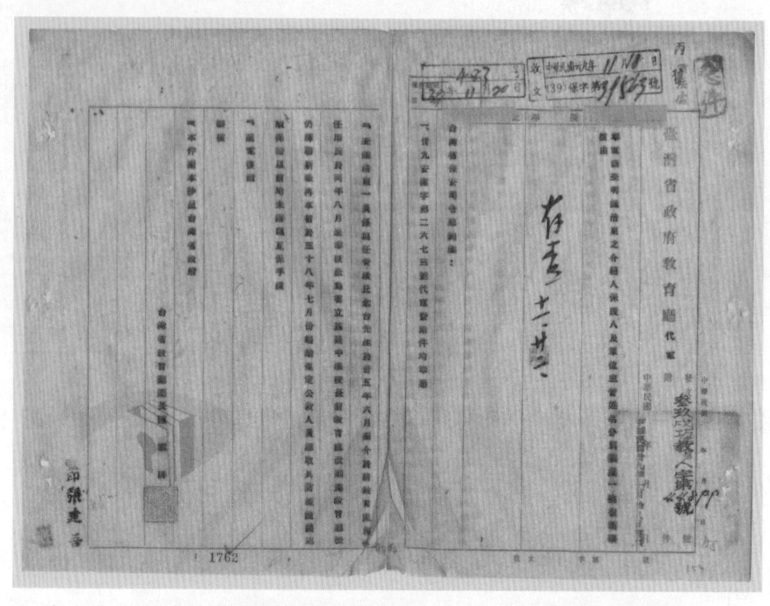
臺灣省政府教育廳代電

台灣省保安司令部鈞鑒：

1762

1950年11月18日台灣省教育廳廳長陳雪屏電覆台灣省保安司令部有關鍾浩東的調查情況。

三九〇二六四號代電節開所有已核准有關叛亂案各被告之現職軍警公教人員（已判決罪刑者）應轉飭將其介紹人保證人及單位主管人詳爲查明在檢肅匪諜舉辦聯保連坐辦法未正式公布施行前應查明有關行政法令分別議處等因

二、查本部判決鍾浩東等奸匪一案所有前基隆中學校長鍾浩東前汐止軍民合作站書記唐志堂之介紹人保證人及單位之主管人詳爲查明分別議處報核

三、檢送判決正本一份希辦理具報

四、本件已抄副本送台灣省政府

陳雪屏：我是台灣省教育廳廳長。關於前基隆中學校長鍾浩東的介紹人保證人及單位主管人，我於十一月十八日發文電覆台灣省保安司令部：

查鍾浩東一員係現任資政丘念台先生於卅五年六月函介於前教育處相機任用旋於同年八月呈奉為省立基隆中學校長前教育處改制為教育廳後仍蟬聯斯職再本省於三十八年七月份起始規定公教人員應取具防範匪諜連○保結以前均未辦理互保手續

陳慶粹：一九五一年一月十五日，我再奉命承辦「查明叛亂已決犯鍾浩東有無財產」而擬寫了一份公文，由台灣省保安司令部兼司令吳國禎和副司令彭孟緝共同署名，於一月十七日，以部銜代電（四○）安潔字第○一九九號發文高雄縣警察局：

一、查鍾浩東叛亂一案業經本部判處死刑褫奪公權終身全部財產除酌留家屬必

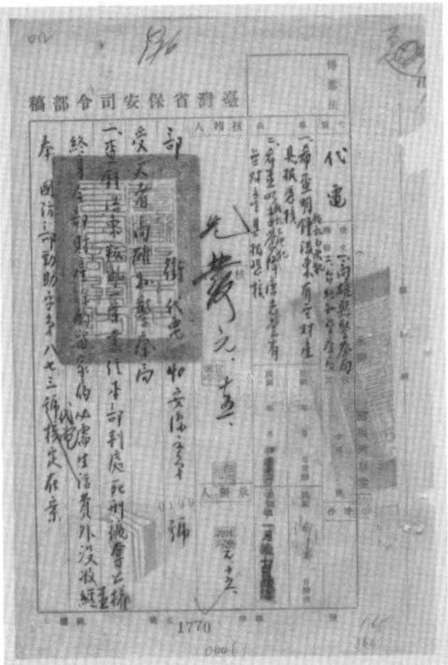

1951年1月15日保安司令部電令高雄縣警察局「查明叛亂已決犯鍾浩東有無財產」。

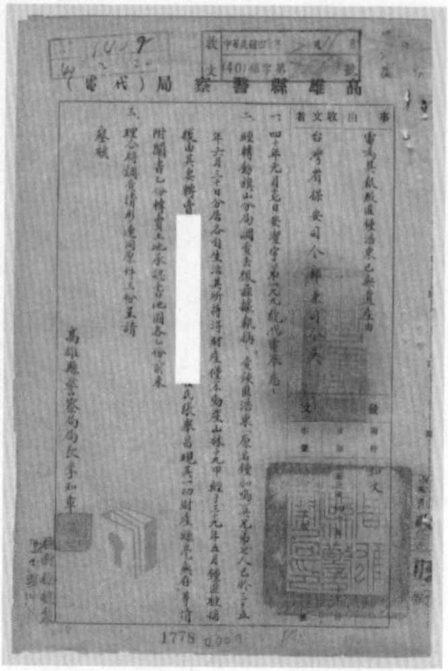

1951年2月17日高雄縣警察局局長覆電台灣省保安司令部兼司令「叛匪鍾浩東已無遺產」。

須生活費外沒收並奉國防部勁助字第八七三號
代電核定在案
二、該犯係高雄縣人其住所有無財產希查
明其家屬人口生活狀況一併列表具報
憑核

李知章：我是高雄縣警察局局長。二月十七日，我為調查鍾匪浩東有無財產一事覆電台灣省保安司令部兼司令吳國禎：

經轉飭旗山分局調查去後茲據報稱：查鍾匪浩東（原名鍾和鳴）共兄弟七人已於三十五年六
月三十日分居各自生活其所持得財產僅不動產山林十九甲經于三十九年五月鍾匪被捕後由其妻轉
賣張舉昌現其一切財產絲毫無存

陳慶粹：二月廿三日，我奉命再擬寫一份公文，由台灣省保安司令部兼司令吳國禎和副司令彭孟緝共同署名，以部銜代電（四〇）安潔字第〇七七五號發文高雄縣警察局：

該鍾浩東所有不動產山林十九甲在鍾匪被捕後由其妻於三十九年五月間賣與張舉昌一事該鍾匪之妻是否爲避免查封沒收而故意出賣及該張舉昌有無明知而故爲買受行爲仍需切實查明報核

楊永亨：三月八日，我奉命在旗山分局審訊收買鍾匪浩東不動產的廿三歲農民張舉昌：

？你認識鍾和鳴之妻蔣蕩（蘊）瑜嗎

：以前不認識民國三十九年三月二十日對蔣蕩（蘊）瑜及鍾和鳴

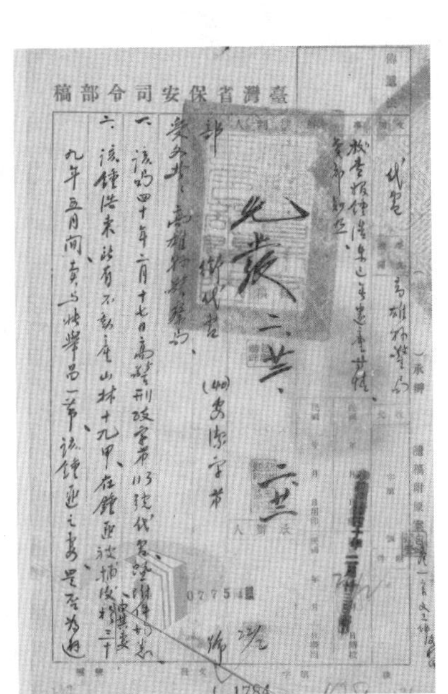
臺灣省保安司令部稿

1951 年 2 月 23 日保安司令部再電高雄縣警察局查明：「該鍾匪之妻是否爲避免查封沒收而故意出賣及該張舉昌有無明知而故爲買受行爲」。

的兄鍾壽生買了山林十九甲契約是認識的

？山林十九甲名義是誰呢

：名義是鍾和鳴的兄鍾里虎的名義該十九甲係鍾和鳴鍾壽生的持分的

？你對什麼人買賣呢什麼人介紹呢

：對鍾壽生及鍾和鳴的妻蔣氏買賣契約介紹是美濃鎮與隆里人黃阿番介紹的

？你曉得鍾和鳴被捕嗎

：當時不曉得槍殺後遺骨回來始曉得

？鍾匪的妻蔣氏要賣給山林有無對你告訴什麼話

：她告訴生活困難要賣山林同持分者鍾壽生也認識要賣所以我不問以外原因的這個話是介紹人黃阿番間接對我告說我是信用介紹人的

？你有帶印章嗎什麼時候對鍾匪妻收買多少錢呢

：有的民國三十九年三月二十日收買與鍾壽生分一共新幣六千元

接著，我又審問介紹鍾匪不動產買賣的五十六歲農民黃阿番：

？你民國三十九年三月中鍾和鳴的妻蔣蕩（蘊）瑜有無託你介紹出售不動產山林嗎
：鍾和鳴的兄鍾壽生來我的家中告說鍾壽生及鍾和鳴的持分要出售所以我介紹龍肚人張舉昌的
？你曉得鍾和鳴被捕嗎
：我不曉得
？鍾和鳴的妻有無對你告訴什麼話呢
：鍾和鳴的妻與鍾壽生來我的家中告說「鍾壽生及我（指鍾匪妻）共同持分壽生要出售我的持分也同時要出售若無當時出售持分將來恐有引起爭紛」所以我信用他們二個人（而）介紹張舉昌的
？以後你有聽到鍾和鳴有什麼風評嗎
：以前沒有聽到最近有聽到鍾和鳴被槍殺的
？你有帶印章嗎
：有的

第二天，也就是三月九日，我繼續在旗山分局審訊四十三歲業農的鍾匪浩東的哥哥鍾里虎：

保管書

買主 張舉昌
賣主 鍾壽生
賣主 鍾和鳴

民國參拾玖年參月弐拾日依照土地買賣契約書由
土地標示記載於末尾
前開買主張舉昌對於東
鍾壽生基隆市 鍾
和鳴等弐名所有權各弐拾壹分之壹之額什數陸什元
正應此上官之命今要保管書提出之日鄙人即将自己
所買受之土地額數全部保管事是無差

中華民國肆拾年參月拾日
土地保管人 張舉昌

1790

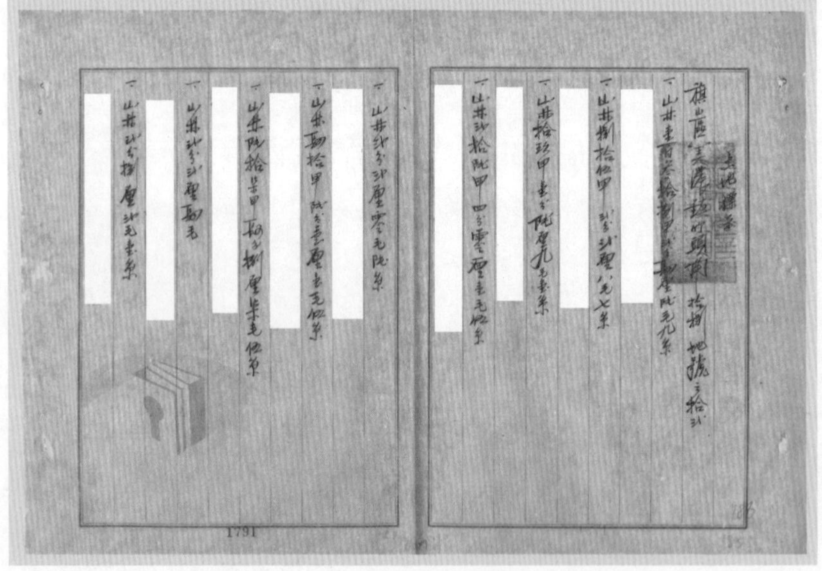

1791

土地保管人張舉昌所寫買受鍾和鳴不動產的保管書與土地標示細目。

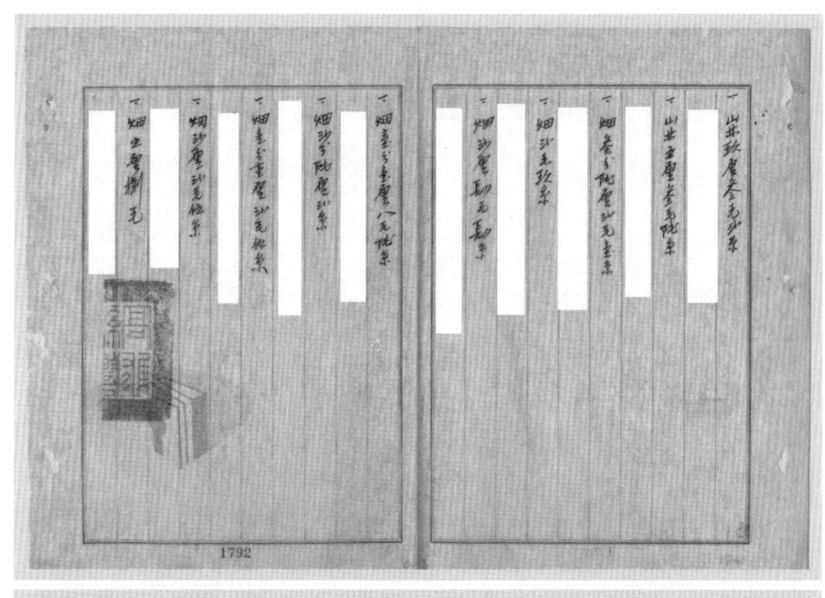
1792

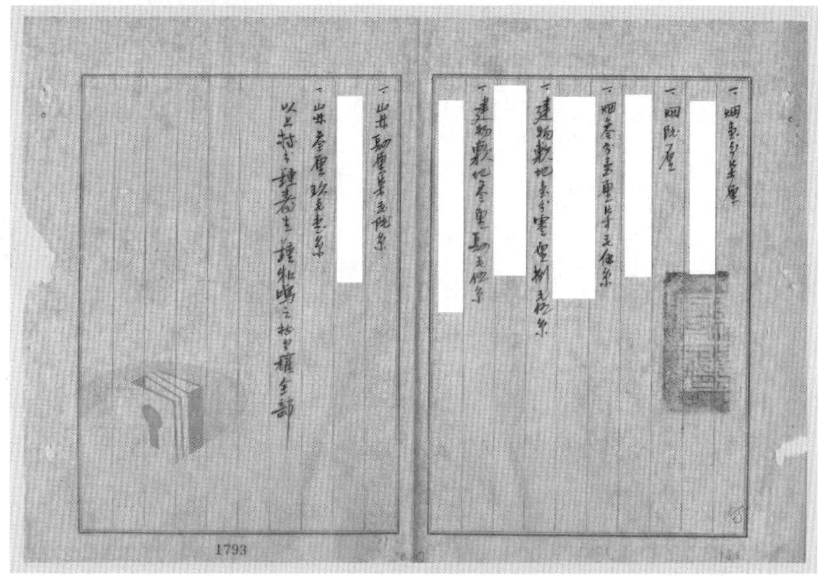
1793

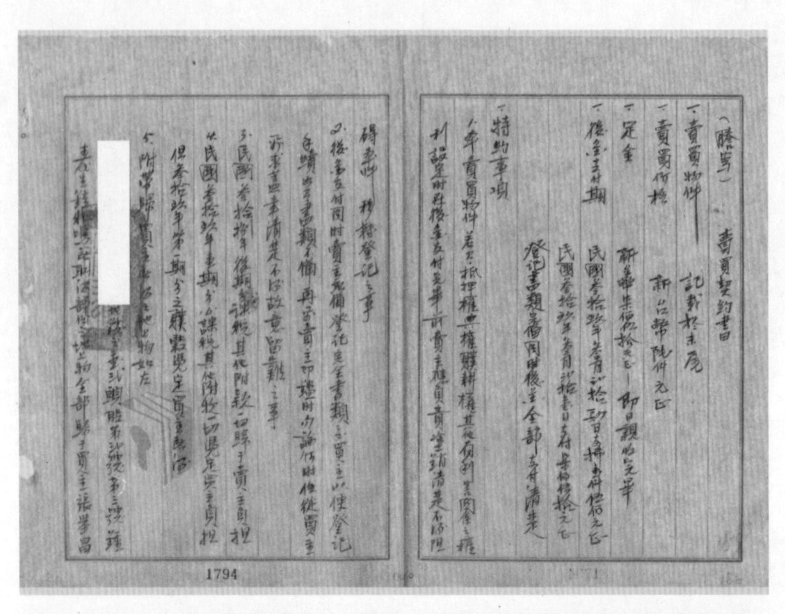

（謄寫）　賣買契約書

一、賣買物件　記載於末尾

一、賣買價格

一、定金

一、殘金支付期

一、特約事項

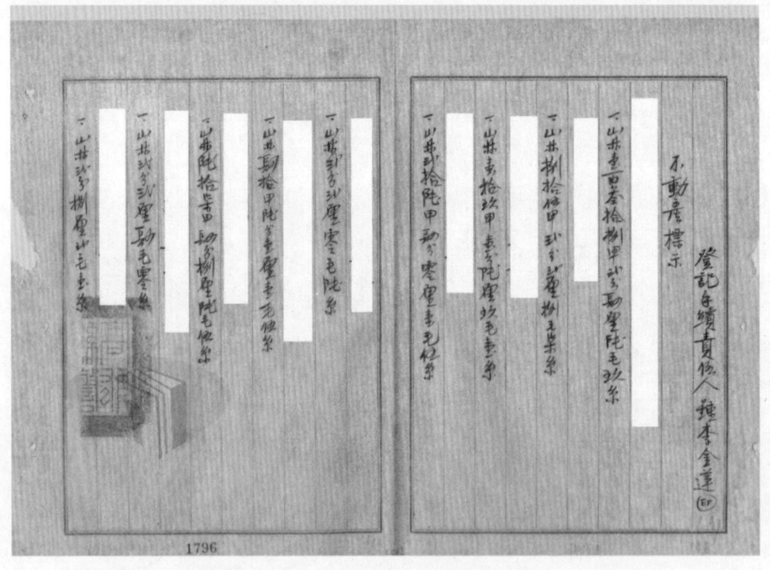

不動產標示

土地代書人謄寫的張舉昌買受鍾和鳴不動產的賣買契約書與土地標示細目。

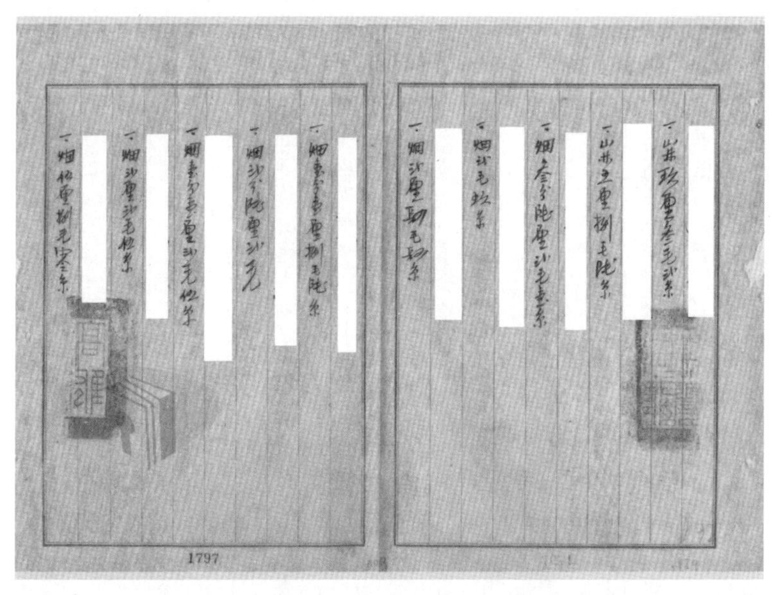

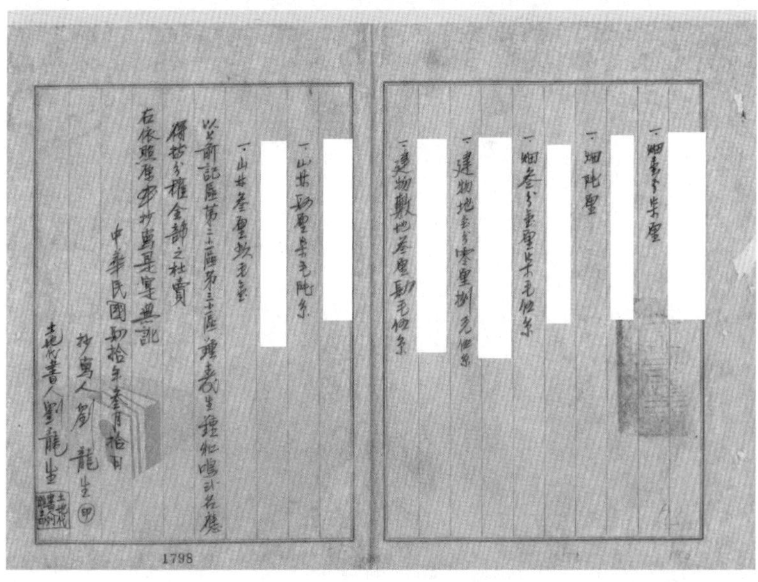

？鍾浩東是你的什麼人呢

：是我的弟但是母不同的

？鍾浩東有無別名呢

：別名鍾和鳴

？鍾浩東賣不動產的事情你曉得嗎

：我曉得該山林不動產業者係我的他是持分七分之一的

？賣給什麼人呢

：張舉昌收買的

？鍾浩東親身賣出嗎

：鍾浩東已被政府拘捕鍾浩東的妻蔣蕩（蘊）瑜回來竹頭角對
我告説浩東已被捕生活現在很困難要賣持分不動產山林十九
甲所以此情是浩東的妻回來賣的

？山林每甲當時價是多少呢

：約是五百元至六百元程度的

？浩東的妻蔣氏現在何處有無户籍在竹頭角呢

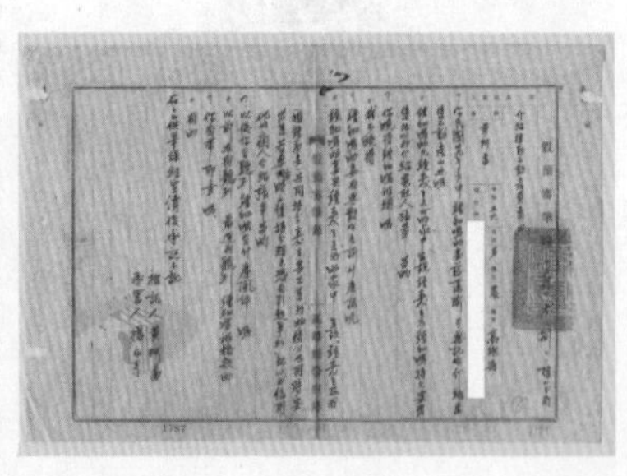

1951 年 3 月 8 日旗山分局審訊收買鍾浩東不動產的農民張舉昌與介紹人黃阿番。

：浩東的妻已回台北去她並無户籍在美濃鎮内的

李知章：三月二十七日，我「爲具報鍾浩東財產變賣經過」事由而發文台灣省保安司令部兼司令吳國禎：

經飭據旗山警察分局查報略稱：「經傳介紹人黃阿番暨買者張舉昌訊問供稱均不知鍾匪浩東被捕情事並僅係信用介紹而已查該匪妻蔣蕩（蘊）瑜現已逃回台北市在本轄内並無設籍無法調查其妻確實詳址惟該山林地賣買價格便宜甚多理合將情報請察核」等情附張舉昌等三名訊問筆錄三份保管書契約書各乙分到局

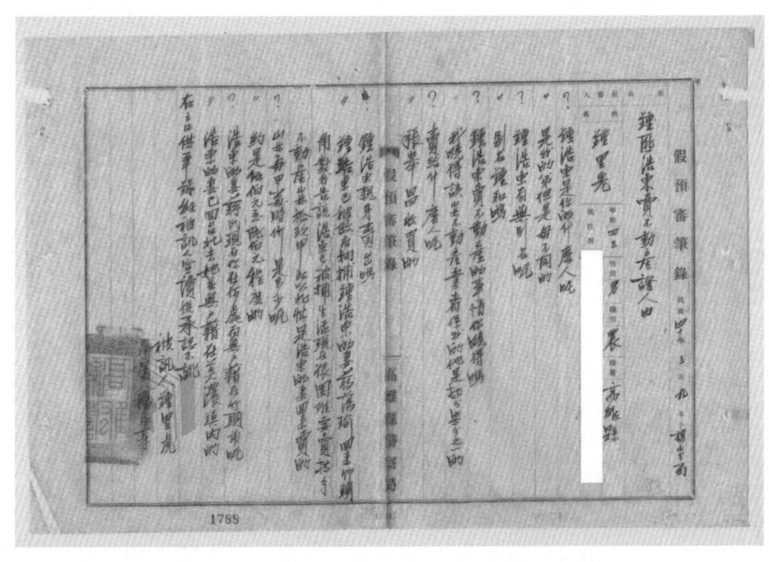
假預審筆錄

鍾匪浩東賣不動產證人由

鍾里虎

1951年3月9日旗山分局爲賣鍾浩東不動產的事審訊他同父異母哥哥鍾里虎。

陳慶粹：四月六日，我根據上述材料寫了一份關於鍾浩東財產問題的總結簽呈：

一、查基隆中學校長鍾浩東等叛亂一案、前經依法判決奉准確定執行在案、惟本案被告鍾浩東李蒼降唐志堂三名、並均宣告沒收財產、經分別飭擬台北縣高雄縣各警察局調查結果、除李蒼降唐志堂兩名均無財產外、該鍾浩東原有財產僅不動產山林十九甲、經于三十九年五月在鍾匪被捕後、由其妻蔣蕩（蘊）瑜轉賣與高雄縣住民張舉昌、現一切財產無存等情。

二、經再電飭高雄縣警察局、查明該蔣蕩（蘊）瑜是否為避免查封沒收、而故意出賣、及該張舉昌有無明知而故意買受行為、去後、茲據復稱：經傳介紹人黃阿番及買主張舉昌訊問均稱、該蔣蕩（蘊）瑜謂生活困難、故欲出賣、於三十九

高雄縣警察局（代電）

事由：為呈報鍾浩東財產變賣經過由

收文者：台灣省保安司令部兼司令 吳

一、四十年三月[illegible]日(40)[illegible]字第[illegible]號代電奉悉。

二、經飭據旗山警察分局查報略稱：經傳介紹人黃阿番暨買者張舉昌訊問供稱均不知鍾匪浩東被捕情事[illegible]

三、謹將調查情形連同所附[illegible]

高雄縣警察局局長李知章

1951 年 3 月 27 日高雄縣警察局局長電覆台灣省保安司令部兼司令「鍾浩東財產變賣經過」。

年三月二十日立約、收買鍾壽生（鍾浩東之兄）鍾和鳴（即鍾浩東）持有份額、共價款台幣六千元、並不知鍾匪被捕之事等語、並查蔣蕩（蘊）瑜現已逃回台北市、在本轄內並無設籍、無法調查確實住址、請察核前來。

三、查懲治叛亂條例第八條第一項但書規定、沒收財產應酌留其家屬必須之生活費、該蔣蕩（蘊）瑜因乃夫鍾浩東被捕後、生活無著、經於三十九年三月間、將該山地出賣、五月間立具土地標示確認書、而本部宣告沒收財產、則係同年八月間判決、至十月間始奉准確定、是該鍾浩東既無遺存其他財產、且該山地出賣在先、價款無處〇早開費淨盡、又以目前該蔣蕩（蘊）瑜確實住址未詳、追查困難、擬作留付其家屬必須生活費、免再追究、當否？謹拾卷簽請核示。

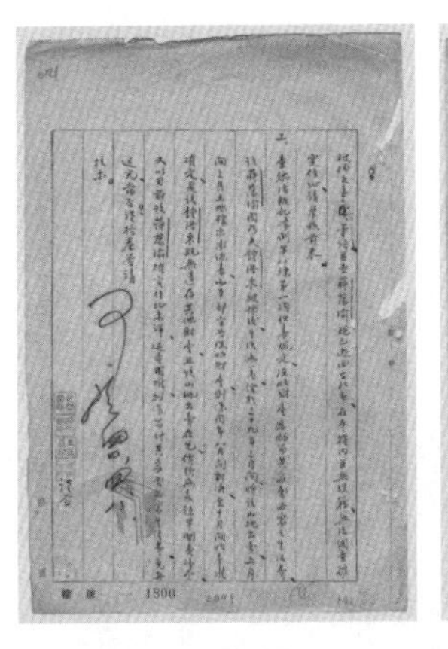

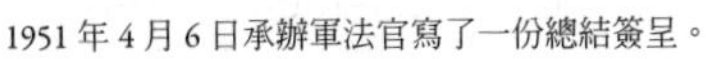
1951 年 4 月 6 日承辦軍法官寫了一份總結簽呈。

鍾理和：那麼，文生還有什麼可說呢，他是這樣幸福的！畢竟他還有一個徹底瞭解、同情、和愛他的好兄弟呢！

而我？

啊啊！和鳴，你在那裡呀？

——一九八八年九月初稿
——二〇〇四年六月二稿
——二〇一五年十月三稿

二月廿二日 [illegible] 星期六 晴

一第二頁信是西奧（梵谷的兄弟）寄給他的：

「[illegible]很好，[illegible]，同時附上去阿姆斯特丹的路費二千法郎。祝你成功、克服[illegible]。」

一昨日史東著「梵谷傳」

「啊！！和鳴，你在那裡？」

二月廿三日 一月六日 星期一 晴

風和日暖。

一晚餐桌上，西奧和克麗斯丁談笑甚歡。臨走時，西奧在樓梯上轉向文生，用法文說道：「她很好，真是很好，我從沒有想到！」

一昨日同書。

那末，文生還有什麼的說呢，他[illegible]幸福的！！

畢竟他還有一個瞭解、同情和愛他的好弟弟呢！

而我？啊！！和鳴，你在那裡呀！

1958年2月22、23日的鍾理和日記。

●鍾理和手稿。〔資料提供／鍾鐵民〕

【口述證言】

李清增：一九八七年三月八日，台北市。

李旺輝：一九八七年三月十二日，高雄美濃。

一九九六年十月六日，高雄美濃。

蔣蘊瑜：一九八八年三月十九日，台北市。

一九八八年六月十三日，高雄美濃。

一九八八年六月廿二日，台北市。

一九八八年七月一日，台北市。

一九八八年九月十四日，台北市。

一九八九年九月五日，台北市，與蕭道應、黃素貞、李清增、李南鋒座談。

一九九〇年一月九日，台北市。

一九九〇年三月九日，台北至高雄，公路局國光號。

一九九〇年三月廿九日，廣東羅浮山沖虛古觀。

一九九〇年四月三日，桂林。

鍾里義：一九八八年六月十三日，屏東縣麟洛鄉。
邱連和：一九八九年八月十一日，屏東縣長治鄉崙上村。
李南鋒：一九八九年九月廿五日，台北市。
一九九六年四月一日，基隆中學。
鐘里志：一九九〇年一月廿四日，三重市。
一九九四年十一月十日，新店市。
劉茂常：一九九〇年三月廿七日，廣東羅浮山沖虛古觀。
謝　克：一九九〇年三月廿七日，廣東羅浮山沖虛古觀。
吳克泰：一九九〇年四月七日，北京。
戴傳李：一九九〇年五月三十日，台北市東方飯店咖啡廳。
一九九七年六月十四日，北投吟松閣。
一九九七年八月十一日，台大法學院。
黎明華：一九九二年三月四日，台北市。
一九九四年十一月九日，台北市。
鍾潤生：一九九三年三月廿九日，屏東縣長治鄉崙上村。

蕭道應：一九九三年十一月七日，台北市。

一九九四年三月十七日，台北市。

黃素貞：一九九三年十一月七日，台北市。

一九九四年十一月九日，台北市。

丘繼英：一九九五年一月十一日，廣東蕉嶺。

陳仲豪：二〇一三年三月廿一日，廣東蕉嶺。

【文字資料】

郭乾輝（華倫）：《台共叛亂史》，台北：中央委員會第六組印「保防參考叢書之一」，一九五四年四月。

汪知亭：《台灣教育史》，台北：台灣書店印行，一九六二年十二月增訂再版。

丘念台：《嶺海微飆》，台北：中華日報叢書，一九七六年十二月三十日再版。

裴可權：〈肅諜行動憶往——早年基隆「工委會」破獲記詳〉，一九八一年五月十六日《中央日報》。

卓揚、丘繼英、鄧慧：〈東區服務隊與丘琮〉，《廣州文史資料》第廿八期，一九八三年。

廣東省民盟宣傳部整理：〈抗戰勝利後，我縣民盟成員在台灣省活動的情況〉，廣東：《蕉嶺文史》第三輯，一九八六年十二月。

裴可權：《台共叛亂及覆亡經過紀實》，台北：台灣商務印書館，一九八七年八月二版。

谷正文：〈李登輝究竟有幾位？〉，原載李敖主編《烏鴉評論》第四期，一九八八年十月廿一日。

鍾鐵民：〈我的父親鍾理和先生遇鬼記〉，一九九〇年九月廿一日，《台灣時報》副刊。

蕭道應：〈我所瞭解的許強教授〉，一九九一年十月致筆者書信。

《安全局機密文件——歷年辦理匪案彙編》，台北：李敖出版社，一九九一年十二月卅一日初版。

鍾理和：《原鄉人》，高雄：鍾理和文教基金會印行，一九九四年十月初版。

谷正文口述：《白色恐怖祕密檔案》，台北：獨家出版社，一九九五年九月。

楊基銓：《楊基銓回憶錄》，美國：台灣出版社，一九九六年四月十五日。

郭婉馨：〈基中校友陳德潛憶恩師〉，一九九七年六月十二日《自立晚報》。

黃克武：〈陳德潛先生訪問紀錄〉，〈基隆中學畢業校友訪談紀錄〉，〈連世貴先生訪問紀錄〉；收錄於《戒嚴時期台北地區政治案件口述歷史》，台北市文獻委員會，一九九九年九月。

王致遠：《虎口餘生》（回憶錄），二〇〇四年七月，未刊手稿。陳仲豪先生提供。

陳仲豪：〈緬懷在五〇年代台灣白色恐怖中的殉道者林英傑、張伯哲、鍾浩東、張奕明等革命烈士〉，二〇〇九年十月二十日，鳳凰網論壇。

徐森源：〈悼念戰友鍾浩東烈士〉，未刊手稿。蔣碧玉女士提供。《自傳》（前半部分），未刊手稿。徐博東先生提供。

大事年表

一八九四

鍾鎮榮出生。祖籍廣東省梅縣嵩山。

一八九五

4月17日 日清簽署馬關條約，台灣割讓日本。

6月14日 日軍攻佔台北城。

6月17日 舉行始政式。

6月20日 大日本台灣病院設立於台北城外大稻埕千秋街（今貴德街）。

9月20日 總督府學務部在台北市近郊士林芝山巖設立學堂，先後招收廿一名台胞為日本語練習生，展開殖民地台灣的國民教育。

一八九六

1月1日 芝山巖學堂被義民搗毀，學校業務停擺。

3月31日 日本殖民政府公布對台灣施行的特別法令「法律第六十三號」，委任立法權於台灣總督之手，也就是所謂「六三法」。

4月 總督府公布直轄學校官制，又在全台各重要城市設國語傳習所，支付經費，擴大辦理殖民地台灣的國民教育。大日本台灣病院改隸台北縣管轄，改稱台北病院。

一八九七

4月 國語學校語學部國語（日語）科設立，修業年限三年（後改爲四年），開始殖民地台灣的男子中學教育。

5月 台灣總督府醫院官制公布，台北病院改稱台灣總督府台北醫院。

9月 台灣總督府台北醫院制定看護婦（護士）養成內規，開始招募、培訓護理人員。

一八九八

7月 台北醫院遷至城內明石町（今常德路一號）。

7月28日 台灣總督府公布公學校令，將各國語傳習所改爲公學校，費用改由街、庄、社負擔。

8月 公學校規則公布，規定：就學年齡爲八歲以上十四歲以下，修學期限六年，教學科目包括：修身、國語（日語）、作文、讀書、寫字、算術、唱歌、體操。從此建立在殖民地台灣發展國民教育的基礎。

一九〇九　地方制度改設台北、宜蘭、桃園、新竹、台中、南投、嘉義、台南、阿猴、台東、花蓮港、澎湖十二廳。

一九一一　辛亥革命。

一九一四　第一次世界大戰爆發。

一九一五　8月　西來庵事件大屠殺。台灣人民武裝抗日運動告一段落。

12月15日（農曆9月25日），鍾浩東，本名鍾和鳴，生於阿猴廳高樹庄大路關（今屏東縣高樹鄉廣興村）。

一九一六

1月日1　蕭道應生。

一九一七

11月7日　俄國10月革命，建立蘇維埃政權。

11月10日　黃素貞生。

一九一八

第一次世界大戰結束。

一九一九

1月　總督府公布台灣教育令，確立對台灣人的教育方針及學制。

2月15日　李南鋒生於阿猴廳高樹庄大路關。

5月4日　五四運動。

一九二〇

7月27日　地方制度改設五州（台北、新竹、台中、台南、高雄），二廳（台東、花蓮港）；下設三市、四十七郡、二五五街庄。

一九二一

1月10日　（農曆）蔣碧玉出生於台北市太平町二丁目（今延平北路二段）蔣渭水先生開設的大安醫院二樓。

7月1日　中國共產黨在上海成立。

10月17日　台灣進步知識份子和開明士紳組成最初的全島規模組織——台灣文化協會，有計劃地推動文化啓蒙運動。

一九二二

3月　台灣總督府公布〈台灣新教育令〉，規定公學校修業年限爲六年，就學年齡提前至六歲；中等以上學校實行「內（日）台共學」制。

鍾和鳴與鍾理和兄弟同入鹽埔公學校。蕭道應入學佳冬公學校。

4月　高雄州立第一中學校創校。台灣總督府高等學校創設，爲大學預備教育機關，設尋常科，修業年限四年。

7月 日本共產黨成立。

12月30日 蘇聯成立。

一九二三

台灣總督府高等學校設高等科，分文、理兩類，修業年限三年。

11月 蔣渭水組織新台灣同盟會，著手領導政治運動。中國國民黨改組，聯俄、聯共、扶助工農。第一次國共合作。

一九二六

台灣農民組合成立。

台北高等學校學生正式於古亭町校舍（今和平東路師大）上課。

一九二七

1月 台灣文化協會左右分裂，左派取得領導權。

4月12日 蔣介石在上海清共

4月18日　成立與武漢國民政府（汪精衛）相對立的南京國民政府。

7月15日　武漢國民政府正式宣布和共產黨決裂，隨後在武漢地區屠殺共產黨人和革命民眾。第一次國共合作徹底破裂。

7月　舊文協幹部蔣渭水、謝春木（南光）等另外成立民眾黨。謝春木任祕書長兼機關報《台灣新民報》主筆。

一九二八

4月　蕭道應入學佳冬公學校高等科。

4月15日　台灣共產黨（日本共產黨台灣民族支部）在上海成立。

4月30日　台北帝國大學創立，設文政與理農兩學部。

一九二九

2月12日　台灣農民組合被檢舉。

4月　鍾和鳴、蕭道應入學高雄州立中學校。

8月17日　台灣民眾黨內林獻堂、楊肇嘉等一部份有產階級，正式成立以「確立台灣地方自治」為目的的台灣地方自治聯盟。

8月　台北高等學校讀書會事件。

10月　紐約股票市場混亂，資本主義相對穩定時期結束，世界經濟恐慌開始。

10月17日　台灣民眾黨第三次大會，開始向左轉。

一九三〇

10月　台灣赤色總工會成立。霧社事件。

一九三一

2月　蔣渭水等改組民眾黨，反對總督統治、宣傳階級鬥爭；隨即遭到台灣總督府禁止結社處分。謝春木被殖民當局列爲「要犯」而逃往上海。

8月5日　蔣渭水逝世。

8月14日　鍾和鳴參加由石煥長、張月澄、莊希泉諸氏發起籌備在上海南市滬軍營東南醫學院舉開的蔣渭水追悼會。

9月18日　日本發動柳條湖事變，侵佔東三省。

9月25日　東北民眾抗日救國會在北平成立。北平、上海、長沙、開封、廣州等地各界民眾陸續舉行抗日救國大會，要求政府出兵抗日。

一九三二

1月28日 日軍進攻上海駐軍，淞滬抗戰爆發。蔣介石通電全國將士：枕戈待命，切勿輕動。謝春木與僑領許翼公共組上海華僑聯合會，募捐支持十九路軍抗日。

3月1日 日本扶持僞滿洲國成立。

春天 台灣文化協會在日本帝國主義和台灣反動勢力聯合鎮壓下被迫停止活動。

5月5日 〈上海停戰協議〉簽訂，淞滬抗日戰爭宣告結束。

6月9日 蔣介石在廬山豫鄂皖贛湘五省「剿匪」會議宣布「攘外必先安內」政策。

6月 農組大湖、永和山支部客家農民武裝抗日事件。

一九三三

3月 熱河淪陷。

4月 日軍進攻長城各要口。

蕭道應考入台北高等學校第九屆理科乙類。

5月16日 唐山失陷。

5月26日 馮玉祥在張家口組織民眾抗日同盟軍。

5月31日　中日雙方簽訂〈塘沽停戰協議〉。
8月　國民黨取締察哈爾抗日同盟軍。
11月20日　陳銘樞、蔡廷鍇、李濟琛、蔣光鼐等通電成立抗日反蔣的中華共和國人民革命政府。

一九三四

4月　鍾和鳴考入台北高校第十屆文科乙類。
6月20日　日本與台灣之間無線電話通話。
10月26日　國民黨軍結束對中共中央蘇區的五次圍剿。紅軍長征北上。

一九三五

7月6日　〈何梅協定〉出賣華北大部主權。
10月28日　日本外相廣田弘毅提出「中國取締一切排日運動，樹立中日滿經濟合作，中日共同防共」等所謂「對華三原則」。
11月12日　殖民地台灣舉行改正地方自治制度第一次選舉。
11月25日　殷汝耕降日，以冀東廿二縣成立「冀東防共自治委員會」。
12月9日　北平學生數千人舉行聲勢浩大的示威遊行，反對華北自治運動，掀起全國抗日救國運動新高潮。

12月25日　中共在陝北瓦窯堡召開中央政治局會議，確定抗日民族統一戰線的策略方針。

一九三六

1月1日　台北帝國大學增設醫學部。

3月10日　蕭道應畢與許強一同進入台北帝國大學醫學部第一屆。

4月　鍾九河考入台北高校第十二屆文科乙類。

4月9日　張學良與周恩來在延安舉行聯合抗日會談。

6月1日　全國各界救國聯合會在上海成立。

6月28日　內蒙成立僞軍政府。

9月22日　毛澤東、張學良分別代表中國紅軍和東北軍簽署〈抗日救國協定〉。

11月25日　日本與德國締結〈反共產國際協議〉。

12月12日　張學良、楊虎成兵諫蔣介石，停止剿共，實行抗日。是謂「西安事變」。

一九三七

2月10日　中共中央致電國民黨五屆三中全會，提出「停止內戰，一致對外」等五項國策。

4月1日　台灣總督府廢止漢文使用，強迫推行所謂「國語普及運動」。

7月7日　日本發動侵略中國的盧溝橋事變，全面抗日戰爭開始。

7月8日　中共中央爲盧溝橋事變發表通電，指出：「中華民族危急！只有全民族實行抗戰，才是我們的出路！」

7月15日　中國共產黨將〈中共中央爲公布國共合作宣言〉交付中國國民黨，要求立即公布。

7月17日　蔣介石在廬山發表談話，表明中國已到最後關頭，「如果戰端一開，就是地無分南北，年無分老幼，無論何人，皆有守土抗戰之責任。」周恩來等人再赴廬山與蔣介石談判。

7月30日　北平、天津相繼失守。

8月6日　紅軍代表周恩來、朱德、葉劍英及國民黨各省軍政長官出席南京政府召開的國防會議，決定「舉全國力量，從事持久消耗戰，爭取最後勝利」的國防方針。

8月10日　台北開始實施燈火管制。

8月13日　日軍進攻上海。

8月14日　國民政府發表〈自衛抗戰聲明書〉。

8月15日　台灣軍司令部宣布：全台灣進入戰時體制。

台灣地方自治聯盟第四次全島會議後宣布解散。

8月17日　日本政府決定放棄所謂「不擴大」方針，向中國發動全面軍事進攻。

8月19日 黃素貞由福州回到台灣，擔任鍾和鳴、蕭道應等客籍高校學生的北京語老師。鍾和鳴和蕭道應等人籌組回國抗戰的醫療服務團。

8月22日 南京政府公布紅軍改編為國民革命軍第八路軍的命令。中共中央召開洛川會議，通過〈抗日救國十大綱領〉。

8月25日 中共中央軍委，將中國工農紅軍主力部隊正式改編為國民革命軍第八路軍，下轄三個師。

9月6日 陝甘寧邊區政府成立。

9月12日 國民黨政府按照抗戰戰鬥序列，改稱八路軍為國民革命軍第十八集團軍。

9月23日 蔣介石發表〈為國共合作宣言〉談話。承認中國共產黨的合法地位和合作抗日。以第二次國共合作為標誌的全國抗日民族統一戰線正式形成。

11月9日 日軍佔領太原。

11月12日 上海淪陷。

11月20日 國民政府遷都重慶。

12月13日 南京失守，日軍製造南京大屠殺慘案。第四戰區副司令長官兼第十二集團軍司令余漢謀率部參加淞滬會戰、南京保衛戰後駐防兩廣。

一九三八

1月1日 廣東改以法幣爲本位，廣東毫洋券陸續收回。

1月16日 日本近衛政府發表第一次聲明：今後不以蔣介石政權爲對手，「而期待眞正能與帝國合作之中國新政權的建立與發展」。

1月22日 小林總督發表〈關於台灣志願兵制度實施〉。

3月 以梁鴻志爲首的「中華民國維新政府」在南京成立。

3月29日 國民黨在武漢召開臨時全國代表大會，制定並公布〈抗戰建國綱領〉。

4月 台北醫院正式併入台北帝國大學醫學部，改稱台北帝國大學醫學部附屬醫院。從此確立爲台灣首善大學的教學醫院。

台兒莊大捷。

5月1日 台灣當局對外公開發生於兩年前的台北二中學生思漢反日事件。

5月19日 日軍攻佔徐州。

7月9日 國民黨吸收青年的「三民主義青年團」（簡稱三青團）正式成立於武昌。蔣介石親任團長，陳誠任書記長。

9月16日 台灣當局簡化台民赴大陸旅行護照手續。

10月11日 日軍在廣東省惠陽縣淡水鎭澳頭登陸。

10月20日　余漢謀命丘念台籌組東區服務隊，擔任惠、潮、梅屬廿五縣民眾組訓工作。

10月21日　日軍佔領廣州。

10月27日　日軍佔領武漢。抗日戰爭進入戰略相持階段。

11月3日　日本近衛政府發表第二次聲明，改變不以蔣介石政權爲對手的方針。日本御前會議決定《處理中國事變綱要》，要求加緊與蔣政權和平談判，並對蔣繼續採取以政略爲主、戰略爲輔的方針；同時以其主要力量圍攻和掃蕩中共領導的抗日根據地，加緊對佔領區的統治，以作爲結束在中國的戰爭和南亞進軍的戰略後方。

11月22日　日本近衛政府發表第三次聲明，要求中國政府承認「滿洲國」，放棄抗日。

12月29日　汪精衛發表「豔電」，公開叛國。

一九三九

1月　國民黨第五屆五中全會決定由聯共抗日轉向消極抗日、積極反共，制定「溶共、防共、限共、反共」方針。

2月22日　軍事委員會直屬台灣義勇隊和台灣少年團在浙江金華成立。

春天　台灣廣播電台招考對華廣播的北京語廣播員。管區警察強迫黃素貞報考。蕭道應建議黃素貞以「結婚」之由推辭。

3月10日　鍾九河台北高校畢業。

4月　第四戰區司令長官部在韶關成立，以張發奎爲司令長官；丘念台取得同意，將東區服務隊歸屬第四戰區，前往潮汕前線，協助駐紮當地的獨立第九旅旅長華振中做青年組訓和民眾工作。

5月2日　蕭道應與黃素貞一家同住。

5月19日　台灣總督府治台重點：皇民化、工業化及南進。

6月　國民黨制定祕密的〈共產黨處置辦法〉，加緊限共、反共活動。

10月下旬　重慶軍事委員會政治部正式電委台灣獨立革命黨主席李友邦爲台灣義勇隊隊長兼台灣少年團團長。

12月　國民黨發動第一次反共高潮，重點進攻陝甘寧邊區和華北抗日根據地。

一九四〇

1月　鍾和鳴與新婚妻子蔣碧玉及表弟李南鋒奔赴上海。蕭道應與黃素貞正式結婚。
國民黨東江遊擊指揮所逮捕東江華僑回鄉服務團博羅隊全體隊員。

2月　東區服務隊轉移惠陽，駐博羅縣福田鄉荔枝墩一帶，展開群眾工作。

2月11日　台灣總督府修訂戶口規則，規定台灣人改換日本姓名。

春天　中國國民黨中央組織部直屬台灣黨部籌備處正式成立於香港，任命台南人翁俊明為籌備處主任。

3月29日　台灣革命團體聯合會在重慶成立。

3月30日　汪精衛「國民政府」在南京登台。

4月　蕭道應畢業於台北帝大醫學部。

5月　鍾和鳴、蔣碧玉及李南鋒從上海日本佔領區搬到英租界。

7月　鍾和鳴先到香港探路；蔣碧玉與李南鋒在上海等待老蕭夫婦前來後，與鍾和鳴在九龍會合，進入廣東東江流域的惠陽，然後以「日諜嫌疑」被第四戰區十二集團軍所屬惠淡指揮所營部扣押。

10月19日　國民黨展開第二次反共高潮。限令黃河以南所有八路軍、新四軍於一個月內全部開到黃河以北。停止八路軍軍餉。

12月初　鍾和鳴五人在韶關搭乘火車，經由長沙，解送桂林軍事委員會。

一九四一

1月6日　皖南事變。曾生領導的廣東人民抗日遊擊隊第三大隊和王作堯領導的第五大隊，整編為

農曆年前	廣東人民抗日遊擊總隊。 鍾和鳴等人從桂林回到韶關。鍾和鳴與李南鋒分發韶關民運工作隊受訓。蔣碧玉和蕭道應夫婦一同分發南雄陸軍總醫院服務。
2月	蔣碧玉與黃素貞先後產下一子。
2月9日	台灣革命團體聯合會及所屬各團體解散，在重慶成立台灣革命同盟會，統一台灣革命戰線。
3月19日	中國民主政團同盟在重慶祕密成立。
4月	日本帝國主義在殖民地台灣推動「皇民化運動」的中央機關「皇民奉公會」成立，不斷舉行各種「職能奉公運動」與訓練，脅誘台灣人民協助日本帝國主義推進侵略工作。
6月22日	德國進攻蘇聯。
9月	蔣碧玉與黃素貞前往廣東始興送子，然後五人前往位於羅浮山山腳的東區服務隊駐紮地——博羅縣徐福田。 鍾和鳴改名鍾浩東。蔣碧玉改名蔣蘊瑜。蕭道應易名蕭濟寰。黃素貞為黃怡珍。 中國民主政團同盟在香港創辦機關報《光明日報》。
10月	中國民主政團同盟宣告已在重慶成立；同時公布成立宣言及綱領：貫徹抗日主張、實踐民主精神、加強國內團結。

12月8日　日軍突襲珍珠港，美國對日本宣戰。太平洋戰爭爆發。

12月9日　中國政府發表對日、德、意宣戰公告。

一九四二

1月1日　中、英、美、蘇、荷等廿六國在華盛頓簽署共同作戰宣言。

1月2日　蔣介石任中國戰區盟軍統帥。

金華淪陷，台灣義勇隊事先轉進福建龍岩。

4月　台灣當局實施陸軍特別志願兵制度。

夏天　台灣義勇隊奉上級命成立三民主義青年團中央直屬台灣義勇隊分團部。

秋天　國民黨中央在江西泰和開辦戰地黨務訓練班，對外名爲韶關戰地服務訓練班，對內則是台灣黨務工作人員訓練班，翁俊明兼班主任。

一九四三

4月　中國國民黨中央組織部直屬台灣黨部籌備處改組爲正式黨部，並改稱中國國民黨直屬台灣執行委員會，在福建漳州正式成立，翁俊明出任主任委員，丘念台、謝東閔等人擔任執行委員；展開策進收復台灣失土的工作。

5月　東區服務隊轉往更接近戰區的羅浮山一帶活動，隊部設在羅浮山腳博羅縣福田圩徐福田村三星書院。

8月23日　丘念台致函中國國民黨中央執行委員會祕書長吳鐵城，建請恢復台灣省制及設立台灣省黨部。

8月31日　鍾鎮榮過世。

9月23日　台灣總督府發表台灣人實施徵兵制度的辦法。自第二年起，凡年滿二十歲的台灣青年男子都要去當兵。

10月25日　殖民地台灣開始臨時徵召學生兵。

11月18日　翁俊明被謀害。國民黨中央派書記長林忠兼代主委。

11月26日　中、英、美三國首腦會議發表《開羅宣言》，宣告「滿洲台灣澎湖群島等歸還中國」。

11月30日　日本政府強行徵召台灣和朝鮮籍留日學生赴前線作戰，取消文科大學生緩徵入伍的規定。

12月2日　廣東人民抗日遊擊總隊改編爲廣東人民抗日遊擊隊東江縱隊（簡稱東江縱隊）。司令員曾生。

一九四四

1月27日　林忠請辭中國國民黨直屬台灣執行委員會本兼代各職；國民黨中央改派蕭宜增代書記長

兼主委，同時把黨部遷往福建永安。

2月　丘念台帶蕭道應、鍾浩東及李南鋒三位台籍男隊員，由廣東惠州步行二十天，前往福建永安述職。

3月　蔣碧玉在橫壢旅舍生子。

東區服務隊隊員徐森源在羅浮山當地地下黨領導下，祕密吸收鍾浩東等隊員參加抗日民主同盟，並準備轉移東江縱隊。

8月22日　台灣總督府公布台灣進入戰場狀態。

9月　台北二中第十八屆學生吳克泰到上海尋找抗戰組織。

中國民主政團同盟改組為中國民主同盟，加強內部左派力量。東江地區面臨嚴重的糧荒危機。

年底　丘念台要鍾浩東和徐森源、李南鋒、鄧慧三人深入廣州淪陷區，策動台灣同胞反對日本帝國主義；完成任務後又回到惠州。

一九四五

1月15日　日軍發動攻勢，打通粵漢路南段，廣東幾乎全面淪陷。

	東江縱隊挺進各新淪陷區，組織群眾，開展遊擊戰爭，普遍建立抗日民主政權，推行減租減息運動，並先後建立江北解放區、粵北解放區及海陸惠邊解放區。
年初	丘念台率領粵東工作團，由羅浮山區撤往惠州。
2月	蘇、英、美三國首腦及其外長雅爾達會議，討論戰後世界問題的處理。
	惠州再度失陷。
	美國十四航空隊到廣東興寧設立辦事處，招募台灣人士做登陸台灣的嚮導。丘念台率領粵東工作團，由惠陽移駐梅縣南口圩。鍾浩東與蔣蘊瑜到梅縣嵩山原鄉走了一趟。
5月8日	德國法西斯無條件投降，歐洲戰火停止。
6月17日	原台灣民眾黨黨員劉雪漁，以及施碧辰、張旺、周耀旋、許省五等東江縱隊所屬台灣解放同志會會員和台籍俘虜陳森煌等十餘名，在廣州羅浮山正式成立華南台灣人民解放聯盟。
7月26日	波茨坦會議發表《波次坦公告》，敦促日本無條件投降。
8月6日	美國在日本廣島投下第一顆原子彈。
8月8日	蘇聯政府宣布與日本處於戰爭狀態。
8月9日	零時一過，蘇聯紅軍分四路進入中國東北的中蘇邊界，全線總攻日本關東軍。美國向日本長崎投下第二顆原子彈。
8月10日	延安總部向八路軍、新四軍及其它人民軍隊發佈大反攻的命令。

8月11日　蔣介石命令八路軍及其它人民抗日武裝，原地駐防待命。

8月14日　蘇聯政府與國民黨政府正式簽訂《中蘇友好同盟條約》。日本軍政要員舉行御前會議，決定無條件投降，並照會盟國。

8月15日　日本天皇宣布無條件投降。台灣總督安藤利吉宣布日本天皇的「終戰的詔敕」。

8月　中共中央派台籍幹部彰化人蔡孝乾為台灣省工作委員會書記。

8月16日　在台「主戰派」日軍煽動台灣士紳林熊祥、辜振甫、許丙等卅餘人參加台灣獨立計劃。安藤總督警告毋輕舉妄動。

8月25日　中共中央委員會發表「目前的時局宣言」，主張迴避內戰，建立聯合政府。

8月30日　蔣介石與毛澤東在重慶展開國共會談。

8月31日　林獻堂、許丙、辜振甫抵上海歡迎陳儀。

9月1日　國府公布台灣省行政長官組織大綱，任命陳儀為台灣省行政長官。

9月15日　國府公布台灣區日本紙幣回收辦法。

9月　鍾浩東以台灣三民主義青年團第三分團的名義，在廣州惠愛路（今中山四路）設置辦事處，協助旅居廣州的台胞返鄉。

國民政府軍事委員會廣州行營台籍官兵集訓總隊在花成立，丘念台任命蕭道應為集訓總隊中校政訓主任，黃素貞為少校教官兼女子大隊副大隊長。

蔡孝乾由延安出發。

10月1日 蔣、毛會談決定召集政協會議。

10月5日 台灣省行政長官公署、台灣省警備總司令部前進指揮所在台北成立。

10月10日 發表會談紀要（雙十紀要），內戰暫時回避。

10月15日 台灣前進指揮所禁止日本人移動財產。

10月17日 國軍第七十軍及部分長官公署官員，分乘四十餘艘美軍艦艇，抵達基隆。台灣民眾熱烈歡迎。

10月24日 台灣行政長官陳儀抵台。第二梯次國軍分乘廿七艘艦艇抵達基隆。

10月25日 台灣行政長官公署正式成立，前進指揮所廢除。台灣區受降典禮在台北公會堂舉行，陳儀接受日軍投降，並宣布台灣人民即日起爲中華民國國民。台灣民眾盛大慶祝台灣復歸祖國。《台灣新生報》創刊。

11月1日 各部門開始接收工作。

11月 中共按照「雙十協議」的談判原則，把東江縱隊主力撤到隴海路以北的山東煙台。其他大部分遺散。

11月20日 警備總司令部通告暫時禁止法幣流通。

12月3日 台北市食糧不足，米開始配給。

12月15日 開始受理中國大陸的郵便。

12月25日 台灣省行政區域改爲：台北、新竹、台中、台南、高雄、花蓮、台東、澎湖八縣，舊制的郡爲區、街爲鎮、庄爲鄉，州廳爲縣政府、郡役所爲區署、街庄役場爲鎮鄉公所，下設村里鄰各辦公處。

12月 蔡孝乾間道潛行三個月，始抵江蘇淮安，向中共華東局（原稱華中局）書記張鼎丞、組織部長曾山，洽調來台幹部。

一九四六

年初 中共上海局經中央批准成立台灣省工作委員會（簡稱台工委），展開台灣工作。由東江縱隊疏散出來的屏東內埔客家人鍾國輝以及原東區服務隊隊員丘繼英、鍾浩東和徐森源等人商量，決定去台灣搞地下工作。鍾浩東陪同鍾國輝去香港聯繫。香港地下黨領導人饒彰風答應以後把他們的組織關係轉到台灣。

1月10日 中國政治協商會議在重慶開幕。

1月14日 行政院公布集中管理台胞令，並核准公布「關於朝鮮人及台灣人產業處理辦法」規定：「凡屬朝鮮及台灣之公產，均收歸國有。凡屬朝鮮及台灣人之私產，由處理局依照行政院處理敵僞產業辦法之規定，接收保管及運用。朝鮮或台灣人民，凡能提出確實籍貫，證明並未擔任日軍特務工作，或憑藉日人勢力，凌害本國人民，或幫同日人逃避物資，或並無其他罪行者，確實證明後，其私產呈報行政院核定，予以發還。」

1月15日	台灣省漢奸總檢舉章程公布。
1月22日	台北市民千餘人抗議物價暴漲。
2月	蔡孝乾率嘉義新港籍幹部張志忠等分批到滬，與華東局駐滬人員會商，並學習一個月。
3月初	丘念台由上海搭機抵台。
4月	張志忠率領首批幹部，由滬搭船，潛入基隆、台北，開始活動。
	民盟南方總支部負責人陳柏麟派鍾浩東與丘繼英、徐森源、鍾國輝等三位盟員到台灣工作。徐森源和丘繼英等人先行。鍾浩東向省府租貨輪，把滯留廣東台胞分三批送回台灣。蔣碧玉帶著兩歲大的老二，與蕭太太及李南鋒等，坐第一批船先行返台。鍾浩東自己跟隨第三批返台。
5月4日	基隆中學同學參加台灣省首屆紀念五四學生運動的反貪汙、反饑餓遊行，遭到警方逮捕。
5月	徐森源應邀去基隆中學當事務主任。
5月23日	台銀發行壹元、伍元和拾元新券。各學校教職員的月薪遲發。
6月	丘念台涵介鍾浩東與教育處相機任用。

6月17日	鼠疫流行。
6月19日	台灣行政長官公署公布「戶口移動規則」。
6月26日	蔣介石對中共解放區發動全面進攻；中國全面內戰爆發。
6月30日	鍾浩東兄弟七人分家。鍾浩東持得山林十九甲。
7月	鍾浩東經吳克泰介紹，正式參加台灣地下黨。
7月12日	南部霍亂流行，三百多人死亡。
7月19日	蔡孝乾潛台，領導組織，正式成立台灣省工作委員會；蔡孝乾任書記，張志忠擔任委員兼武工部長，領導海山、桃園、新竹等地區的工作。
8月2日	長官公署許可台灣劃爲八個食糧區，區內准食糧移動販賣。
8月17日	台北地區霍亂流行。
8月20日	台灣開始與內地通匯，台幣對國幣（即法幣）爲一比四十。
8月27日	台灣省光復致敬團林獻堂、丘念台等十二人飛滬轉京，晉謁蔣介石。
8月	鍾浩東呈奉爲省立基隆中學校長。二子病逝。徐森源轉任訓導主任。鍾國輝任事務主任。黃素貞前往教中文。
10月中旬	藍明谷從上海台灣同鄉會返抵台灣，任職教育會辦事員，與岡山同鄉陳本江、王荊樹共住。
9月1日	政治時事性週刊《觀察》在上海創刊。

11月4日　中共聲明不參加國民大會。

11月7日　台省國大代表飛滬晉京，參加國民大會。

11月13日　台北市霍亂流行。

11月15日　前東區服務隊隊員黎明華從梅縣搭船，經汕頭、廈門，一星期後抵達基隆中學。

12月20日　台灣省學生自治會、台灣青年澀谷事件後援會、台灣政治建設協會等大中學生及各界人士五千餘人，在台北市中山堂召開「反對澀谷事件宣判不公大會」，要求陳儀代表國民政府，促進對日交涉。

12月24日　駐北京美軍強姦北大女生沈崇。

12月　鍾浩東與蔣蘊瑜的三子出世。

一九四七

1月1日　國民政府公布中華民國憲法。

1月2日　大陸各大學針對美軍強姦北大女生事件，展開反美運動。行政院禁止反美。

1月9日　台北學生團體反美示威遊行，抗議北京女學生被強姦事件。

1月14日　金價和物價暴漲。

1月29日　米價暴漲，一日數回。

1月　藍明谷經由張志忠加入地下黨。

2月　鍾理和介紹藍明谷任教基隆中學國文老師。

2月4日　米價下跌。金、布類、美金大幅上升。

2月7日　省當局通令全省：嚴厲管制糧食售價，糧戶、糧商定期限價出售存糧，如有違反，依治罪條例處罰。

2月8日　電費上漲一倍。

2月11日　台北市金價、米價持續上漲，其他物價也受影響而上漲。

2月13日　台北市民示威，要求解決米荒。

2月17日　台北市開始實施食米配給。

2月26日　台大法學院學生連吃十多天蕃薯，體力不支，紛紛返家。

2月27日　晚上七點左右，台北市延平北路因查緝私煙爆發民警衝突，一民眾遭查緝員誤射死亡。

2月28日　不滿的台北市民集結行動，在長官公署廣場遭機槍掃射，當場六人死亡，多人受傷。警備司令部發佈台北市區臨時戒嚴令。二二八事件爆發。

3月1日　行政長官陳儀宣布解除台北市區戒嚴令。基隆要塞司令部正式宣布基隆地區戒嚴。基隆市參議會舉行臨時大會。

3月2日　下午六點，基隆要塞司令部由於市參議會的要求，解除戒嚴。

3月3日	二二八事件處理委員會成立。基隆碼頭工人襲擊第十四號碼頭軍用倉庫。
3月4日	台北市的暴動發展爲全省性的抗爭。 鍾浩東安排李南鋒和邱連球，帶領幾名基隆中學的外省籍同事及其家屬，搭火車到南部屏東避難。
3月7日	二二八事件處理委員會向陳儀提出三十二條處理大綱。
3月8日	陳儀拒絕接受三十二條要求。閩台監察使楊亮功在憲兵第四團保衛下到達基隆。
3月9日	國軍第二十一師在基隆登陸，開始鎮壓。警備總司令部再度宣布台北市戒嚴。
3月14日	台灣省警備總司令部宣布：全省已告平定，即日開始，肅奸工作進入綏靖階段。
3月17日	戒嚴令擴大在全省各地實施。
3月下旬	鍾浩東安排黎明華正式擔任基隆中學訓導處幹事。民盟台灣省工作委員會在台北宣告成立。
4月	鍾國輝與鐘浩東、藍明谷爲一小組，鐘浩東爲組長。
4月22日	行政院決議撤廢台灣省行政長官公署，改訂省政府組織法；決定任命魏道明爲台灣省政府首任主席。
5月	黎明華轉往中壢義民中學任教。
5月5日	台灣省警備總司令部改爲警備司令部，彭孟緝爲司令。丘念台堅辭民政廳長。
5月16日	台灣省政府成立，並宣告清鄉工作已經完成。

5月18日	警備司令部公布：全省解除戒嚴，暫停郵電檢查。
5月20日	上海、南京、蘇杭等地學生六千多人，在南京舉行反饑餓、反內戰、反迫害大遊行，遭到殘酷鎮壓，造成史上有名的「五二〇血案」。
7月7日	中共中央發表「七七宣言」，成立民主聯合政府、實施土地改革。
7月9日	國民政府決定解散政治協商會議。
7月23日	李翼中辭任國民黨省黨部主任。丘念台抗命，決不繼任。
7月25日	警備司令部公布社會秩序安寧維持辦法。
8月	基隆中學支部成立，鍾浩東任書記，鍾國輝與藍明谷任支委。
8月26日	丘念台就任國民黨省黨部主任。
9月	國民黨六屆四中全會決定三青團併入國民黨，於國民黨中央執委會下設立青年部，由蔣經國負責，原三青團各級組織的幹事，一律成爲國民黨各級組織的委員。鍾浩東與徐森源、鍾國輝、丘繼英等參加民盟台灣省工作委員會在基隆中學召開的會議，討論如何開展工作。黃素貞離開基隆中學，轉到北一女任庶務主任。
10月7日	省政府依據中央所頒「後方共產黨處理辦法」，令本省境內共產黨員於本月底前登記，逾期依法究辦。
10月	國民黨當局宣布中國民主同盟爲非法團體；民盟總部被迫在上海宣布解散。

10月25日 台灣地下黨批准徐森源離開基隆中學，前往台中，擔任國民黨台中縣黨部書記長。

台灣省第二屆運動會在台中舉行，市內及運動會場突然出現大量沒有署名的宣傳品，介紹人民解放軍六十七條時局口號，並附有當時解放戰爭形勢圖。

11月12日 謝雪紅等二二八流亡者於香港組成台灣民主自治同盟。

共產黨在河北省平山縣西柏坡村召開全國土地會議，制定中國土地法大綱。

11月 台南新豐農校校長陳福星身分暴露，潛逃基隆中學校長鍾浩東處，祕藏三天。李蒼降在台北入黨，以新民主同志會及台灣解放同盟名義發展組織。

一九四八

1月 中國民主同盟在香港恢復中央領導機構，宣告與中共合作，徹底實現中國的民主、和平、獨立和統一。

2月 台灣省工作委員會發行《光明報》。

2月18日 台大中文系主任許壽裳被刺殺死亡。

3月5日 全島各地出現《紀念二二八告台灣同胞書》，「中國共產黨台灣省工作委員會」第一次正式署名。

3月 鍾國輝辭職，回家養病。

4月23日	身份證總檢查實施辦法公布。
5月	中華職業教育社在上海創刊《展望》週刊。
5月30日	戶口（身份證）總檢查開始。
8月19日	廢止台幣兌換法幣，改以金圓券兌換。
9月12日	遼瀋戰役展開。
9月	國民黨台灣省黨部改組，合併三民主義青年團；丘念台請辭省黨部主委之職。
	李旺輝由鍾里志介紹，加入組織，成爲基隆中學支部三名支部委員之一。
秋天	基隆中學支部擴大爲校內、校外兩個支部。藍明谷任校外支部書記，支委分由王荊樹、鍾里志擔任。
11月2日	遼瀋戰役結束。東北全境爲共產黨解放。
11月6日	淮海戰役展開。
11月29日	平津戰役展開。
12月24日	國民黨華中剿總白崇禧、長沙綏靖主任程潛及河南省主席張軫，逼蔣「引退」。
12月29日	國民政府任命陳誠爲台灣省政府主席。
12月30日	國民黨中常會任命蔣經國繼丘念台任省黨部主任。
冬天	新民主同志會一共三十幾個群眾陸續被捕。組織基本瓦解。李蒼降將台北一部份同黨份

子移交上級李絜，轉往基隆工作。

一九四九

1月10日	淮海戰役結束。長江中下游以北廣大地區成為解放區。蔣介石派蔣經國去上海，命令中央銀行總裁，將現金移存台灣。
1月14日	中共中央毛澤東主席在關於時局的聲明中，提出在八項和平條件的基礎之上，同南京國民政府和談。
1月16日	蔣介石下令中央、中國兩銀行，將外匯化整爲零，存入私人戶頭。
1月21日	蔣介石宣布引退。李宗仁副總統代行總統職權。蔣仍以國民黨總裁身分，以黨領政。
1月31日	北平和平解放。
2月	蔣經國奉命轉運中央銀行儲存的黃金、白銀五十萬盎斯，前往台灣、廈門。
2月4日	省主席陳誠公布實施三七五減租。
2月中旬	台幣與金圓券匯率調整爲一比十五；米價猛漲。
寒假過後	基隆中學新來兩名外省老師。鍾校長知道他們都是職業學生出身的特務，但推辭不得，只能通知相關人員提高警覺。
3月1日	台灣警備司令部實施《軍公人員及旅客台灣省入境暫行辦法》。

3月23日 何應欽繼孫科之後出任國民政府行政院長，拒絕與共產黨和談。

3月29日 晚上，台北市中上以上學校學生，在台大法學院操場舉辦盛大的篝火晚會，慶祝青年節，並宣布籌組全學聯。

3月 台灣銀行爲抑制物價，開始拋售黃金。

4月1日 南京派出張治中爲首的和平代表團北上與共產黨議和，希望隔江而治。南京各大專院校近萬名學生齊集總統府門前，舉行反內戰的集會和示威遊行，要求貫徹眞正的和平，但遭到血腥鎭壓。造成「四一血案」。

4月6日 凌晨，台灣當局爲了鎭壓風起雲湧的台北學運，派出大批武裝軍警，強行闖入師範學院與台大的男生宿舍，集體逮捕兩三百名學生。一般稱作「四六事件」。

4月7日 台幣對金圓券的匯率又調整爲金圓券百元兌台幣二百廿元。

4月9日 物價全面高漲；黃金每台兩五五〇萬元。

4月21日 人民解放軍分三路渡江。

4月23日 人民解放軍攻佔南京。

4月25日 國民政府遷往廣州。

4月底 台幣對金圓券匯率又再調整爲金圓券百元改折台幣七元。

5月初 台北地下錢莊一片倒風；金融經濟混亂。

5月18日　白米每石漲到一百萬元；物價全面暴漲。

5月20日　台灣地區開始實施軍事戒嚴令。台灣銀行辦理黃金儲蓄存款，金價定為每台兩一千四百四十萬元，並准領取黃金實物。

5月22日　台幣一元改對金圓券四百元。國民政府中央造幣廠遷台。

5月24日　立法院頒布實施針對「匪諜」的「懲治叛亂條例」。

5月27日　上海解放。

5月27日　台灣省警備司令部禁止一切「非法」集會、結社、罷工、罷課、罷市，並制定新聞、雜誌、圖書管理辦法。

省工委依據戰情判斷，把「迎接解放」的政治口號轉為「配合解放」的實際行動。

5月下旬　國防部保密局北平站上校特勤組長谷正文從上海來到台灣。

5月　基隆市工作委員會正式成立，鍾浩東任書記，李蒼降、藍明谷為工委；下轄造船廠支部、汐止支部、婦女支部，並領導基隆要塞司令部、基隆市衛生院、水產公司等部門內的黨員與周邊群眾。

6月15日　幣制改革，發行新台幣；舊幣四萬元折合新台幣壹元，新台幣伍元折合美金壹元；發行總定額為兩億。通貨膨脹，舊幣如同廢紙。

6月20日　蔣介石接駐日代表團來電：「盟軍總部對於台灣軍事頗為顧慮，並有將台灣移交盟國或聯合國暫管之建議」。

6月23日　前東區服務隊隊員、新竹商校校長林啓周，在松山機場被捕。新竹商校的徐新傑等人立即分頭轉移。鍾浩東安排徐新傑轉移到屏東長治鄉的邱連球家。

6月24日　近萬名台灣軍人派赴大陸，參加內戰。

7月初　鍾浩東與基隆中學教職員及黎明華等人爬獅頭山。

7月2日　《光明報》發表〈紀念中國共產黨誕辰廿八週年〉社論。

7月9日　三七五減租在全省各縣市實施。

7月11日　省級公務員推行聯保制。

7月中旬　夜間，台灣省工作委員會在全省同步散發〈人民解放軍佈告〉，省工委、台盟、解放軍駐台代表聯名的《告台灣同胞書》，以及一些寫著明確口號的小張傳單，展開政治宣傳攻勢。

7月　台灣省主席陳誠接獲《光明報》。

8月18日　台灣省郵政管理局為郵電改組暨郵電員工分班、過班而引起怠工請願的風潮。

8月23日　警方查戶口時扣押台大法學院畢業學生王明德。保密局借提王明德偵訊；王明德坦承郵寄《光明報》等事情，並供出成功中學支部王子英等數人。

8月24日　保密局會同刑警總隊，根據前所搜獲之資料與王明德供詞，逮捕成功中學畢業的姚清澤、郭文川、余滄州等。在高雄逮捕台大法學院學生詹昭光、孫居清、吳振祥、戴傳李、林榮勛等。

8月27日　午夜，蔣碧玉與任職圖書館管理員的妹妹在學校宿舍被捕。鍾浩東下落不明。

9月2日　晚上，保密局特務到校長宿舍搜捕鍾浩東。

9月8日　晚上，藍明谷攜妻、子逃回岡山老家，展開逃亡生涯。

9月9日　早上十點多，軍警包圍基隆中學，逮捕四名教師、三名職員和三名學生。李南鋒、邱連球、邱連和在屏東被捕。

9月1日　台灣省保安司令部（司令官彭孟緝）成立。

10月2日　台北縣實施五人連保制。

10月31日　福建籍的台灣省工委會副書記陳澤民在高雄市被捕。

10月1日　中華人民共和國成立。

11月4日　防衛司令部公布：通共或隱匿共黨不報、造謠惑眾、煽動軍心、破壞交通與電訊者皆處死刑。

11月29日　國民政府再遷成都。

12月8日　行政院決議遷都台北。

12月9日 行政院正式遷移台北辦公。

12月10日 台灣省保安司令部發言人公開宣布：破獲共產黨的光明報及基隆市委會案，並槍決任職基隆中學的張奕明、鍾國員、羅卓才、談開誠等四人。鍾浩東等十八人「准感訓自新」，移送保安司令部。

12月23日 全省各地開始配給食米。

一九五〇

1月19日 下午八點多，李蒼降與妻子及姐姐在南京東路同時被捕。
鍾浩東被送回軍法處審理。

2月1日 保安司令部成立新生總隊。

3月1日 蔣介石復職，著手改組內閣，提名陳誠任行政院長，積極推進反共抗俄政策。

3月8日 爲防中共地下工作人員潛伏山區，實施爲期一周的山地統一檢查。

3月10日 台灣省政府通過本省戶口總檢計畫。

3月20日 美濃人張舉昌與蔣碧玉立約，收買鍾壽生（鍾浩東之兄）與鍾浩東持有份額山林，共價款台幣六千元。

4月26日 「懲治叛亂條例」修正案公布。

4月30日	全省戶口總檢查。
4月	駐海南島的國民黨軍隊約八萬人撤退來台。
春天	丘念台和省內士紳聯名向當局建議，對於本省思想犯，務請稍微從寬處理，給予悔過自新之路。
5月	蔣碧玉與張舉昌立具轉賣鍾浩東名下十九甲山林的土地標示確認書。
5月13日	國防部總政治部主任蔣經國宣布：偵破中共台灣工委會（蔡孝乾）案，並公布〈在台中共黨員自首辦法〉。
5月16日	國民黨軍隊自動放棄舟山群島基地，將十五萬精銳部隊撤到台灣。蔣介石提出「一年準備，兩年反攻，三年掃蕩，五年成功」。
5月31日	晚上，正聲、台灣、空軍、軍中、民本、民聲等廣播電台，同時聯播蔡孝乾對本省同胞發表的「懺悔」演說。
6月1日	《中央日報》全文刊載蔡孝乾的廣播內容。
6月4日	〈勘亂時期教育實施綱要〉公布，規定中小學起實施三民主義及反共抗俄教育。
6月9日	國防部副參謀總長吳石及陸軍第四兵站總監陳寶全被槍決。
6月13日	〈勘亂時期檢肅匪諜條例〉公布。
6月18日	原台灣行政長官陳儀依「謀叛罪」被槍決。

6月25日　韓戰爆發。

6月27日　美國總統杜魯門聲明「台灣中立化」方針，下令第七艦隊駛入台灣海峽，干涉中國內政。

6月28日　台北國府外交部發表聲明，原則接受美國對台防衛。蔣介石聲明要派兵參加韓戰。

7月中旬　鍾浩東、李蒼降和唐志堂等同案共十四人移送台灣省保安司令部軍法處結案。

8月11日　第一次提訊鍾浩東、李蒼降與唐志堂等七人。

8月15日　鍾浩東再被提訊，並安排與王荊樹對質。

8月21日　台灣省保安司令部軍法處會審鍾浩東等同案共十四名。評議結果：「鍾浩東李蒼降係台灣共產黨匪要廣收黨員圖謀不軌應處極刑」。

8月22日　台灣省保安司令部軍法處審判官根據「鍾浩東等案評議錄」草成該案判決書，隨即呈送軍法處長包啓黃。

8月28日　軍法處長包啓黃核判該份判決書。

8月29日　台灣省保安司令部以兼司令吳國楨與副司令彭孟緝名義將「鍾浩東等叛亂案卷判」發文總統府機要室資料組。

9月2日　總統府機要室資料組回覆台灣省保安司令部：「無意見」。

9月9日　台灣省保安司令部呈奉國防部批示。鍾國輝、李旺輝在南部先後被捕。

9月21日　國防部參謀總長周至柔批答：「核准鍾浩東等叛亂一案罪刑悉知照並將執行鍾浩東李蒼

降二名死刑日期具報備查」。

9月25日　鍾浩東給母親寫遺書。

9月29日　行政院制定「勘亂時期檢肅匪諜舉辦聯保連坐辦法」。

國防部參謀總長周至柔「檢同原卷判簽請總統蔣鑒核示遵」。

10月2日　李蒼降與鍾浩東在獄中寫遺書。

10月11日　國防部核定保安司令部關於鍾浩東等人判決及死刑執行日期。

10月14日　上午六時，保安司令部軍法處將鍾浩東、李蒼降及唐志堂三名，發交憲兵，綁赴馬場町刑場，執行槍決。

10月23日　保安司令部發文國防部保密局局長毛人鳳「檢還鍾浩東等叛亂案原卷一宗附判決正本一份」。另向國防部參謀總長周至柔「呈報叛亂犯鍾浩東等三名執行死刑日期」。

11月1日　國防部參謀總長周至柔發文軍法局轉蔣介石鑒核「叛亂犯鍾浩東等三名執行死刑日期」備查。

11月4日　總統府駐國防部連絡室主任傅亞夫發文回覆軍法局：總統批示「准予備查」。

保安司令部發文台灣省教育廳：「查明鍾浩東之介紹人保證人及單位主管姓名分別議處具報」。

11月14日　周至柔發文保安司令部轉達總統批示准予備查。

11月18日　保安司令部電警務處與國防部保密局、內政部調查處等機關，協緝「在逃匪犯」藍明谷、鐘里志、陳少麟、曾慶廉等四名歸案。台灣省教育廳長陳雪屏發文電覆保安司令部：關於前基隆中學校長鍾浩東的介紹人保證人及單位主管人，均未辦理互保手續。

12月28日　基隆中學英文老師張國雄槍決。

藍明谷因父親、妻子等無辜親友多人被捕，前往高雄市警察局第一分局自首。

一九五一

1月14日　鍾里志被捕。

1月15日　保安司令部發文高雄縣警察局「查明叛亂已決犯鍾浩東有無財產」。

2月23日　保安司令部再發文高雄縣警察局：切實查明「蔣碧玉是否為避免查封沒收而故意將鍾浩東所有山林十九甲賣與張舉昌，張舉昌有無明知而故為買受行為？」

3月8日　旗山分局審訊收買鍾浩東不動產的張舉昌與介紹人黃阿番。

3月9日　旗山分局審訊鍾浩東的哥哥鍾里虎。

3月27日　高雄縣警察局發文台灣省保安司令部「具報鍾浩東財產變賣經過」。

3月31日　保安司令部軍法處准予鍾里志辦理自新手續，交保開釋，勿再參加任何政治活動。

4月6日　保安司令部軍法官陳慶粹繕寫關於鍾浩東財產問題的總結簽呈。

4月10日 鍾國輝槍決。

4月29日 藍明谷槍決。

4月 新生總隊移遷綠島，擴大爲新生訓導處，編制爲新生訓導總隊。

9月17日 國防部總政治部副主任張彝鼎發佈〈匪諜及附匪份子自首辦法〉和〈檢舉匪諜獎勵辦法〉。

11月3日 基隆中學教務主任方弢槍決。

一九五三

鍾浩東母親去世，始終不知道鍾浩東已經犧牲。

8月13日 〈勘亂時期檢肅匪諜聯保辦法〉公布。

10月1日 省教育廳通令全省國民學校審查學校全部圖書，若有違反國策、詆毀政府、鼓動階級鬥爭、影響兒童心理言論者，一律封存列冊報廳銷毀。

一九五四

3月16日 張志忠槍決。

5月5日 邱連球槍決。

12月3日 中（台）美共同防禦條約簽訂。

一九五八
2月22、23日
鍾理和讀史東《梵谷傳》，在日記上有感而痛呼：「和鳴！你在那裡？」

一九八三
年底蕭道應夫婦託在美國的友人前往大陸，探尋當年送人收養的兒子。

一九八七
7月10日
蔣碧玉在夏潮聯誼（合）會等團體舉辦的台灣民眾黨建黨六十周年紀念會上，以「蔣渭水之女」的身分，復出台灣社會運動舞台。

7月15日
台灣地區解除戒嚴；「動員時期國家安全法」同日實施。

8月2日
蔣碧玉在台灣史研究會舉辦的「蔣渭水先生逝世紀念研討會」演講〈蔣渭水先生與我的青少年時代〉。

9月8日
執政當局開放大陸探親，除軍公教人員外，不分省級、親等、年齡、黨籍，均可由第三地區自行前往。

俊基哥

蓓瑜嫂 均鑒。

先祝 闔家健康，万事[illegible]。

前接 姪媳寄來[illegible]汪雲[illegible]的信，立即轉[illegible]太平鎮

公安局[illegible]他收到立即回信以[illegible]後，

「慈母膝下敬稟者：我於十一月廿日收到了隔別幾十年的慈母

親筆信，使我及全家均感安慰、不孝兒念着母親的來信，我的

眼淚濕透了信箋。幾十年來受盡情牽，但一九八四年二月

收到六妹轉匯來一封信，及寄來的錢以後，我曾經寄六、七

六封信給桐姐，但均未見回音，最后八七年四月又寫一信到

美國，才從美國退回給我，說：收信人不在，音訊完全中斷，

使我再次陷入痛苦之中，這次收到慈母的信，又說要來

看我們，我們全家都沉浸在幸福之中，汪伯伯就收到信后

速來提到養父母的家境，在我懂了事時，養父在河邊街開

設「蕭玉利」記綢布雜貨店（在我不懂了事時開什麼店就不

清楚，養母生前未曾告知）養父在一九六○年仙逝，

養母鄧氏則在一九八六年十二月也已仙逝，養父母的兄弟

姊妹均不在世了。養父母原只有兩個女，長女（我叫大姐）也早

已逝世，沒有后人，只有第二女尚在。媽媽幾十年風風雨雨，在

信中一言難盡，只盼母親保重身體，早日回來團聚暢談，互訴

離情。敬祝 媽媽老人家 健康長壽，全家健康！

不孝兒 汪雲謹稟 元八七年十一月廿二日」

（原信暫存我處，待有知己可託時帶過之。）

妹 金英付 十一月卅日

1987 年 11 月 21 日，蔣碧玉通過蕭道應夫婦協助，給當年送人收養的兒子寫第一封信後，收到美國友人轉來內抄失散近五〇年的長子的來信。

11月21日　蔣碧玉通過蕭道應夫婦協助，給當年送人收養的兒子寫第一封信。

一九八八

3月16日　台灣農民反對開放美國農產品進口而遊行抗議，蔣碧玉走入遊行隊伍，高喊反美帝、反傾銷口號。

4月4日　蔣碧玉參加中國統一聯盟創盟大會，高票當選執行委員。

5月1日　蔣碧玉走入勞工隊伍，參加戰後台灣第一次慶祝五一勞動節的遊行。

5月5日　蔣碧玉在廣州車站重逢離散四十五年的長子。

1990年4月，蔣碧玉與作者在始興收養孩子的蕭姓人家門前。（何經泰攝影）

9月　《人間》雜誌刊載關於鍾浩東與蔣碧玉的報導——《幌馬車之歌》。蔣碧玉終於以基隆中學校長鍾浩東夫人的身份現身。

一九八九

3月10日　《幌馬車之歌》入選爾雅「七十七年短篇小說選」（詹宏志編選）及第七屆洪醒夫小說獎。

10月25日　陳映眞、王墨林及藍博洲等《人間》雜誌同仁，在台北市大同區公所禮堂演出報告劇《幌馬車之歌》。

一九九一

2月28日　蔣碧玉參加五〇年代白色恐怖政治受難人及犧牲者家屬在台北青年公園及馬場町刑場首次公開舉行的追思紀念會

蔣碧玉在「二二八暨五〇年代白色恐怖犧牲者追思會」帶領其他受難者及遺族唱〈安息歌〉，祭悼當年為了愛國而犧牲的先烈英魂。

5月20日

蔣碧玉參加「反對白色恐怖」萬人大遊行。

一九九一年五月二十日，七十歲的蔣碧玉再次走上街頭，「反對白色恐怖」。（何淑娟攝影）

6月20日

時報出版公司出版《幌馬車之歌》。

一九九二

2月　《幌馬車之歌》榮獲《聯合文學》「八十年度十大文學好書」作家票選部分第一名。

4月7日　蔣碧玉與李旺輝等難友出席高雄醫學院高醫青年社舉辦的「幌馬車之歌音樂紀念晚會」。

高雄醫學院高醫青年社舉辦的「幌馬車之歌音樂紀念晚會」。（藍博洲攝影）

一九九四

11月14日　侯孝賢導演、朱天文編劇的電影《好男好女》（原著《幌馬車之歌》）開鏡。

一九九五

1月10日

蔣碧玉病逝台北。

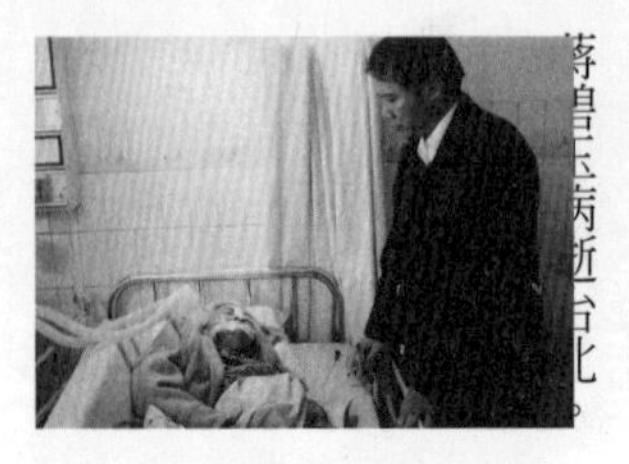

蔣碧玉三子東兒與處於彌留狀態的母親。（台灣民眾文化工作室收藏）

《好男好女》攝製組在廣東惠陽殺青的同時得到台北傳來的消息：蔣碧玉去世了。

1944年夏秋之交，蔣碧玉的癌症病情開始惡化；12月底，住進新店耕莘醫院。與此同時，侯孝賢導演把她與鍾浩東的亂世戀曲拍成電影《好男好女》。

1月26日

蔣碧玉的告別式在台北第二殯儀館舉行。

一九九七

3月30日

《幌馬車之歌》日譯本出版

二〇〇四
10月14日

《幌馬車之歌》增訂版出版。

二〇一五
10月14日

「《幌馬車之歌》——鍾浩東與蔣碧玉的亂世戀曲圖文展」在景美人權園區開幕。

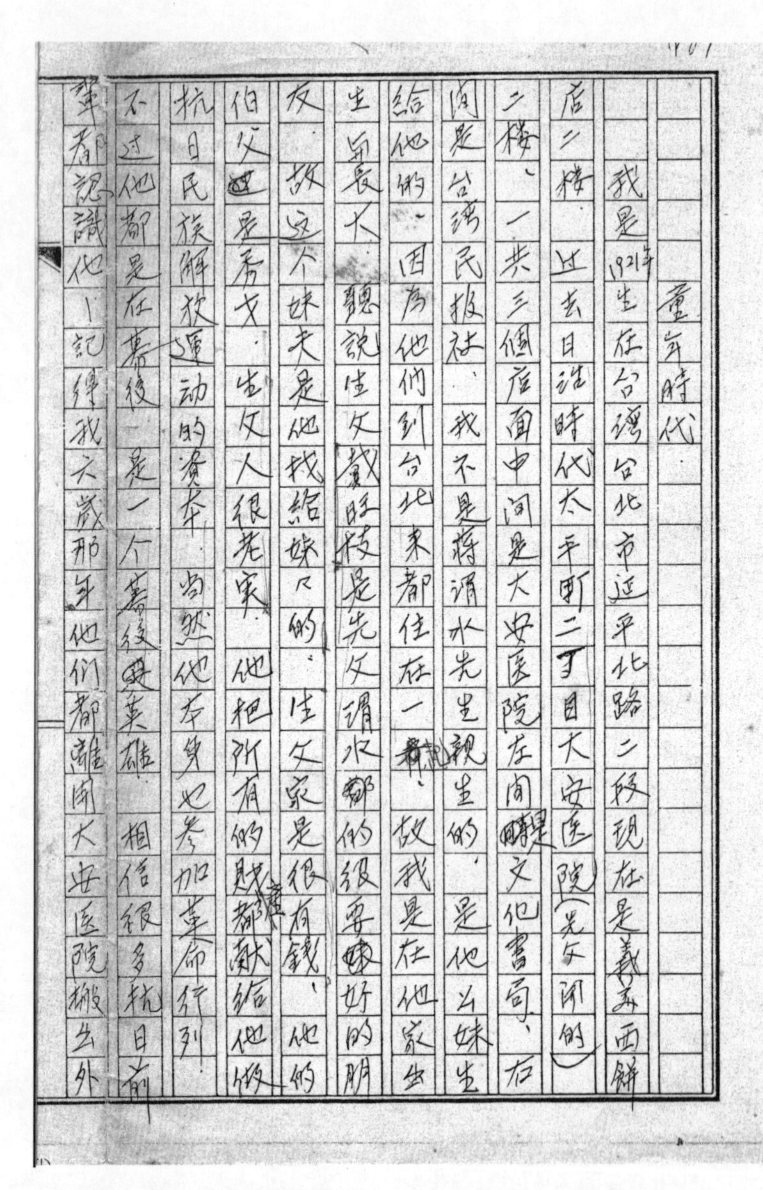

童年時代

我是1921年生在台灣台北市延平北路二段現在是義美西餅店二樓。过去日治時代太平町二丁目大安医院（先父開的）二樓、一共三個店面中间是大安医院左间是文化書局、右间是台湾民报社、我不是蒋渭水先生親生的、是他的妹生給他的、因為他們到台北来都住在一起、故我是在他家出生與長大。聽說生父戴旺枝是先父渭水的很要好的朋友、故这个妹夫是他找給妹妹的、生父家是很有錢、他的伯父也是秀才、生父人很老实、他把所有的財產都献給他做抗日民族解放運動的資本。当然他本身也參加革命行列、不过他都是在幕後、是一个幕後的英雄、相信很多抗日前輩都認識他、記得我六歲那年他們都離開大安医院搬出外

蔣碧玉的回憶手稿之一。

1801

離開台湾回大陸

1939年年底為了要籌回大陸的經費，我和浩东來往瑞芳九份幾次去買黃金，那个時候黃金買賣是日本政府禁止的，那時要出境所能帶的現金有限額也不能帶多少，我們就想辦法買來的黃金用熱火燒鎔後讓他們三位同志（蕭鍾李）塞入肛内後帶走，1940年元月我和浩东及他的表弟李南峰就先到上海。因老蕭台大醫學院未畢業，他是四月才会畢業。在上海探尋回内陸的路線，一方面等老蕭蕭兩夫婦，在這期間終不能把帶來的黃金變賣的錢用掉，老鍾就和日本人做生意，買米賣給日本人開的工廠，他說要賺日本人的錢來生活，同時决对不去租界買米，一定在日本佔領這買，應該四月畢業就能來的老蕭夫婦等到五月都沒來，這个時候我

蔣碧玉的回憶手稿之二。

No.2

一早、我們要心忡々地怕々地等待奇蹟出現、九点多鐘旅館的人說鐘先生來電話問上海有沒信來、他的行李已搬到回上海的船上準備回上海去看過究竟：真謝天謝地、這樣難沒辦成、我們這晚就搬去九龍去住，次二天就坐粵漢鐵路到沙魚村，沙魚村到淡水要走好幾個鐘头，一路上看到鄉村的房屋都被日机轟炸得破々爛々、真体会到戰爭的殘酷性，在淡水过一夜、次二天又坐船到惠陽，這一天的木船好大、大概可容納二三百人，這就是広东有名航運主幹的珠江，江面很寬，有二三十名船夫用大纜索套在肩膀上有規則的哼呀呀呼呀的唱着歌向前一步一步地沿江边走、天黑了才到惠陽，到了惠陽就有惠陽前線指揮部的人來検查身份証，我們當然沒有，就告訴他們我們是由香港回來要參加抗

蔣碧玉的回憶手稿之三。

越难脚也起泡了、鞋子破了、到了珠江的下流也有船可坐、数过了十二天黄昏我们终于来到罗浮山脚的博罗徐福田东这服务队驻地也是[illegible]的时候 老钟与老李已经来过一次、所以虽然在念台先生因公外出、队里的同志还是很热烈的欢迎我们。队员都是年轻小伙子、大家一见如故、部队借驻在缪氏祠堂兼私塾的房子、大家有的住楼板上、有的住在一人分发一件军毯一条三四尺见方的包袱巾、睡觉时可以铺在地上行动时可包衣服书籍等物叠成长方形用绳子扎好背到背上便可行动了、冬天何[illegible]如果[illegible]娃要稻草铺在包袱巾下面包里来的麻袋洗乾净两条缝作一条来盖、因一件军毯是不够暖和。一人一双筷子一个漱口杯也是万能的可以漱口洗脸喝开水吃饭、每人一个月三元的零用钱只能买一

蔣碧玉的回憶手稿之四。

在这裡自己苦練出來的还好我們隊裡來有很多書可以看、在民運工作中我們了解他們的困難和待解決的問題因这个地方是三不管地帶未開發地方封建落後糾紛又多、記得有一年徐福田與鄰村為了爭取灌溉水界田水械鬥起來剛好七八月田裡要收割兩村都弄得沒法下田整天搶炮聲不斷在念台先生從中排解也無法解決他們的糾紛只好請求前線指揮部派武裝部隊來鎮壓才平息。因这裡是無政府狀態 土匪又多百姓差不多都有搶支三天一节他們上节也要背搶好像看西部電影。这裡的農是很可憐被土豪劣紳剝削得很利害。比地没有醫療机構我們先需还要做醫務人員

蔣碧玉的回憶手稿之五。

誰的幌馬車之歌

誰的〈幌馬車之歌〉

緣起

「在日本介紹台灣電影最力」的影評人田村志津枝小姐，在十二月十五日的〈自立副刊〉，提出了一篇探討從電影《悲情城市》的片段衍生的，有關流行歌曲、電影及歷史關聯性的文章；這篇文章題爲〈追尋幌馬車之歌〉。

田村小姐在〈追〉文中表示，她是在《悲》片中才第一次聽到〈幌馬車之歌〉。由於這首歌的歌詞是在表達分離時哀切之情，因此，第一次聽到〈幌馬車之歌〉的旋律時，不免地生起「有如聽到一首我們父母輩所愛唱，如今也仍然爲感傷年華的女學生所喜愛的日本歌曲般」的感懷。然而，田村小姐又表示道：「在感懷的同時，也不可否認地存在著畫面所傳達的景象與那旋律所醞釀出來的不協調所帶給我的怪異感。」基於這種個人主觀的怪異感，田村小姐於是在「這首歌到底是什麼樣的歌？在日本又是何時被唱著的呢？」的發問下，回到日本，展開一場追尋〈幌馬車之歌〉的歷史之旅。經過調查，田村小姐發現，〈幌馬車之歌〉是首三〇年代的流

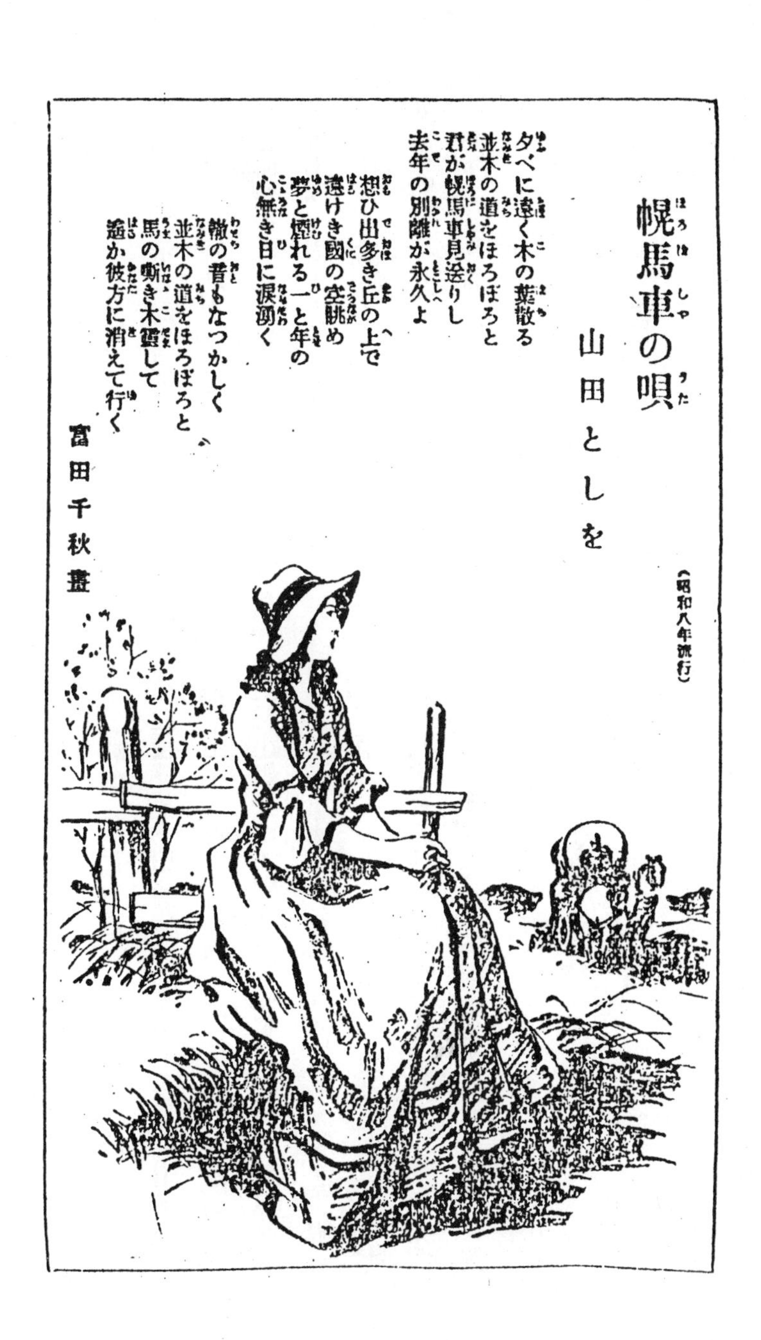
幌馬車の唄
山田としを
(昭和八年流行)
夕べに遠く木の葉散る
並木の道をほろぼろと
君が幌馬車見送りし
去年の別離が永久よ
想ひ出多き丘の上で
遙けき國の空眺め
夢と煙れる一と年の
心無き日に涙湧く
轍の音もなつかしく
並木の道をほろぼろと
馬の嘶き木靈して
遙か彼方に消えて行く
富田千秋畫

行歌曲，曾經先後於一九三二年及一九三五年，由哥倫比亞公司發行。而這段期間正是日本政府向中國發動侵略，致力於帝國主義戰爭的歷史階段。因此，田村小姐感到「愕然」與「好奇」的是，「這種以驅喚前往侵略地滿洲及構築日本人之夢的〈幌馬車之歌〉，竟會在台灣二二八事件被捕、被槍殺的知識青年口中唱出來。」基於此種迷惑，田村小姐於是進一步地問道：「到底在台灣當時是那些人在唱這首歌？是在什麼狀況下唱這首歌？是在何所思之下唱這首歌？請知道當時情況的仁人君子，有以教我。」爲此，田村小姐表示，她曾就這件事請問侯孝賢導演；侯導演向她表示；他曾在雜誌中看過，二二八事件當時，事實上在類似的情況之下，曾有人唱著〈幌馬車之歌〉，因此，他才在電影中如此安排。事實上，侯孝賢所看到的是刊登在《人間》雜誌第卅五、卅六兩期（一九八八年九月、十月）的報告文學——〈幌馬車之歌〉。筆者身爲〈幌〉文的作者，因此，不揣淺陋，針對田村小姐的調查發現及疑問，就個人的調查過程作一個報告；並且也提出一些看法……，就教於田村小姐及當時的仁人君子。

〈幌馬車之歌〉的出土

我第一次聽到〈幌馬車之歌〉，是在一九八八年夏天的某個午後。在長期而大量地採集了前基隆中學校長鍾浩東的生平資料後，我開始動筆寫這個令人敬痛的前人的生命史；然而，苦於時空、人物、事件的龐雜，我的寫作狀況進展得並不順利。因此，我又一而再的找鍾校長的太太，也就是蔣渭水先生的女兒——蔣碧玉女士，就她所知道的鍾校長的種種，更加細緻地探訪。那天午後，蔣女士告訴我說，她曾經聽一個在軍法處與鍾浩東校長同房的難友描述鍾校長赴死前的情景。這樣，我終於抓到寫作的頭緒了。

這名難友說：「一九五〇年十月十四日，清晨六點整。剛吃過早餐，押房的門鎖便咔啦咔啦地響了。鐵門呀然地打開。『鍾浩東，×××、×××，開庭。』我看見鐵門外面兩個面孔猶嫌稚嫩的憲兵，端槍、立正，冷然地站立鐵門兩側。整個押房和門外的甬道，立時落入一種死寂的沉靜之中。我看著校長安靜地向同房難友一一握手，然後在憲兵的押解下，一邊唱著他最喜歡的一首世界名曲——〈幌馬車之歌〉，一邊從容地走出押房。於是，伴奏著校長行走時的腳鍊拖地聲，押房裡也響起了由輕聲而逐漸宏亮的大合唱……

這段情景，據侯孝賢所言，事實上也正是《悲情城市》片中，林文清在獄中送難友吳繼文「出庭」時，同房難友全體莊嚴地合唱〈幌馬車之歌〉的歷史根據。

《悲情城市》敘述的不只是一九四五——一九四九年的台灣而已！

只是，就歷史的事實而言，它並不是發生於二二八事件當時，而是發生於國民黨敗退台灣後，在美國的支持下，有計畫地肅清「以中國的民族解放」爲志向的台灣社會主義者組織的五〇年代。《悲情城市》引起爭議的歷史部分，我個人認爲在於它所敘述的時空並不只是一九四五——一九四九年的台灣而已；其實，它是延伸到五〇年代的左翼政治肅清。只是在客觀的政治條件下，侯孝賢導演把它壓縮至一九四九國民黨敗退來台爲止；如果片尾不打出一九四九國民黨敗退來台的字幕，那麼《悲》片的歷史問題就沒有什麼好爭議了。

其次，田村小姐所疑惑的這樣的軍國主義時期的歌，爲什麼會在從容就義的、信仰社會主義的台灣青年口中唱出來？

針對這點質疑，我試著與田村小姐作幾點解釋與溝通。

首先必須釐清的是，在五〇年代爲其信仰赴死的社會主義者，當其赴死時，並不是人人都唱這首〈幌馬車之歌〉的；一般說來，當時的政治受難者在送別赴死的難友之時，唱的是改編自俄國民謠的「安息歌」；一直到現在，五〇年代倖存的政治受難者爲難友送別時，還是唱著這首〈安息歌〉。

至於〈幌馬車之歌〉，事實上就我這幾年來從事五〇年代民眾史的調查所知，到目前爲止，還只有鍾浩東校長在受難時唱這首歌。爲什麼他會唱這首歌而不唱安息歌呢？這又得回到他的青年時代談起。

〈幌馬車之歌〉的內容並不是軍國主義的！

蔣碧玉告訴我說：「〈幌馬車之歌〉是我在帝大醫學部（今台大醫學院）的醫院當護士，剛認識浩東時，浩東教我唱的。」

那時候，正當全台灣進入戰時體制的一九三七年。來自南部美濃笠山下的北高青年——鍾浩東，因爲用功過度，患精神衰弱症而住院。

蔣碧玉說：〈幌馬車之歌〉是一首很好聽的世界名曲。它的歌詞大概是說：

黃昏時候，在樹葉散落的馬路上，目送您的馬車，在馬路上幌來幌去地消失在遙遠的彼方。

在充滿回憶的小山上，遙望他國的天空，憶起在夢中消逝的一年，淚水忍不住流了下來。

馬車的聲音，令人懷念，去年送走你的馬車，竟是永別。

蔣碧玉又說：「浩東是個情感豐富的人，所以，他很喜歡唱這首歌。他曾經告訴我說，每次唱起這首歌，就會忍不住想起南部家鄉美麗的田園景色！」

鍾浩東是作家鍾理和的同年兄弟，讀過鍾理和作品的人，自當不會對其所描寫的笠山感到陌生。

「因爲老家就在笠山山腳，」針對田村小姐的質疑，蔣碧玉解釋道：「由於故鄉的環境非常類似〈幌馬車之歌〉中『在充滿回憶的小山上』的情景；所以，浩東非常喜歡唱這首歌。」

因此，我們不難理解：爲什麼鍾浩東校長在臨刑赴義時會唱起這首歌。其實，就歌的詞義與旋律而言，它根本就聽不出一絲絲軍國主義的味道。

「青年時候的浩東是個具有濃烈的祖國情懷的民族主義者，」針對〈幌馬車之歌〉是驅喚日本青年前往侵略地滿洲的歌，我請教蔣碧玉的看法時，她解釋道：「因此，當時流行的軍歌，他不但絕口不唱，也不准身邊的朋友唱，我記得有一首歌叫〈支那之夜〉，他就不准我們唱，他說這首歌是辱華的歌。此外，他的音樂素養也很好，初識他以後，我即常在下班後到他們高校生的租所聽古典音樂；因此，除了軍歌之外，當時比較粗俗的流行歌曲，他也是從來不唱的！至於〈幌馬車之歌〉，我們當時一直以爲它是首西洋名曲。因爲除了東北以外，歐洲才有幌馬車。」

蔣碧玉還告訴我說，當年，她一些同年紀的護士也都會唱這首歌。不久前，她參加一位五〇年代的政治難友的追悼會時，因爲這位難友生前喜歡唱這首〈幌馬車之歌〉，她還特地唱這首歌爲他送別。

結束語

從《悲情城市》中吳繼文「出庭」的片段來看，由於此段情節並沒有打出字幕，一般觀眾除了通過哀傷的歌聲感染到一種莊嚴赴死的心情之外，相信沒有人會知道這首歌的歌名是叫「幌馬車之歌」的；即使知道，也不會有人理解，這首情境淒美的送別歌，竟會是產生於一九三〇年代日本軍國主義高漲的歷史階段。如今，通過《悲情城市》的閱讀，來自日本的影評人田村志津枝小姐，追尋出它的原始意義，並且爲「這樣的歷史條理」感到「愕然」與「無限的好奇」。

我的這篇短文，主要也是針對田村小姐「到底在台灣當時是那些人在唱這首歌？是在何所思之下唱這首歌？」的發問而作的粗糙的解釋。

田村小姐有一種預感，她認爲「透過這首歌對台灣與日本的各種人做訪問，應該可以道出在此之前被棄置的受歷史之浪潮翻弄的庶民的歷史，重現台灣與日本關係中令人意外的場面。」

我想，這種預感基本上是一種正確的可能。我也預期「透過銀幕看台灣社會」的田村小姐通過〈幌馬車之歌〉的追尋，必然會有歷史的新發現的。

最後，就〈幌馬車之歌〉而言，我有個人主觀的兩種看法：

第一，就像在六四天安門事件中高唱〈國際歌〉的學生們不一定是「國際主義者」一般；喜歡唱〈幌馬車之歌〉者，也不一定是「軍國主義」的信徒。

第二，儘管〈幌馬車之歌〉是三〇年代日本侵略時期的流行歌曲；然而，在殖民地台灣通過鍾浩東及其同一世代愛唱這首歌的青年的傳唱，它先是淨化爲一種純然曲調優美的送別歌；其後，在戰後台灣無條理的政治環境下，當作爲基隆中學校長的鍾浩東，在一九五〇年十月十四日的那天清晨，面對著已然到臨的死刑，從容地唱著這首〈幌馬車之歌〉與同房難友告別時，這首〈幌馬車之歌〉，對鍾浩東及其同房難友而言，已經不是它原先的「軍國主義」時期的〈幌馬車之歌〉了，它已然蛻化爲對於即將遺落的、滿懷記憶與眷戀卻來不及加以改造的人間世界的離情，以及別具一種對於崇高人格敬仰、學習與獲得安慰的〈幌馬車之歌〉了。也因此，在《悲情城市》中，我們看到既聾又啞的林文清通過這場難友吳繼文赴死的洗禮，在歷經二二八事變後，尋得了新的身分認同與生命的意義。也因此，出獄後的他會尋到吳寬榮等社會主義青年流亡的山上，執意參與他們的理想，因為他在「獄中已決定，此生須為死去的友人而活，不能如從前一樣度日……」

同時，也通過《悲情城市》中押房裡合唱〈幌馬車之歌〉的鏡頭，我們看到了侯孝賢所謂的拍出「台灣人的尊嚴」與「生離祖國，死歸祖國」之間辯證統一的「決定性瞬間」。

原載一九八九年十二月廿五日〈自立副刊〉

一條前行的路

一九五〇年十月十四日，前基隆中學校長鍾浩東先生，一邊用日文唱著他最喜歡的〈幌馬車之歌〉，一邊從容地走出押房，坦然就義。

一九八九年十月，整整卅九年後，通過侯孝賢的電影《悲情城市》，這一首淒美的〈幌馬車之歌〉，第一次傳入台灣人民的耳裡。

十月廿四日，晚上。由陳映眞、鍾喬、范振國、韓嘉玲、王墨林、藍博洲等人籌組的〈人間〉民眾劇團，在台北市大同區公所的禮堂，面對數百名觀眾，非正式演出戰後第一齣以一九五〇年代左翼肅清爲背景的舞台劇。

這齣戲，以幾名歷史見證者的報告爲演出形式。當幕啓時，台上的第一位見證者——前基隆中學的老師鍾順和（化名）朗朗地敘述著校長鍾浩東從被捕、感訓到刑死的過程。

《幌馬車之歌》重現白色恐怖

藝文界聞人同演報告劇，具現被扭曲的二二八台灣史事

1988 年 10 月 25 日，報告劇《幌馬車之歌》演出之後的新聞報導。

當鍾順和唸到「我看著校長安靜地向同房難友一一握手，然後在憲兵的扣押下，一邊唱著他最喜歡的一首世界名曲——〈幌馬車之歌〉，一邊從容地走出押房」時，台上的燈光暗了下來，全場落入一片沉靜。然後，伴隨著其他幾名報告者從觀眾席後緩緩走上舞台的腳鍊拖地聲，劇場裡也響起了蔣碧玉女士唱的高亢而哀悽的〈幌馬車の唄〉。

蔣碧玉女士的歌聲一下子就抓住全場觀眾的心，隨著她的歌聲時而激越、時而感傷、時而有一股面對訣別時說不出的悲情……。

是的，「時間太久了，不義的殺戮已消失在歷史的煙霧裡，但它卻在人類的良心上留下可恥的記憶……」（艾青：《古羅馬的大鬥技場》）四十年來，在「反共國安戒嚴體制」下，五〇年代的「白色恐怖」留下來的不只是「可恥的記憶」，而且是人人自危的「政治恐懼」。

終於，戰後五〇年代台灣人民反帝、反封建、反官僚資本政權的勞動人民民主運動的風雷，得以通過調查、採訪，以報告文學、小說、電影、舞台劇的方式，逐漸重現。父祖一代爲了理想而無私奉獻的人格，也因此一一呈現。

就歷史的發展規律來看，五〇年代「白色恐怖」時代的那些人與那些事，在歷史的塵埃下湮埋四十年之後終於通過電影《悲情城市》與報告劇〈幌馬車之歌〉，得以初步呈現在台灣人民眼前的事實，並不是一種偶然！

據粗略地估計，那個年代，在美國支持下長達五、六年的「肅清」，起碼有三千人以上遭到槍決；而受囚者則高達八千人以上。這個非正式的統計數字，對台灣年輕一代的文學、藝術工作者有什麼意義呢？

有的！它不是要我們大聲高喊：「血債血還」！通過這個數字顯示的歷史事實，給我們指出了先人走過的並且應該繼續走的路。

這一條前行的路，對年輕一代的文學工作者來說並不孤獨，在這之前，陳映眞在小說上爲我們寫出了〈鈴鐺花〉、〈山路〉與〈趙南棟〉等三篇傑出的作品。在敘事詩上，進步的青年詩人鍾喬也寫出了優美的史詩〈范天寒〉。在報告文學上，藍博洲已經從歷史的塵埃下挖掘了郭琇琮、鍾浩東……等前行並爲理想而犧牲的社會主義青年。

這些粗淺的工作成果，相應於電影《悲情城市》的國際佳評，顯得微不足道。但是，它卻明白地爲我們指出：一條前行的路！

原載於一九八九年十一月五日〈民眾副刊〉

讓歷史不再有禁忌，讓人民不再有悲情

開場白

侯孝賢的電影《悲情城市》，從開拍之初即頗受文化界知識菁英的注目。這有兩種主要的原因，一方面是由於侯孝賢自《風櫃來的人》以來，一直是「台灣新電影」運動的旗手；另一方面，則由於電影一直以「二二八」作爲宣傳訴求。當《悲情城市》獲得國際影壇非常重視的威尼斯影展最佳影片金獅獎時，由於它不但是歷年來台灣電影在國際影展上獲得的最高榮譽，同時也因爲它的海外宣傳以「二二八屠殺」作爲賣點；這兩個因素，使得島內各種政治立場的媒體，都抓住自己想要的部分，以各種不同形式的文章，加以品評。那時候，似乎還聽不到一絲絲對侯孝賢個人，或者是對《悲情城市》這部電影的異議。

然而，侯孝賢捧著獎回來了；情況卻開始有了變化。問題出在那裡呢？是不是對於他的電影藝術有了見仁見智的看法呢？不是。問題還是出在複雜的「二二八」。許多人對侯孝賢及《悲情城市》開始反彈，以個人主觀的政治立場爲基礎的批判性文章，開始在一些在野派的報章、雜誌，以個別撰文或者座談記錄的形式出現，爲什麼會這樣呢？問題的癥結主要在於：侯孝賢的政治態度；侯孝賢說他不是拍「二二八」，他強調如果把整個電影放在「二二八」會窄化了藝術，以及最重要的關鍵——他從所謂「要拍出台灣人的尊嚴」到拍出具有「中國風格」的電影之間的「認同矛盾」。

所有這一切針對侯孝賢及《悲情城市》而來的爭議，事實上就如台灣庸俗的「統」、「獨」論爭一般，並不具有什麼客觀的進步性，祇是各說各話而已！儘管這樣，恰逢一九八九年年底大選期間上片的《悲情城市》，仍然因爲片中「台灣人眾人吃、眾人騎」、「我是台灣人」以及「生離祖國、死歸祖國、死生天命、無想無念」——等具有強烈「身分認同」的語言，而爲各種不同政治立場的候選人，作爲文宣的訴求主題，也因此造成選舉期間台灣全島「悲情」滿天的迷離現象。

選舉落幕了。電影下片了。關於《悲情城市》的話題也逐漸冷卻了，捧《悲》批《悲》的文章也因著話題的冷卻而在各種媒體逐日減少。然而，因爲《悲情城市》而引起的種種關於「二二八」的爭議，並沒有因此而有一個比較清楚的澄清。究竟《悲情城市》是在講什麼呢？有人說「這部電影是在講二二八」，有人則說「它是在講一個台灣流氓家族的故事」，也有人說「它其實是透過一個流氓家族來講一九四五——一九四九年間戰後的台灣」。問題於是就繞著

「二二八」在打轉，一切非關電影的爭議也由此而來！那麼，問題的根源究竟出在那裡呢？

影評人焦雄屏小姐在十二月十六、十七兩天的《中時晚報》時代副刊上發表的一篇題爲「試賦台灣史詩——閱讀《悲情城市》」，除了在電影專業上爲讀者作了很好的解析之外，並且也點出了《悲情城市》這部電影的眞正議題——台灣「身分認同」。她認爲「二二八事件只是本片的背景」。

林老師（右二）的原型是基隆中學校長鍾浩東。

就歷史的現實而言，「二二八」及其以後的「五〇年代白色恐怖」，一直是四十年來的政治禁忌與恐怖根源。也因此，對於這段荒湮的台灣戰後史，一般人可能都是震驚有餘、認識不足。《悲情城市》的震撼性與爭議性的現實基礎就在這裡。

焦雄屏小姐認眞而嚴謹的影評，觸動了我寫這篇文章的心情；同時，也因爲焦氏以及《悲》片本身在歷史認識上相對的不夠熟悉，使我深深覺得：如何還大眾以歷史的眞面目，從而在歷史中記取教訓，得到啓示，應該是大家看電影之餘關心的重點。因此，本文將從電影裡的人物切入，帶出眞實的《悲情城市》的歷史背景，然後再以史實還原到電影，以期通過這樣的整理，澄清有關《悲情城市》所貫穿的歷史時空，進而探討侯孝賢在電影中的「身分認同」。

林老師與鍾浩東

史實的根據，一直是《悲情城市》宣傳的重點之一；不論是歌曲、事件、或者人物都有。因此，焦雄屏認爲：「歷史、回憶、戲劇性、眞實性混爲一談，虛實之間呈現一種新的觀影經驗。」就人物而言——片中除了張大春飾演的記者是影射當時《大公報》的記者何康之外；侯孝賢也再三強調：詹宏志飾演的林老師，其實也就是已故作家鍾理和的哥哥鍾浩東（焦雄屏誤寫爲鍾鐵民。鍾鐵民事實上是鍾理和的兒子；由此可見，即使是台灣頂尖的影評家，對於《悲情城市》所要呈現的戰後台灣的眞實歷史與人物，也是有點陌生啊！）。

就電影而言，林老師扮演的是知識份子中的意見領袖，並不是最主要的人物。然而，在本文中，他將是我試著澄清《悲情城市》歷史時空的虛與實之間的關鍵人物；此外，我將以他切入，試著解讀《悲情城市》通過吳寬榮、林文清等知識份子的描寫所呈現的「身分認同」。

就眞實的人物而言，鍾浩東與鍾理和同是生於日據時代大正四年（一九一五年）的同父異母兄弟。鍾理和是眾所周知的電影《原鄉人》的人物原型；據他的說法，他之所以自幼萌生奔赴原鄉的熱望，主要是受了鍾浩東的思想影響。少年時候的鍾浩東就因爲平日閱讀《三民主義》及五四時代的作品，而初具了祖國情懷。因爲這樣的愛國的民族主義的激動，正當國內抗日戰爭日益深化的一九四〇年元月，他即放棄日本明治大學的學業，帶著他的表弟李南鋒及其新婚妻子蔣碧玉，奔赴大陸，經過一番坎坷的波折後，才得以在廣東羅浮山前線，參加丘念台領導的抗日組織——東區服務隊。一九四五年八月十五日，日本天皇宣布投降。一九四六年五月，鍾浩東把滯留廣東的台胞一一送回台灣之後，自己才跟著最後一批船回到台灣，結束了在祖國土地上五年來的抗日游擊歲月，準備投入重建台灣的行列。這一年的秋天，熱心教育的他放棄從政的機會，開始接掌包含高中與初中兩部的基隆中學。

在電影中，我們看到林老師的第一次出現，是在林文清接吳寬美上山，兩人在文清的寫眞工作室看照片、笑談，以字幕帶出林家老二與老三的下落之後，跟隨著吳寬榮等知識青年穿過市場，走入文清的工作室。在這場戲裡，我們看到他隨手翻了翻房間的書，然後以一種善意的口吻戲謔道：「看馬克思，很進步哦！」通過這句話，我們大致理解了這群知識份子的思想傾向。

林老師第二次與第三次出場，仍然是與吳寬榮等知識份子圍爐清談，一次是在酒館，一次則是在文清工作室。在這兩場戲裡，我們看到的林老師，依然是個意見領袖，爲他們分析當前的經濟、社會、政治現象，並且預測台灣將有大亂；明示台灣人民要自己勇敢地站起來，才有出路；以此暗示日後的發展。

林老師第四次出場，是林文良以「漢奸」之名被捕入獄，應文清之請，出面協助，而出現在林家的「小上海」。這次，吳寬榮等人並沒有在場。通過這個鏡頭，我們大致可以理解林老師在當時的台北是有點頭面的人。這之後，林老師就沒有再出現了。

基本上，上面這場戲中的林老師與眞實的鍾浩東，大致上是吻合的。

「二二八」發生時，我們先是通過文清與寬美的筆談得知：「林老師參加處理委員會，每天去公會堂開會。」然後，我們又通過受傷而躲到文清

受傷的吳寬榮告知文清林老師失蹤了。但現實上鍾浩東的失蹤並不在二二八而在 1949 年 8 月底。電影與現實的歧異使得《悲情》的二二八定性引起爭議。

的工作室的吳寬榮得知：「林老師失蹤！」現實與電影的差異就從「二二八」開始。事實上，二二八發生時，鍾浩東校長也到台北瞭解狀況；一直要到三月四日傍晚，基隆市內秩序稍微恢復，交通逐漸開通時才回到基隆中學。據當時任教於基隆中學的老師回憶：「鍾校長把事件定性為偶發性質，由於情勢還不明朗，不宜涉入。他並且要求學生不要盲動，希望他們盡力保護學校外省老師的安全。」因此，事變後雖然有很多的本省籍的中學校長被解聘了，鍾浩東校長卻能安然無事。一直要到一九四九年秋天，因為《光明報》案發，鍾校長才失蹤。

就失蹤時間而言，電影中的林老師開始與歷史眞實的鍾浩東出現歧異。然而，也正因為侯孝賢在敘事上把林老師的失蹤挪前至二二八事件，因此就在二二八事件的定性上出現了錯誤；同時，也因為這個錯誤，產生了後來的流亡山上的、社會主義青年被捕殺的錯誤表現。

二二八的定性

撇開史實不談，就電影的敘事而言，《悲情城市》的這段情節，在敘事上是沒有什麼可以爭議的。但是，問題在於：第一、「二二八」並不是這部電影的劇作者編寫出來的情節，它是「百年來背負著帝國主義重壓的，一個古老民族的一次無奈自戕」而流下「民族的血」和「民族的淚」的歷史噩夢。四十年來，這個噩夢因爲充滿著政治禁忌而不可觸及，可是這裡的人民並沒有因此而淡忘；歷史的陰影隨著時日的消逝而日漸拉長。因此，除了侯孝賢個人累積的基本觀眾之外，事實上絕大部分的觀眾去看《悲情城市》的動機，是衝著「二二八」而去的。（這個可以用侯導的票房比較而驗證）因此，他們是要去看「二二八」大於看電影吧！

第二、時至今日，有關二二八事變的歷史定性，除了執政黨當局基於「反共國策」而刻意宣揚的「共黨煽動」論，或謂台灣人受日本「奴化」五十年而懷蔑視祖國之心的偏見之外；在反對陣營的部分台胞中，也有人將其擴大變質爲「異民族侵略」的極端論調。在這次大選中，我們還看到在這個極端的基礎上，把「二二八」定性爲「台灣獨立運動」論而加以宣傳者。

「奴化」論的偏見，根本就不值一談。就「共黨煽動」論而言，一般史學家的看法都認爲：除了台中及嘉義由謝雪紅與張志忠各別領導的武裝民兵之外，共黨在當時是談不上什麼策動能力的。其實，就官方的資料來看，「二二八」當時，由蔡孝乾領導的「台灣省工作委員會」，黨員人數也不過七十幾個人而已。準此來看，如果區區七十幾個地下黨員就能在一夕之間策動全島的暴動；那麼，以今天民進黨的黨員人數及種種條件皆優於當時的地下黨的狀況而言，何以「五二〇」事件不能立即燎原全島呢？（今天的交通、資訊相較於四七年的台灣眞是不可同日而語啊！）其實，不必奢談全島，即使連北上抗議農民的故鄉乃至於台北市其他地區也並沒有「聞風而起」。由此足見，「共黨煽動」論是沒有什麼說服性的。

至於部分台胞以「異民族侵略」的主觀意識出發而強調的「台灣獨立運動」論，只要翻翻事件當時「處理委員會」所提出的四十二條要求，即足以證明此種論調罔顧歷史事實的主觀唯心論的本質。

一般而言，較能反映歷史現實的持平論調，不外是：陳儀接收政權及駐軍的濫權貪財，擾民亂紀，再加上台灣人民由歡迎到失望，由失望到憤怒的受害者心理；兩者上下相激而通過緝煙的衝突，造成了「官逼民反」的典型事件，並逼出了「二二八」的流血悲劇。

就此而言，我們通過電影中的林老師與現實中的鍾校長的對比，而清楚地辨認出侯孝賢其實對「二二八」的認識並不夠（當然，這裡編劇應該負更多的責任）。同時，也因爲他對「二二八」的認識不足，電影所要反映的歷史事件（或者是背景）就出現了「定性」的錯誤。這個錯誤因此引起電影之外的一切爭議！爭議的平息似乎還是要先釐清電影的時空，釐清了這個錯誤，我們就可以把歷史的還給歷史，把電影的還給電影。

那麼，我們繼續對照著電影的情節與歷史的眞實討論下去吧！

幌馬車之歌

事變後，寬美便陪著受傷的哥哥回到老家。我們看到怕事的父親不由寬榮辯說，見面就是一個耳光打下去，然後要他到內寮躲起來，以免連累家人。然後，寬美的OS淡入：「三月十九日，院長送衣物到家裡來，並轉來阿雪的信；阿雪說，四叔（文清）因爲和林老師有關係而被抓……」在OS進行中，跳到下一個鏡頭；我們看到大哥文雄在學徒開門後進入文清的照相館，感嘆地四處瞧瞧「彷彿被突然打斷的室內秩序」。然後，由遠而近的腳步聲淡入，接下來的那場戲，我們先是看到一盞暈黃的囚牢通道上的燈泡的空鏡，然後又是鐵柵門打開的OS：「吳繼文、蔡東河開庭。」我們看到聽不見的文清望著押房內的兩名難友，然後肅穆的〈幌馬車之歌〉逐漸以日文發音響起（電影中沒有字幕解釋這首歌的歌名及其歌詞；一般人如果沒有讀過一些相關的新聞、評介文章的話，只能從歌聲中去感受那股赴死的「悲壯」氣氛；然而並不理解這是一首什麼歌？）然後，吳繼文、蔡東河一邊唱著歌，一邊向同房難友握手、告別。我們看到他們兩人從容地坐著穿鞋、繫鞋帶（就這個部分而言，無論是就服裝的潔白、整齊，鞋帶，乃至後來文清送回難友遺族的夾有血書的領帶……，就表現而言，都嚴重的失實。其實，當兵時被關過禁閉的人就知道，無論是腰帶、鞋帶或者牙刷，一切可以用來自殺的衣飾，根本在入房前都剝得乾乾淨淨了。禁閉室如此，那麼，處在一個政治大整肅的歷史時期的牢房，其嚴厲與刑求之殘酷就不用說了。侯孝賢因爲沒有就獄中的情況作過採訪、調查，因而在這裡並沒有表現出該有的悲壯！）然後是關押房的門、腳步逐漸遠離、關鐵柵門的OS，接著，文清望著小窗口外的黎明前的天空，兩聲槍聲的OS淒厲地響起。然後，又是腳步聲，「林文清出庭」，我們看到文清怔忡不安地被槍兵押解出押房，腳步聲及他們的背影逐漸消逝……。

〈幌馬車之歌〉原本是一首流行於三〇年代台灣知識青年間的流行歌曲。基本上，這是一首充滿離緒的送別歌。焦雄屏認爲，侯孝賢在監獄的這場戲中選擇這首歌，「除了顯示兩位獄友將一去不返外，也映照出知識份子對國民政府的失望及幻滅」。

就藝術表現而言，這樣的選擇基本上是無可爭議的。然而，由於這首歌出現的突兀性（在此之前，不曾交代過它與劇中人物之間的生活聯繫。）及其在電影中出現於事變後的死牢裡；它因而使觀眾有一個錯誤的印象，以爲「二二八」事件後的赴死者大致是唱著〈幌馬車之歌〉從容赴死的。如果我們要再吹毛求疵地探討侯孝賢爲什麼會有這樣的「錯誤」；那麼，問題的癥結還是在於，他對「二二八」及其以後的五〇年代政治整肅的認識不足。

就「二二八」而言，因爲它的「偶發」性質，許多受害、失蹤的台灣士紳階級，大致上都是在一種無條理的政治狀況下慘死的。就目前所能看到的史料來看，似乎沒有人是經過有秩序的槍決程序而犧牲的。侯孝賢這場戲的處理，基本上是不符史實的！可是侯孝賢強調，他之所以這樣拍，主要是根據藍博洲的報告文學——〈幌馬車之歌〉才作這樣的安排。那麼，以〈幌馬車之歌〉切入，也許就能釐清這段史實的發生時間吧！

就現實而言，〈幌馬車之歌〉係前基隆中學校長鍾浩東（也就是電影中的林老師）赴死時所唱的一首驪歌；時間是一九五〇年十月十四日清晨。顯然地，侯孝賢的《悲情城市》在唱起〈幌馬車之歌〉時已經觸及到一九五〇年的台灣了，只是侯孝賢主觀地讓它放在二二八事件與一九四九國民黨敗退來台之間。

五〇年代的白色恐怖

就歷史的發展而言，四〇年代在大陸的國共內戰，經過一九四八年九月起展開的「遼瀋」、「淮海」及「平津」等三場具有決定意義的戰役以後，國民黨的作戰部隊組織，只剩下分布在新疆到台灣的廣大地區和漫長的戰線上的一百多萬人。

相應於大陸國共內戰的局勢演變，台灣的地位更加重要了。一九四八年九月，國民黨改組台灣省黨部，把三民主義青年團合併；丘念台請辭省黨部主委之職。十二月廿四日，國民黨華中剿匪總司令白崇禧發動逼蔣「引退」的態勢；蔣介石於是重新布置人事，在離京飛杭那天，公布陳誠爲台灣省主席，蔣經國爲台灣省黨部主委。

一九四九年一月十日蔣經國被派去上海，將中央銀行現金移存台灣。同月二十一日，蔣介石宣布下野。二月初，蔣經國奉命轉運中央銀行儲存之黃金、白銀五十萬盎司，前往台灣、廈門。四月廿四日，蔣經國「決計將妻兒送往台灣暫住，以免後顧之憂」。五月二十五日晚上，上海失守。蔣氏父子退守台灣。

另一方面，隨著大陸急轉直下的局勢，經歷了「二二八」後，台灣人民反帝、反封建、反國民黨官僚資本政權的「新民主主義」運動，也在蔡孝乾（劇本中的老洪）領導的「台灣省工作委員會」有組織地推動下，急遽地展開。根據國民黨官方的資料統計，「工委會」的黨員人數，在一九四八年六月時，已經從「二二八」當時的七十餘人遽增爲四百人。

一九四九年四月六日，台大學生與台北市警察局的警員發生衝突，國民黨逮捕大批學生，引起了「四六事件」；沉潛許久的學潮，再度冒出第一朵浪花。接著，在同年七月間，坐落於台北市的台灣省郵政管理局，因爲郵電改組及郵電員工分班、過班的糾紛，造成怠工請願的風潮。

這樣，因爲一九四九以後大陸局勢的發展狀況，再加上台灣本土的「工潮」、「學潮」洶湧展開，當時的台灣人民都很樂觀，都認爲國民黨是一定會垮的。

一九四九年九月，蔡孝乾認爲「解放」迫近，準備配合作戰，因而下達「在北區建立基地和成立北區武裝委員會」的指令。位於台北縣汐止鹿窟山區的基地於是開始發展。

然而，也就在這個同時，敗退來台的國民黨政權，爲了消弭其潛在的統治危機，對於一個尚未發動的有形反對運動於是採取有計畫的肅清運動。

流亡鹿窟

這年秋天，《光明報》案發，基隆中學、台大、成功中學……等支部，相繼被破壞。鍾浩東及蔡孝乾等陸續被捕。「台灣省工作委員會」及其他組織被嚴重破壞，爲了準備長期奮鬥，地下黨員及其他優秀的社會主義者（生死成謎的小說家呂赫若即是其中之一）於是流亡鹿窟山區；一方面在勞動中改造自己，一方面則通過勞動的過程，與群眾打成一片，並給予教育。在《悲情城市》中，吳寬榮離家入山的時間，應該就在這段期間。

敗退來台的國民黨政權，雖然從一九四九年秋天起展開大逮捕的行動，然而，它並沒有馬上槍決這些被捕的社會主義者；因為它剛剛在國共內戰挫敗，除了面臨人事系統大亂的內部問題之外，它還面臨著美國採取觀望態度的外部疑慮。在這樣的主、客觀條件下的國民黨政權，正處於內外危機重重的關鍵時刻，因此遲遲沒有動手槍決本省籍的社會主義青年。據一位五〇年代的政治受難者說：「到了一九五〇年的時候，國民黨可以說連台灣都快要不保了，就連獄卒也對我們這些政治犯客氣三分，每天都讓我們出來走動。甚至，有些地方的風派政客，還刻意巴結政治犯，往家裡送錢、送禮物。由此可見，當時大家都以為：台灣就要解放了。」

然而，一九五〇年六月廿五日，韓戰爆發了。這樣，原本在中國內部的階級內戰及「二二八」事件的民眾蜂起中，已經被海峽兩岸的中國人民唾棄的國民黨政權，竟而又在美國的全球反共大戰略中重新找到立足點。歷史從此改變了它的軌道。數以千萬計被關在牢裡政治受難者的命運，也有了重大的改變。大屠殺及大規模的逮捕也隨之展開。

《悲情城市》肅清山上社會主義青年之一幕其實是一九五三年鹿窟事件的表現，因此它的敘事時間不僅止於一九四九年而已。

一九五〇年十月十四日，鍾浩東及其同志被槍決。

一九五二年十二月廿八日晚上，由國防部前保密局會同台灣省保安司令部、台北衛戍司令部（所屬陸軍第卅二師第九四團、九五團抽調之部隊）及台北縣警察局等有關單位的肅清，統一向汐止鹿窟的山區行動；部隊以鹿窟光明寺爲臨時聯合指揮所，完成封鎖山區及搜索部署，開始展開長達兩個多月的圍剿。一九五三年三月三日，鹿窟基地終被徹底摧毀。

據當時的受難者云，此案牽連甚廣，鹿窟村凡十五歲以上的男子都難逃被捕之厄運。就官方資料而言，總計逮捕了一百一十二人，當場擊斃二人，另有一百三十人受理自首；而光是許希寬一案，處死者就多達廿一人。經此掃蕩，鹿窟從此成爲在台灣戰後史上消失的村落。

《悲情城市》的時空錯置

就電影而言，侯孝賢也不否認，他在《悲情城市》中社會主義青年在山中基地被捕之情節，係根據歷史現實中的「鹿窟基地」案。依此來看，《悲情城市》一片所要敘述的歷史時空，絕對不只是片頭與片尾的字幕所涵蘊的一九四五年八月十五日日本投降至一九四九年十二月，大陸失守、國民政府遷台、定臨時首都於台北的短短四年而已！其實，它至少延續到一九五三年三月三日，乃至於更長一點的歷史時空。因爲侯孝賢在歷史眞實與電影之間的時空錯置，以及不斷以「二二八」作爲宣傳訴求的誤導；《悲情城市》產生了是不是拍「二二八」？乃至於「二二八」定性對錯的無謂爭議。這些爭議，其實是可以避免的！就技術上而言，只要把片尾的「一九四九……」的字幕消去，那麼，《悲情城市》所敘述的故事也就在時空上更具延展性與想像性了！

就電影本身而言，《悲情城市》的情節發展自有其本身的時間邏輯。然而，因爲它所處理的是一個影響此地人民四十年的歷史事件，基本上，我認爲，在眞實歷史的定性上，還是要有大致正確的架構！不能因爲是屬於藝術創作的電影就忽視了歷史的眞實。

釐清了《悲情城市》中電影與眞實在時空上的辯證關係之分，我將在這個基礎上，繼續探討《悲情城市》的主題——關於歷史身分認同的發展過程。

啊！祖國

焦雄屛認爲：「《悲情城市》全片的重點即在述說台灣自日本政治——文化統治下，如何全面轉爲中國國民黨的天下，而這個結構又和台灣歷史上一直頻換統治者（葡萄牙、西班牙、滿清）的複雜傳承隱隱呼應。換句話說，二二八事件只是本片的背景，眞正的議題應該是台灣『身分認同』這個問題。」

基本上，焦雄屏爲我們準確地點明了《悲情城市》的眞正議題——台灣的「身分認同」。然而，也就在焦氏的論述中卻犯了一個不經心的歷史錯誤，因爲她對史實的失察而落入似乎是此間所謂「台灣民族」論者的論調。可她的調子又與它不搭調，因而，易使讀者產生混淆。

就歷史發展的事實而言，作爲當今台灣主體的漢民族，基本上是十六世紀六十年代鄭成功驅逐荷蘭後才大量移台的；因此，嚴格講起來，「台灣人」並不如焦氏所言被葡萄牙、西班牙統治過。葡、西兩個帝國是在歷史的一定階段上佔領過台灣的部分地區；然而，即使是台灣原住民也並不全然被葡、西兩國統治過。（統治，基本上是指一個政權對人，尤其是民族，在政治上、經濟上和文化上的支配。）

事實上，只有日本帝國長達五十年的殖民統治，對於此間部分「漢族系台灣人」政治團體所謂的「異族壓迫」論、「外來政權」論而言，才算是具體的存在吧！然而，他們誇誇而談的所謂「葡萄牙→西班牙→荷蘭→滿清→日本」統治論，無非是要延伸至一九四五年後被國民黨「中國民族」統治的「外族壓迫論」。其實，這根本就是漢人統治漢人的階級壓迫。

在這一點上，也許因爲不是焦氏的專業之故，以致出現了容易讓人混淆的論點。也正因爲這種源於對歷史認識的不足，焦氏是這樣理解侯孝賢通過電影所呈現的「身分認同」的。

焦雄屏認爲，「一個頻換統治者的地區，本來就會在政治、社會、文化，甚至民族層面上，產生若干認同的危機及矛盾。《悲情城市》自始至終即盯緊統治者轉換替代的過程，以蒼涼的筆調，多重敘述的觀點，追索國民黨的全面得勝——新的政治掛鉤勢力興起，舊的村里勢力消褪，知識份子對祖國（中國）的憧憬和浪漫理想，也逐漸褪色爲破碎的理念，和絕望、壓抑的夢魘。」

如果我們把焦氏對於《悲》片中知識份子對「祖國」認同的理解聯繫到前面所說的「統治者頻換」的歷史悲情的話，那麼，我們就不難理解，爲什麼在一九八九年選舉時，台北市會有某位市議員候選人公然宣布道：「《悲情城市》的祖國，也就是我們所要追求的台灣獨立國」的荒謬論調了！

作爲一個專業的影評人，焦雄屏的「試賦台灣史詩——閱讀悲情城市」一文，不但在電影的專業部分爲我們作了詳盡而細密的解讀，並且也爲我們抓出了《悲情城市》的眞正議題——台灣的「身分認同」。可他的結論對照於《悲情城市》後半部，經歷過「二二八」事件後，知識份子所認同的「祖國」，以及所謂「我的人已屬於祖國美麗的將來」等，顯然是無法解釋的！那麼，《悲情城市》中知識份子所認同的「祖國」究竟要如何理解呢？我想，還是讓我們再回到作品本身吧！必要的時候，我們將輔以歷史的眞實來佐證。這樣，也許是解讀《悲情城市》的「身分認同」比較好的方法吧。

抵抗派的知識份子

吳濁流在《無花果》一書中爲我們分析道，「二二八」事件之後演變成派系分化的結局，大體而言，本省知識階層大抵分成四個派別。即「超越派」、「妥協派」、「理想派」和「抵抗派」。

「超越派」指對當時的現實政治深表絕望。從此自行逃避，對政治採取不聞不問，也不視、不語的態度。（《悲》片中的吳寬榮之父，大抵是此種「小市鎭知識分子」的典型。）

「妥協派」則立即改弦易轍，態度上做了一百八十度的轉變，不惜搖尾乞憐，作爲國民黨新權力的御用人物。曾經一度屈服於日本政府的御用紳士此時再次抬頭；部分商人則見機立即改變態度，開始與腐敗的政治同流合汙，他們自嘲說：「賺賺骯髒錢，痛快地花掉算了。」（這類典型，在《悲》片中找不到恰當的人物；黑社會的金泉與上海仔的勾結，勉強可作此象徵吧！）

「理想派」在遭到國民黨沉重打擊之後仍然不屈服，一心想挽回頹勢，始終努力於批判性的誠實生活。他們以正直的言論追求自由，追求三民主義的實現。然而，當時政府卻認定一切反對都是「紅的」，不留情地逮捕；因此，當時的「理想派」知識階層，雖主觀地希望能夠實現三民主義，但除了靜觀之外，無可措手。

「抵抗派」則在政府全面恐怖搜捕下，或者流亡海外，或者潛入地下，繼續爲新的民族、民主運動而鬥爭。（基本上，《悲》片中的吳寬榮以及其流亡山區的同志們，都是典型的「抵抗派」的青年。）

至於一般民眾的政治態度，吳濁流認爲：「因爲二二八事件的犧牲者幾乎都是知識人與學生，因此一般民眾罹難的極少。一般民眾在光復當初的解放感裡陶醉，喜悅都還沒過呢，就煙消雲散了，和日本時代一樣，對政治再也不關心。只爲自己的生活而專心工作。」（在《悲》片中，我們看到文清之外的林氏家族，基本上都是這樣的類型。侯孝賢在《悲》片中也準確地點出了這種態度。電影其實也就是在這種情緒中結束的。）

「光明」誕生時脫離殖民統治的台灣人民的祖國認同也處於「光明」的階段。

文清之主題

就《悲情城市》而言，通過吳寬榮這個角色來討論關於台灣的「身分認同」，基本上並不太恰當；因為他的立場那麼清楚、明顯。也許，通過又聾又啞的林文清，我們可以理解侯孝賢在電影得獎後所說的「我是要拍出台灣人的尊嚴；同時也要拍出屬於中國人自己的電影」之間的辯證統一。就《悲情城市》整部片中的敘事調子而言，它基本上宛如一首史詩式的交響樂一般，是以「光明」、「否定」、「抵抗」及「肅清」等四個主要的主題來貫穿整部電影的情境起伏。

讓我們一面回憶著電影裡林文清的際

遇，一面試著再度走入《悲情城市》的時空之中，並梳理出林文清歷史身分認同的發展過程吧！

在銀幕上，我們看到：日本天皇投降、「光明」誕生後，爽朗的文清陪著正值燦爛年華的寬美走在通往醫院的山路上。我們同時也聽到——新找到工作的寬美的旁白說：「想到日後能夠每天看到這麼美的景色，心裡有一種幸福的感覺。」

這是寬美在昭和二十年（一九四五年）十一月十八日的日記所敘述的，重回祖國不久後對於未來充滿美麗的期待的心情。文清雖聾且啞，可從他與寬美初識時爽朗的笑談的表情，我們也可看到他那沉浸在戰後新生中的喜悅。喜悅之中，林老師、何記者、吳寬榮等等知識分子穿過市場，進入文清的寫眞館；在這個時候，侯孝賢也爲我們點明了文清與吳寬榮正在研讀馬克思的進步思想。

然而，戰後重回祖國的新生喜悅，也隨著陳儀接收政權的貪汙腐敗而逐漸幻滅。先是林家文良，因爲戰時在上海做日軍通譯的際遇，被黑道的上海幫拿來做文章，以「漢奸」之名被捕。一直要到大哥林文雄向上海幫作了一定讓步後，才在農曆年前抱回一個已經作廢的人。這時候，「台灣人」從日據以來的「白薯的悲哀」，通過林文良的遭遇而具體呈現。「白薯」究竟是中國人？還是日本人？「台灣人」的歷史身分的認同，在這裡出現了迷離。

緊接著，戲從過年時候熱烈的舞獅爆竹聲中延伸至下一個醫院屋景的空鏡頭，然後陳儀關於

「二二八」的廣播淡入……

事件發生後，寬榮與文清至醫院向寬美辭行，準備前往台北探聽林老師的下落。陳儀作第二次廣播時，文清回到醫院找寬美；文清以筆寫出此行狀況後即昏倒在地。然後，又是襯托著陳儀的第三次廣播空鏡頭，戲轉入文清的工作室，寬美追問哥哥的下落，文清於是倒敘台北行的狀況。鏡頭轉入一輛停駛的火車，寬榮沉痛地看著台灣民眾追殺「阿山仔」的混亂情了，在火車上，一群手持山刀的流氓走到緊張的文清身邊，懷疑地瞧了瞧，然後用「台灣話」問：「你叨位人？」文清遲疑了一會，然後突然以一種有音無義的「話」喊道：「我，台灣人！」……

台灣人與祖國的辯證統一

通過又聾又啞的林文清這句因爲驚嚇而突然迸發的「話」，沒有人能夠否定這樣的理解：曾經一度在歷史的身分認同上迷失的「台灣人」，在二二八當時終於找到了屬於自己的「身分認同」。

焦雄屏所云：「知識份子對祖國（中國）的憧憬和浪漫理想，也逐漸褪色爲破碎的理念，和絕望、壓抑的夢。」在這裡，也得到驗證。如果電影也就在這個時候結束的話？那麼，關於《悲情城市》的「歷史身分認同」的問題，根本就不會引起什麼爭議吧！問題是，電影還沒有結束。對於祖國的認同，從「肯定」到「否定」之後，就要進入到更加深刻的「否定的否定」階段。

事變後，文清因為林老師的關係被捕入獄。在獄中，他目睹了同房的難友為了信仰、理想，從容地唱著他聽不見的〈幌馬車之歌〉而赴死的悲壯情景。（這樣的情景也點明了〈羅勒萊之歌〉的意義。）通過這場人在面對死亡時堅持著信念赴死的洗禮，林文清於是又尋回了曾經一

在獄中文清目睹了同房難友唱著他聽不見的〈幌馬車之歌〉而從容就義。

度在「二二八」的混亂中迷失了的「祖國」。出獄後的文清，經過一段思想的苦悶後，很快找到了思想的出路。我們看到他先是把同房難友的遺物與血書，送回受難者的遺族。然後，他即奔赴吳寬榮等社會主義者流亡的山上基地。

「獄中已決定，此生須爲死去的友人而活，不能如以前一樣度日，要留在此地，自信你們能做的，我都能做。」他向吳寬榮表明自己的決心。

「這裡不適合你，」吳寬榮勸他說：「只要信念不滅，眞正爲人民，什麼地方，什麼方式，都可以做。還有寬美……」

「人民」，是的，「人民」；「人

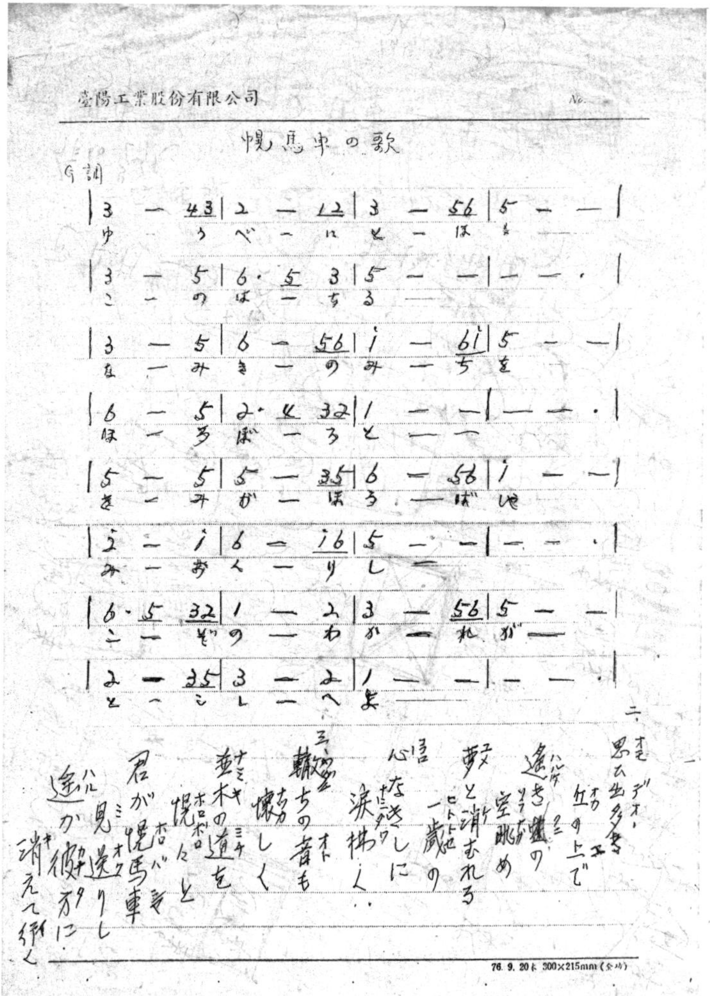

臺陽工業股份有限公司

幌馬車の歌

蔣碧玉手抄的歌譜。

民」不是一個抽象的、空洞的字眼；「只有人民才是國家和社會的主人」。在這裡，我們看到，文清曾經「否定」了的「祖國」，又因為他的階級立場的確立，終於通過一種新的階級認同，而在「身分認同」上達到一個「否定的否定」的階段；一個原先對封建的「祖國」的認同，已經為另一種進步的「祖國」的認同所取代了。

這樣，我們也就不難理解文清難友托其轉達的「生離祖國、死歸祖國、死生天命、無想無念」，以及寬榮欲其轉達的「當我已死，我的人已屬於祖國美麗的將來。」的「祖國」的意義了。這樣，事變當時的「我是台灣人」與事變後的「我的人已屬於祖國美麗的將來」之間，已是一種辯證的統一；而不是對抗性的矛盾了。

結束語

就現實上而言，我們不必懷疑侯孝賢並不理解他在這裡所說的「祖國」究竟是指什麼？當然，我們也不必奢求他把這裡的「祖國」講得更清楚些。儘管在敘事時空上，侯孝賢錯誤地把現實上從一九四五至一九五三年的時空壓縮為一九四五至一九四九年。然而，基本上他還是抓住了歷史的眞實基調，把荒蕪了四十年的歷史、政治禁忌——五〇年代的白色恐怖，通過電影這種影響廣大的媒體，初步而樸素地呈現在台灣人民眼前。

就官方的一部分資料看來，在五〇年代的左翼肅清中，起碼槍決了三千人以上，囚禁了八千人以上的左傾知識份子、工人、農民……以此數目字來看，荒蕪的五〇年代，事實上一定蘊藏了大量而豐富不曾爲人所聽的「悲情」故事，並且一定也有許多不爲人所知的，例如電影中的林老師、吳寬榮、吳繼文、林文清等等，一整個世代台灣優秀知識份子的生命故事。

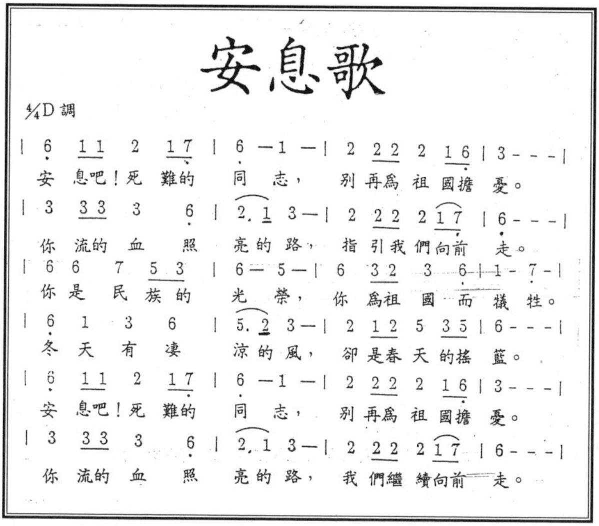

對台灣的各種藝術工作者而言，這樣的歷史悲情正是藝術創作的活水源頭。對台灣的文化工作者而言，通過對戰後台灣的認識，不也正是我們爲各種意識形態爭論前該作的功課嗎？

侯孝賢的《悲情城市》空前地在電影媒體上碰觸了「二二八」及其以後的「五〇年代白色恐怖」。因爲歷史的複雜性，電影中出現的錯誤是在所難免的，許多的爭議因此繞著「二二八」打

安息歌

4/4 D調

安息吧！死難的同志，別再爲祖國擔憂。
你流的血照亮的路，指引我們向前走。
你是民族的光榮，你爲祖國而犧牲。
冬天有淒涼的風，卻是春天的搖籃。
安息吧！死難的同志，別再爲祖國擔憂。
你流的血照亮的路，我們繼續向前走。

生離祖國，死歸祖國。

轉。通過本文就歷史脈絡的梳理，我們也許可以這麼說：《悲情城市》作爲一種商品，它販賣的是「二二八」；但它所敘述的情節卻不只是「二二八」而已，它還延伸至在現實上比二二八事件更爲荒湮、爲人所不知的「五〇年代白色恐怖」。就侯孝賢個人而言，作爲一個電影作者，他已經跨越以往作品從個人看社會的格局，他所要處理的也不再只是他自己親身經歷過（如《風櫃來的人》、《童年往事》）的歷史經驗而已。同時，在作品的高度上，侯孝賢已經通過《悲情城市》而「直追台灣四十年來政治神話結構之癥結」了。

台灣五〇年代白色恐怖的歷史經驗對於一個有才華的電影工作者而言，事實上是蘊藏著無盡的「悲情」故事的；擺在眼前的是，侯孝賢既然已經在這個歷史禁區跨出了第一步，我們希望看到他繼續跨出第二步、第三步……。如果眞能這樣，首先，他必須深入民眾史的現場，就人民記憶作好更準確的採訪、調查，然後他才能拍出世界觀更加圓滿、風格更加成熟的進步電影。並且因此而讓歷史從此不再有禁忌，同時也讓人民從此不再有悲情。我們這樣期待著。

原載一九九〇年一月廿三、廿四日
《民眾副刊》

附錄

未完的悲哀

詹宏志

在民國七十七年的眾多小說當中，《幌馬車之歌》可能是我個人最心儀的「小說」，我也向爾雅出版社負責人隱地先生推薦它爲第七屆「洪醒夫小說獎」的作品。——但是，我得先解決一個理論難題：它是小說嗎？

包括作者藍博洲在內，原來都不預備把它當小說的，因爲它是眞人眞事（一位在五〇年代白色恐怖犧牲的台籍知識份子的故事），作者的目的也定在「歷史重建」，他盡可能利用相關人士的口述、以及可信的文獻，力求字字句句皆有來歷，絕非向壁虛構 fiction。——即使是《幌馬車之歌》的發表方式，也附有文中主人翁的照片，這都暗示它的「紀實」性格，而非創造。

小說被容許是「假的」（它不必是眞實世界中發生過的事），但它一定得是假的嗎？恐怕未必。借用俄國形式主義理論的概念，我們似乎是可以把小說定義爲「以文字構成情節（plot）來敘述故事（story）的藝術形式」，小說是否成立端看這些形式要件是否滿足，故事是眞是假根本不重要。

何況小說中的眞實與人生中的眞實究竟如何彼此糾纏，還是難解的問題。小說家當然也求

「眞」，只是此眞非彼眞（歷史的眞），另有洞天罷了。小說家處理故事材料時，不是也常考慮許多技術，使其人物或行徑合乎讀者的理性邏輯與感情邏輯嗎？

《幌馬車之歌》是完全符合一篇好小說的條件的，連關係人的口述記錄我們都可以認爲那是表達上的「設計」，只是「碰巧」都是眞的。（口述記錄也不必然就是報導文學形式，報導文學也可能逕由作者敘述，不用當事人口述，可見《幌》作的形式也是有意設計來達成某種目標的。）

《幌馬車之歌》寫的是一位台籍知識份子的時代悲劇。主人翁鍾浩東生在日本統治下的台灣，自小富於民族意識，中日戰爭爆發後一心想赴大陸參加抗日，他帶著妻子與同志冒險來到廣東，卻被誤爲日諜，差點成了槍底冤魂，幸虧台籍國民黨游擊隊領袖丘念台營救，才加入抗戰隊伍。他們一行在大陸奮鬥了六年餘，作戰流亡，連生下的小孩都得送給別人，一直到抗戰勝利才返回台灣。回台後的鍾浩東，擔任基隆中學的校長，展露辦校的才華與風格。直到二二八事變爆發，鍾校長爲了啓蒙民眾的政治認識，堅定階級意識，創辦了地下刊物《光明報》，到了民國三十八年，《光明報》事發，鍾浩東與同案多人被捕，在獄中待了一年多，於民國三十九年十月十四日被槍決。

這個故事本身是擁有悲哀與憤怒的，但作者沒有讓它氾濫出來，使它成爲一篇具有藝術品質的「小說」，而不同於其他廉價的翻案文章。

小說家一開始，先通過同案難友的口中，描述鍾浩東從容就刑的場面；然後故事跳回來，從浩東幼年說起，描述他的性格、成長；他的青年懷抱、他的戀情；然後，進入他的人生的轉捩點，赴大陸抗日的雄心偉舉；故事再依時間序發展到回台、治校、辦報，直至被捕、受囚、就義。這期間波瀾壯闊的經歷磨練，作者是很有機會可以爲他抱屈申冤，但小說卻壓抑這些情感。一直到鍾浩東已死，他的弟弟帶回骨灰，並且騙母親是請回來祈福的佛祖骨灰；然後他「跑到屋裡，關起門來，先是乾號，然後就放聲大哭，眼淚流個不停……」。

小說家殘酷地讓所有的情緒積蓄到最後才宣洩出來，但也只是點到爲止——他的節制使作品呈現「未完的悲哀」，這悲哀因而是無窮盡的。我們都知道小說藝術貴在內斂，但很少小說家做得像藍博洲這麼好。

原載爾雅版

《七十七年短篇小說選》

重找一個閱讀《幌馬車之歌》的角度

須文蔚

藍博洲在台灣文壇的身影是孤絕與特異的，從八〇年代中葉開始，他專注挖掘白色恐怖的史料，以報導文學的形式揭露受難者的證言，其中最早也最著稱的作品，當推一九八八年刊行在《人間》雜誌上的〈幌馬車之歌〉。這篇動人的作品曾經被選入「年度小說選」，也曾獲得過一九八八年的「洪醒夫小說獎」，不少讀者與批評家會因爲〈幌馬車之歌〉得到小說獎，而將這篇作品置於報導文學的門外，甚至以虛構文本的閱讀心態賞析之，不免減損原作者的眞意。

有趣的是，在文學理論的討論上，也有不少學者爭論著，這部缺乏虛構成分的作品，算不算得上具有「典律」性質的小說？不在乎評論界的風風雨雨，藍博洲在塡著作簡介時，向來是這麼寫的：「著有報導文學《幌馬車之歌》」。

藍博洲在一九八一年任輔大草原文學社社長任內，便透過楊逵、陳映眞等人接觸到「白色恐怖」的政治受難者。一九八二年，初讀魯迅等三〇年代作家禁書的藍博洲，因憤慨與悲傷的文字，感受到前所未有的激動與充實。同一期間，通過吳濁流的《無花果》，他第一次讀到有關「二二八」的文字資料。原先，僅是想收集有關小說寫作的素材，藉文學重現台灣近代遭受湮滅的歷史事件，後來在一九八六年六月，廿六歲的他從軍中退伍後，便投身在《人間》雜誌，進行一系列報導文學的書寫工作。

報導文學多半處理具有新聞性的題材，藍博洲卻把視野放在似不具「時效性」（timeliness）的歷史事件上。看來是口述歷史資料的整理，不具備新鮮性，但是經過考據、挖掘與查證，藍博洲把荒謬、委屈以及經過再三曲解的歷史眞相加以還原，進而建構出平反政治受難者的新議題，開拓出報導文學的新疆界。

在寫作形式上，藍博洲讓受訪者輪流登台證言，除了少數段落引用歷史文獻補充說明鍾理和與鍾和鳴的關係外，作者本身幾乎沒有動用任何的解釋與敘述聯繫受訪者的報告。如果以電影的拍攝手法來類比，《幌馬車之歌》的影像全部是受訪者的自述，一直停留在說話者的中景特寫，既無遠景鏡頭，關照全局，也無記錄者的旁白過橋，補充、解釋受訪者言談間遺漏的敘述。但是藍博洲發揮了小說家的功力，把個別的證言寫得十分具有故事性，更透過精心的剪裁，讀者一旦融入主人翁的故事性，自然而然會動用想像力出入上海、惠陽、桂林、曲江、永安和基隆，不待多渲染，事件本身的不公義自然會撼動任何具有正義感的心靈。

藍博洲掌握了報導者最珍貴的三項資產——進步批判、冷靜旁觀與再現眞實。在精神上，他能一直抱持著進步批判的角度，書寫三〇至四〇年代敢於螳臂當車，奮不顧身與威權政權、帝國主義勢力相抗衡，站在窮農的位置作鬥爭的左翼運動前鋒的事蹟。在態度上，他把沸騰的熱血藏匿在報告者的話語中，讓自己當個冷靜的旁觀者，清理遮蔽歷史的血跡斑斑，不讓白色恐怖成爲喧嚷的政治工具。在方法上，他用口述歷史的模式再現眞實，重新整理台灣人的集體記憶，作者的意識形態固然仍會在選擇受訪者、資料剪裁與史料動用上顯現出來，但每一個部分的報告都由當事人見證，無可挑剔地重現受訪者記憶中的眞實，也就帶來了巨大的震撼力。

當然，好的報導文學作品往往會向小說技法借火，這是國內非虛構文類書寫時比較少談述的部分，但是有好的動機、情節與描述的報導文學作品，實在不適宜被歸類到小說的領域。評論家詹宏志認爲此文其實可以被歸爲小說是因爲他以爲，若將小說定義爲「以文字構成情節來敘述故事的藝術形式」，則故事的眞假並不重要，重要的是情節與敘述的故事性。然而對絕大多數讀者而言，小說的虛構本質，會產生閱讀上完全不同於紀實文學的理解、詮釋與世界觀，把《幌馬車之歌》置於報導文學的領域中，當能獲致更貼近歷史眞實的閱讀感受。

藍博洲經營報導、歷史紀錄的身影雖然孤絕與特異，但是絕不寂寞。値得注目的是，他原本加入《人間》本來的希望是通過報導工作：「一方面參與實際的社會運動，一方面鍛鍊自己的寫作能力，進而爲日後創作長篇小說培養主觀的條件」。在他的堅持下，報導文學趨近了歷史，而確實他也創作出像《藤纏樹》那樣寫實又兼具批判力的長篇小說。他顯然是具有實踐力的知識分子，正如馬克思《關於費爾巴哈的提綱》所提到的：「人的思維是否具有客觀的眞理性，這不是一個理論的問題，而是一個實踐的問題。人應該在實踐中證明自己思維的眞理性，即自己思維的現實性和力量，自己思維的此岸性。」如是的精神，應當是當代報導文學中最值得珍視的部分。

二〇〇三年十二月廿五日《中副》

《幌馬車之歌》對大陸文學的啟示

陳建功

台灣作家藍博洲先生所著報導文學《幌馬車之歌》，在《人間》雜誌發表應該是一九九八年也就是二十幾年前的事情，我第一次讀到它，距今也有十幾年了。幾天前，趁這本書在大陸再版的機會，我又重讀一遍，心中又一次充滿了感動。這種感動，和十幾年前的感動大有不同。不再是扼腕的痛惜，而是綿綿無盡的悲涼；也不只是對鍾浩東們高山仰止般的欽佩，而是又有了一些對人生對文學的頓悟。讀罷，我默然獨坐很久。當然首先仍然是發自內心地向鍾浩東蔣碧玉們致敬著，也向把這些被遮蔽的人物及其神韻彰顯出來，銘刻在歷史碑石上的藍博洲致敬著。但我更多的是在想，二十幾年間，無論是大陸還是台灣，不知有多少書被寫作出來，可又有幾本在二十年後還可圈可點？因為曾經在中國作家協會負責過一些創作研究方面的工作，所以對當代中國作家（包括大陸、台港澳作家以及海外華文作家）的作品，自然也關注得多一些，坦率地說，有不多的幾部令我欣喜地向朋友們奔相走告，《幌馬車之歌》，是其中的一部。最近，因為重讀，又一次激起我奔相走告的願望！因為自己又一次被感動、被震撼，更因為我覺得這部作品對大陸文學，仍具有很大的啓發意義。在這裡，願意拋磚引玉，就教於大家。

首先，藍博洲先生的《幌馬車之歌》，是一部站在中國作家道義與良知的立場，經過廣泛而深入的探訪和思索，以果敢無畏的精神重現歷史現場的經典之作。它以娓娓道來的筆觸，冷靜客觀的敘述，嚴謹綿密的考證，爲我們再現了一群活躍於白色恐怖之中的青年志士的身影，更呈現了他們拋家捨子、堅韌不拔、義無反顧、從容赴死的精神風貌。而藍博洲，他在採訪撰寫過程中所體現出的、作爲一個有思想有良知的作家的作爲，同樣可圈可點。他的理想主義、愛國情懷、治史膽魄，秉筆之道，乃至他「泰山崩於前而色不變」的從容，都和傳主鍾浩東們有著微妙的心理同構。這種獨立的人格、高潔的風骨，顯示著中國文學和中國作家對爲人之道與爲文之道的堅守，使我們不能不發出「德不孤，必有鄰」的讚歎。縱觀中國古今，巧言令色、阿諛應制的文學並不少見，面對是非之禍，更多的人則如李贄所諷，「空有其才而無其膽，則有所怯而不敢。」（《焚書》卷四《雜述》之《二十分識》。）也正因爲如此，巴金先生才爲我們留下一個「講眞話」的遺訓。而藍博洲先生，穿越歷史的迷霧，在白色恐怖時代，就敢於直面歷史的眞實，言袞袞諸公所不敢言，不能不令我們由衷地欽佩。正如陳映眞先生在《代序》所說，藍博洲「在一九八六年的尚未『解嚴』的時代，開始了探索、發現和揭露台灣戰後史上這一段長期被暴力湮沒的歷史的工作」，是「一九五〇年大恐怖以來台灣史學界、言論界、文藝界和文化界近於絕無僅有的重大貢獻」。我認爲，這種貢獻對於身處商業時代、面對熙熙攘攘的當代中國作家和中國文學來說，不僅只是一本書，而是給我們以一種精神的啓迪、導引與激勵。

第二，掩卷之後我不能不想，藍博洲用了什麼辦法，使他筆下的主人公擁有如此巨大的魅力？爲此，我曾把鍾浩東蔣碧玉們和另外一些作品中的英雄人物做了比較。一是前者所用文字，要儉省得多，全書正文，不過六萬字，而我所讀過的其他作品，背景盡可能地渲染，事蹟盡可能地詳盡，似乎不撰寫厚厚的書，不足以告慰先烈；一是前者所持態度，要客觀、冷靜得多，幾乎全是冷靜的敘述，即便有描寫，也是白描筆法，比如鍾浩東的妻子蔣碧玉敘說自己爲了抗日，把長子送給了別人，不料又懷身孕，爲了不生孩子，私下找些毒性極大的中草藥打胎，豈料嘔吐一地，沒想到被別人養的狗吃下，狗當場仆地斃命。沒有更多的描寫，已足令讀者唏噓。又比如蔣碧玉訴說浩東被槍決後，自己料理後事的經過，就像友人間訴說著家常，而浩東的弟弟鍾里義帶著浩東的骨灰，捧回家鄉入祀，爲了瞞住母親，騙說這是到廟裡燒香拜佛，請回的佛祖的骨灰。說過之後，跑回自己的房間，先乾嚎，隨後是撕心扯肺的號哭，等等。幾無渲染，卻比那些生花妙筆渲染烘托出來的人物，令人震撼得多。節制與縱情，白描與鋪排，似乎都還是手法問題，因此我以爲大可不必揚此抑彼。我以爲藍博洲和他人根本的區別不在這裡，而是如何看待自己的人物的問題，或者說，是把你寫的人物作爲鄰家大哥，還是作爲塑造的、景仰的、欲使之彪炳史冊的英雄？這一點，我認爲林書揚先生在本書《代序》中所說最爲剴切。他說，藍博洲筆下的「這些人」，「不是一般公式中的英雄聖賢。而是尋常有骨有肉、有血有淚的人。只不過熱愛鄉土和祖國，固執於造福全人類的眞理，相信未來，更相信爲了未來必須有人承擔現在的代價，而自願以生命來承擔這份代價的人」。林先生所用「只不過」這三個字，可謂妙絕時論，滲透了這部作品人物成功的奧祕。多少被愛戴的人物到了我們筆下，都成爲了「公式中的英雄聖賢」，而他們其實「只不過」是尋常的、有骨有肉、有血有淚的鄰家大哥和大嫂。現在，在藍博洲的敘說裡，鄰家的大哥大嫂等等幾個人，就那麼結伴跑到大陸去抗日了，沒想到竟被當成了「日諜」關進了監獄……這豈是聖賢，簡直是無知。而正是這無知，呈現出五位青年多麼熾熱的愛國情懷。「只不過」三個字，就是把聖賢還原爲普通人的訣竅，也是藍博洲給大陸文學界的啓示。

第三，成功的文體嘗試，使《幌馬車之歌》爲我們提供了另一方面的思考。如果我沒有記錯，對「文體自覺」之宣導，早在上個世紀八〇年代初就在大陸流行了。這個宣導，引發了豐富的文體嘗試。有成功的，也有失敗的。由此作家們意識到，「審美的顚覆」未必可以統而言之，成爲好的藝術創造的標準。因爲這顚覆有時候實在是不成功的。比如有的小說讓讀者「一頭霧水」，只剩作家們自吹自擂，說自己如何高深莫測新潮前衛，其實這樣的探索除了探索的勇氣可嘉，又哪裡算得上是「審美的顚覆」？結果倒是讀者顚覆了作家，人家不再看你的書，豈不就是把你給顚覆了！因此作家們又逐漸認識到，我們所說的「審美的顚覆」，其實應該是「成功的審美顛覆」，也就是「藝術創新帶來的征服」。而要做到這一點，不靠故弄玄虛，不靠過度包裝，只能來自作家的實踐，來自作家藝術表達過程中的尋覓、想像和嘗試。最後的檢驗標準，只能靠讀者的閱讀感受。不難看出，《幌馬車之歌》的成功，除了作家的立場、情感以及素樸平凡的英雄觀等原因以外，文體的自覺與成功也是不言而喻的。受訪者輪番的陳述、鍾理和日記與作品的摘引、報章的記敘以及文書檔案的引用，直至每一章節後面的注釋，無不昭示著歷史現場的眞實與嚴謹。包括附在文末的「口述證言採訪記錄」、「大事年表」等，也都可視爲這歷史現場重現的有機構成。也正因爲這樣，給讀者帶來了引人入勝卻又眞切感人的閱讀。這種以成功地完成題旨爲原則的文體探索，以藝術征服爲原則的文體探索，應該說，對我們大陸作家的啓發，也是巨大的。

《幌馬車之歌》給我們帶來的思考和啓迪，應該說遠不止這些。它更宏大的意義，在許多評論中都有很好的闡發，我只是從文學方面談談讀後感而已。

我想借此說明，加強兩岸的文學乃至文化的交流，對大陸作家以及大陸文學來說，也是求之不得的事情。

二〇一二年五月二十七日

後記（二〇〇四年版）

一九八七年初夏，在尋訪二二八及五〇年代白色恐怖民眾史的過程中，偶然得知作家鍾理和的同年兄弟、前基隆中學校長鍾浩東的名字與傳奇之後，隨即在被湮滅的歷史現場展開「尋找鍾浩東」之旅。

一九八八年九月，歷經長達年餘的尋訪之後，關於鍾浩東校長生命史的報告，以〈幌馬車之歌〉爲題，在《人間雜誌》連載刊出。一九九一年六月，時報出版公司又以《幌馬車之歌》爲書名，出版了包括鍾浩東、郭琇琮、簡國賢……等幾個前行代台灣知識菁英的報告文學集。

儘管〈幌馬車之歌〉在發表後便獲得前所未料的熱烈反響，可我一開始就清楚地認識到：自己的身分與立場不過是一個客觀紀錄歷史的人而已。所有來自各種不同意識型態的文字工作者的反響，不管是正面的肯定或負面的批評，其實只是客觀反映了人們對待那段長期被湮滅的台灣史與台灣人的態度而已。因此一直能夠冷靜地面對這樣那樣的批評，不作辯解。

我的寫作態度很簡單——在尊重歷史事實的原則下，根據力所能及而採集到的史料，去敘述描寫我所認識到的歷史與人物，如此而已。然而，在客觀的政治禁忌與受訪者白色恐怖受害陰影的雙重限制之下，全面重建歷史的事實是需要一定的時間的。因爲這樣，我的「尋找鍾浩東」之旅並沒有因爲〈幌馬車之歌〉的發表而停止。相反地，隨著兩岸關係的相對緩和，我的尋訪足跡得以跨越海峽，深入廣東惠陽、梅縣、蕉嶺、韶關、南雄、始興、羅浮山區，以及桂林、北京等地，進行歷史現場核實與進一步採集史料的工作。隨著島內政治禁忌的相對寬鬆，一些受訪者也才有空間就原本有所保留的內容作出更全面的證言；而一些原本尋訪不到或不便露面的歷史見證人及加害者也通過不同的方式，就他們親歷或所知的歷史作了直得重視的補充。

絕版多年後重新出版的《幌馬車之歌》增訂版，就是在這樣的基礎上，重新核實史料、豐富史實，從原本三萬多字、四個樂章，擴充爲六萬多字、八個樂章的內容。爲了歷史的可信與文學的可讀，它也在原有的敘事結構上，增加了史料、證言出處的註解，一些歷史背景的說明與大事年表。這也是針對歷來有關《幌馬車之歌》究竟是小說還是歷史之爭的回答。

總之，《幌馬車之歌》既是歷史，也是具有小說形式的非虛構的文學作品；準確地說，它應該還是以具有理想主義的歷史與人物爲素材的報告文學吧！

在兩岸依然分斷的此時此地，「台灣人」已經在野心政客的長期操弄下，因爲不同的出身、意識型態或政治立場而處於撕裂的狀態。我想，眞誠地面對那段曾經眞實存在過卻被刻意湮滅或扭曲的台灣史與台灣人，應該可以幫助我們比較全面地認識台灣近現代歷史的發展過程，進而讓我們清楚地知道自己究竟在歷史的長河當中所站的時空位置，作出自我反省與批判。這樣，前人的歷史才能夠起到殷鑑作用；民族內戰下所產生的歷史悲劇，也才可能通過我們的共同努力，避免重演。

這就是重新出版《幌馬車之歌》增訂版的時代意義吧！

最後我要謝謝所有協助這本書出版的所有前輩與朋友們，並以此書獻給五〇年代白色恐怖的犧牲者、受難人及其遺族。

二〇〇四年九月廿九日於苗栗五湖

後記（二〇一五年版）

二〇一五年，是我出生那年孤寂無聲地告別人間的鍾理和先生（一九一五—一九六〇年）的百年誕辰。高雄美濃鍾理和文教基金會舉辦了一些即使在文學界也沒有太大反響的紀念活動。我也意外地應邀在七月五日到鍾理和紀念館給他們每年暑假例行的笠山文藝營講了一堂課，講題是「鍾理和作品難以言說的二哥」。

讀過鍾理和先生作品或〈幌馬車之歌〉的人應該都知道，一九五七年，離世三年前，鍾理和參加《自由談》雜誌徵文的自述——〈我學習寫作的過程〉中透露：

我少時有三個好友，其中一個是我異母兄弟，我們都有良好的理想。我們四個人中，三個人順利地升學了，一個人名落孫山，這個人就是我。這事給我的刺激很大，它深深地刺傷我的心，我私下抱起決定由別種途徑趕上他們的野心。這是最初的動機，但尚未成形。

有一次，我把改作後的第一篇短文（雨夜花——描寫一個富家女淪落爲妓的悲慘故事）拿給我那位兄弟看。他默默看過後忽然對我說，也許我可以寫小說。我不明白他這句話究竟出於無心抑或有感而發，但對我來說，卻是一句極可怕的話。以後他便由台北，後來到日本時便由日本源源寄來世界文學及有關文藝理論的書籍（都是日文）給我。他的話不一定打動我的心，但他這種做法使我繼續不斷和文藝發生關係則是事實。我之從事文藝工作，他的鼓勵有很大的關係。

人們也應該都知道，鍾理和所說的那個「異母兄弟」就是他終其一生無法公開言說的本名鍾和鳴的〈幌馬車之歌〉的主人公鍾浩東。

上世紀七〇年代中葉以後，隨著鄉土文學論戰對五〇年代白色恐怖後台灣文藝思潮的「撥亂反正」，長期被時代主流埋沒的鍾理和及其作品也終於穿透暗黑而迎來陽光。然而，那個鼓勵他走上寫作之路的「異母兄弟」依然不被整個處於「反共」病態的社會意識允許言說。

一九八八年，年輕無知的我偶然遇見了他兩兄弟乃至於四個少時好友的歷史，而且通過〈幌馬車之歌〉，一度在文化圈死水般的湖面上揚起一些乍現的小小的水花。但瞬間即逝。多年以來，那個「異母兄弟」依然是鍾理和周遭的親友及那些自稱的「親密文友」們避而不談的名字。其中應該沒有什麼不能言說的道理，就是眾所周知的不是道理的道理而已。但「存在就是事實」。你可以假裝看不見。海會枯石也會爛。只要鍾理和的文字沒有被徹底湮滅，它依然靜靜地躺在那裡，等著你去閱讀與對話。

時間似乎快到了。

這之後，兩兄弟老家屏東縣高樹鄉的大路關文教基金會又策畫了一場鍾浩東先生（一九一五—一九五〇年）的百年追思紀念會，並且邀請我去做主題演講。遺憾的是，因爲時間不湊巧，我最終無法南下。儘管如此，這些訊息也提醒我應該在此時此地做些什麼才是。於是我在取得以五〇年代白色恐怖受難者及其家屬爲主組成的台灣地區政治受難人同意與支持之後，向景美人權博物館籌備處提出了題爲「幌馬車之歌——鍾浩東與蔣碧玉亂世戀曲」的「鍾浩東百年展」企劃案，並在案子通過後展開了長達幾個月的重新閱讀與蒐集、編輯圖文的勞動。就在這段期間，因爲搜索一些忘記了的訊息，偶然在網路上看到一九九一年版的《幌馬車之歌》竟然在拍賣市場上是以新台幣一萬五千元起價。我知道，它當然是「有行無市」。但這則訊息也讓我想到是該在二〇〇四年增訂版也絕版多時之後設法重新出第三版了。於是我一面向時報出版公司交涉拿回出版權，準備交給另一長期支持我的寫作的出版社，一面在準備展覽材料的同時進行文本的修訂寫作。結果，因爲時報責編表示這本書曾經對他的成長有過重要影響而不願割愛，並且替作者再生產的物質基礎努力爭取了能夠爭取到的條件，向來不奢求的我，也很難再多說什麼了。

時隔十年，我又根據後來陸續採集的歷史見證人的口述、未曾發表的回憶錄與出土的文獻及官方公布的檔案，再次重新做了長達數月的核實、潤飾與增補的書寫而完成了第三版的《幌馬車之歌》文本。因此，它的主文也從增訂版的六萬多字擴充到近九萬字。以前不能說的現在都說了。與此同時，考慮到多年來許多文友與讀者的反映，爲了閱讀的順暢，又把增訂版增加的出處註解統統拿掉。雖然它曾經得過年度小說獎，但終究不是虛構的小說。我想，如果還有誰不願意相信它的歷史眞實性，就請回頭去查看增訂版的註解吧。

這裡，我要再次謝謝曾經協助我做調查、寫作的所有前輩與朋友們；尤其是先後爲這本書寫序的：已經過世的林書揚先生、猶在鬥病的陳映眞大哥、侯孝賢導演與趙剛老師；以及收錄了不同時期評論文章的詹宏志、須文蔚與陳建功先生；當然還有久無音訊卻不曾淡忘的促成它能夠公開出版的吳繼文兄。

二〇一五年十月十四日，也就是鍾浩東犧牲六十五週年的那天。「幌馬車之歌——鍾浩東與蔣碧玉亂世戀曲」圖文展終於在景美人權園區舉行開幕式。現場來了許多主人公的家屬、親友及同案受難人的遺屬，更有十幾位政治立場與主人公不盡相同的政治受難人。通過靜靜地觀看侯導《好男好女》的電影片段與聆聽各自的憶述，大家都重新認識了鍾浩東與蔣碧玉走過的道路，也虛心面對了它留給後來者對未來的省思。

我想，個別的看法仍然不會一致，但那延續日據以來台灣理想主義的火苗是不會被忽視、扭曲乃至熄滅的。這應該也是《幌馬車之歌》還值得重新出版的意義所在吧！我相信，十年後，當它有機會再出第四版的時候，生活在美麗之島上的人們應該也已揚棄歷史的悲情糾葛，走在陽光普照的大路上了吧。

——二〇一五年十二月十二日 於綠島綠洲山莊

歷史與現場㉝

幌馬車之歌

作　者──藍博洲
主　編──湯宗勳
特約編輯──吳致良
美術設計──Poulenc
內文排版──黃庭祥
行銷企劃──劉凱瑛
董事長
總經理──趙政岷
總編輯──余宜芳
出版者──時報文化出版企業股份有限公司
10803台北市和平西路三段二四〇號四樓
發行專線──(〇二)二三〇六──六八四二
讀者服務專線──〇八〇〇──二三一──七〇五
(〇二)二三〇四──七一〇三
讀者服務傳真──(〇二)二三〇四──六八五八
郵撥──一九三四四七二四時報文化出版公司
信箱──台北郵政七九~九九信箱
時報悅讀網──http://www.readingtimes.com.tw
電子郵件信箱──books@readingtimes.com.tw
人文科學線臉書──http://www.facebook.com/jinbunkagaku
法律顧問──理律法律事務所　陳長文律師、李念祖律師
印刷──勁達印刷有限公司
三版一刷──二〇一六年一月八日
定價──新台幣四五〇元
⊙行政院新聞局局版北市業字第八〇號

國家圖書館出版品預行編目資料

幌馬車之歌 / 藍博洲作.
-- 三版. -- 臺北市 : 時報文化, 2016.01
面； 公分. -- (歷史與現場 ; 233)

ISBN 978-957-13-6502-2(平裝)

1.臺灣史 2.臺灣光復 3.報導文學

733.292　　104027590

ISBN：978-957-13-6502-2
Printed in Taiwan